Sebastian Braun · Holger Backhaus-Maul

Gesellschaftliches Engagement
von Unternehmen in Deutschland

Sebastian Braun
Holger Backhaus-Maul

Gesellschaftliches Engagement von Unternehmen in Deutschland

Eine sozialwissenschaftliche
Sekundäranalyse

VS VERLAG

Bibliografische Information der Deutschen Nationalbibliothek
Die Deutsche Nationalbibliothek verzeichnet diese Publikation in der
Deutschen Nationalbibliografie; detaillierte bibliografische Daten sind im Internet über
http://dnb.d-nb.de abrufbar.

1. Auflage 2010

Alle Rechte vorbehalten
© VS Verlag für Sozialwissenschaften | Springer Fachmedien Wiesbaden GmbH 2010

Lektorat: Frank Schindler

VS Verlag für Sozialwissenschaften ist eine Marke von Springer Fachmedien.
Springer Fachmedien ist Teil der Fachverlagsgruppe Springer Science+Business Media.
www.vs-verlag.de

Umschlaggestaltung: KünkelLopka Medienentwicklung, Heidelberg
Gedruckt auf säurefreiem und chlorfrei gebleichtem Papier
Printed in Germany

ISBN 978-3-531-17496-9

Inhalt

Vorwort

Die internationale Diskussion über das gesellschaftliche Engagement von Unternehmen hat in den letzten Jahren auch in Deutschland insbesondere mit Begriffen wie „Corporate Social Responsibility" und „Corporate Citizenship" erheblich an Bedeutung gewonnen und –verstärkt durch die aktuelle Finanz- und Wirtschaftskrise – eine lebhafte Debatte über die Rolle und die Bedeutung von Unternehmen in der Gesellschaft hervorgerufen.

Vor dem Hintergrund eines sich wandelnden Staatsverständnisses in Zeiten dynamischer wirtschaftlicher Globalisierungsprozesse kann das wachsende Interesse an den vielfältigen Formen eines über das Kerngeschäft hinausgehenden Engagements von Unternehmen in Gesellschaft nicht überraschen. Es ist Bestandteil komplexer Suchbewegungen in de Neuausrichtung der gesellschaftlichen Aufgabenteilung zwischen Staat, Wirtschaft, Non-Profit-Sektor und Privathaushalten: dem „Wohlfahrtsmix".

Einerseits gehören vielfältige Varianten der gesellschaftlichen Beteiligung und Mitwirkung von Unternehmen zu den traditionsreichen Kernelementen der Sozialen Marktwirtschaft in Deutschland – sei es als freiwillige Angelegenheit im Mäzenatentum oder als gesetzliche Verpflichtung im deutschen Korporatismus. Andererseits verweisen die internationalen Spielarten von Corporate Citizenship und Corporate Social Responsibility auf Dynamiken und Innovationen im gesellschaftlichen Engagement der deutschen Wirtschaft.

Die mittlerweile facettenreichen und ausdifferenzierten Diskussionen zu dieser Thematik bilden den Referenzrahmen der vorliegenden Veröffentlichung. Analysiert werden die Traditionen und Neuerungen im freiwilligen Engagement von Unternehmen – außerhalb der Sphäre betrieblicher Produktions- und Distributionsprozesse – in der deutschen Gesellschaft auf der Basis einer Sekundäranalyse theoretisch-konzeptioneller Arbeiten, empirischer Ergebnisse und gesellschaftspolitischer Positionierungen bedeutsamer Akteursgruppen. Dabei werden die Strukturmuster des gesellschaftlichen Unternehmensengagements nachgezeichnet, dessen Potenziale und Grenzen erörtert sowie damit einhergehenden gesellschaftspolitischen Herausforderungen und Perspektiven skizziert.

Der Publikation liegt ein Forschungsprojekt zugrunde, das von Dezember 2006 bis November 2008 vom Bundesministerium für Familie, Senioren, Frauen und Jugend (BMFSFJ) aufgrund eines Beschlusses des Deutschen Bundestages gefördert und vom Forschungszentrum Bürgerschaftliches Engagement an der Universität Paderborn in Zusammenarbeit mit der Martin-Luther-Universität

Halle/Philosophische Fakultät III durchgeführt wurde. Für die konstruktive Zusammenarbeit und Förderung möchten wir an dieser Stelle dem BMFSFJ sowie den beteiligten Mitarbeiterinnen und Mitarbeitern des Ministeriums danken.

Darüber hinaus gilt unser Dank den Mitgliedern der Forschungsgruppe, die maßgeblich dazu beigetragen hat, dass die Fülle und die Vielfalt der thematisch relevanten Informationen verarbeitet, aufbereitet und konstruktiv diskutiert werden konnten. Dieser Projektgruppe gehörten Dr. Martina Wegner, Carina Böttcher, Peter Friedrich, Judith Polterauer und Heiko Hadasch an. Hinzu kamen Studierende, die Arbeitssitzungen immer wieder mit kritischen Nachfragen und Kommentaren produktiv begleiteten.

Angesichts der vielfältigen Expertise, die in die vorliegende Publikation eingeflossen ist, kann der Bericht – so ist zu hoffen – richtungweisende Impulse für die wissenschaftliche und gesellschaftspolitische Diskussionen über das gesellschaftliche Engagement von Unternehmen geben.

Sebastian Braun und Holger Backhaus-Maul

Berlin und Halle, September 2009

1 Einleitung

Für die Gesellschaft der Bundesrepublik Deutschland und ihren wirtschaftlichen Erfolg war die funktionale Differenzierung von Staat und Wirtschaft geradezu konstitutiv. Während der Staat als Gewährleistungsträger für Recht, Ordnung und soziale Sicherung zuständig war, leisteten Unternehmen ihren „gesellschaftlichen" Beitrag insbesondere in Form von Steuern, Beiträgen und Abgaben. Darüber hinaus wirkten sie mittels eigener Unternehmensverbände – teilweise in stark ritualisierter Form – im Gesetzgebungsprozess und in Selbstverwaltungsgremien mit. Derart von gesellschaftlichen Anforderungen entlastet, konnten sich Unternehmen auf ihr wirtschaftliches Kerngeschäft konzentrieren. Zugleich hatte diese funktionale Spezialisierung in Deutschland aber auch zur Folge, dass Unternehmen in der Gesellschaft bisweilen wie ein Fremdkörper wirkten (vgl. Backhaus-Maul 2008).

Die in Deutschland eingespielte Arbeitsteilung zwischen Staat und Kommunen auf der einen und privatgewerblichen Unternehmen auf der anderen Seite gerät aber spätestens seit den 1990 Jahren durch mindestens zwei gegenläufige Entwicklungen unter erheblichen Druck (vgl. Backhaus-Maul 2006): Auf der einen Seite neigt sich die Ära expandierender nationaler Sozialstaaten auf der Grundlage stetiger Einnahmezuwächse dem Ende zu. So ist die aktuelle Sozialpolitik von Diskussionen über ihre Selbstbegrenzung auf die originären Kernaufgaben des Sozialstaates geprägt. Gleichzeitig begeben sich Bund, Länder und Kommunen auf die Suche nach Ausfallbürgen für Aufgabengebiete, aus denen sie sich zurückziehen. Die steigenden staatlichen Erwartungen richten sich dabei auf Bürgerinnen und Bürgern[1] – und mit steigender Tendenz auf Unternehmen. Im globalen Maßstab betrachtet kommt es in den wirtschaftlich führenden Nationen zu einer grundlegenden Verschiebung im Selbstverständnis und in der Aufgabenverteilung zwischen Staat, Wirtschaft, Privathaushalten und Non-Profit-Sektor mit einer erheblichen gesellschaftspolitischen Bedeutungszunahme von Unternehmen. Auf der anderen Seite sind nicht nur große, sondern auch mittlere und kleine Unternehmen seit Jahren einem globalem wirtschaftlichen Wettbewerbsdruck ausgesetzt, der sich in Deutschland z.B. in relativ hohen Produktionskosten oder kostenträchtigen Sozial- und Umweltstandards manifestiert

---

[1] Zur stilistischen Vereinfachung verwenden wir bei Personenbezeichnungen im Folgenden ausschließlich die männliche Form, womit aber selbstverständlich beide Geschlechter gemeint sind.

(vgl. Kaufmann 1997). Dieser globale Wettbewerbsdruck präformiert die Dispositionsspielräume deutscher Unternehmen merklich.

Während also der sich „verschlankende" deutsche Sozialstaat von Unternehmen mehr gesellschaftliches Engagement fordert, erleben viele von ihnen die Globalisierung des Wirtschaftens als Einschränkung ihrer unternehmerischen Handlungsspielräume. Beide Entwicklungen wirken als zentrifugale Kräfte auf die in Deutschland etablierte Aufgabenteilung bzw. den „Wohlfahrtsmix" (vgl. Evers/Olk 1996) zwischen Staat, Wirtschaft, Non-Profit-Sektor und Privathaushalten.

Und Unternehmen – wie deuten und gestalten sie ihre sich verändernde Rolle in der Gesellschaft? Geradezu typisch für die skizzierten gesellschaftlichen Veränderungen und Umbruchsituationen sind die ausgesprochen unterschiedlichen, bisweilen experimentellen und riskanten oder auch eher konventionell wirkenden gesellschaftlichen Suchbewegungen deutscher Unternehmen. Die Vielfalt des gesellschaftlichen Engagements von Unternehmen reicht von Sach- und Geldspenden und Sponsoring über die Gründung und Profilierung von Unternehmensstiftungen bis hin zur Förderung des ehrenamtlichen, bürgerschaftlichen bzw. freiwilligen Engagements ihrer Beschäftigten. Darüber hinaus wirken sich der angesprochene gesellschaftliche Wandel und die Suche nach einem neuen gesellschaftlichen Selbstverständnis von Unternehmen bis in die wirtschaftlichen Produktions- und Distributionsprozesse aus. Exemplarisch hierfür sind etwa freiwillige, über gesetzliche Verpflichtungen hinausgehende Sozial- und Umweltstandards oder Stakeholderdialoge mit kritischen Konsumenten, Bürgern und Non-Profit-Organisationen.

Die Vielfalt und Vielzahl von Vorstellungen und Varianten gesellschaftlichen Unternehmensengagements finden ihren Niederschlag in einer Fülle von Diskussionen und Publikationen unterschiedlicher Güte und Qualität, die das gesellschaftliche Engagement von Unternehmen als einen wichtigen Trend, zugleich aber auch als eine unübersichtliche Gemengelage erscheinen lassen (zum Überblick siehe die Beiträge in Backhaus-Maul/Biedermann/Polterauer/ Nährlich 2009). Die zunächst einmal positiv zu bewertende Vielfalt und Vielzahl von Zugängen zum gesellschaftlichen Engagement von privatgewerblichen Unternehmen kann ihr Potenzial allerdings nicht ausschöpfen, da die laufenden Diskussionen und vorliegenden Arbeiten in der Regel die spezifisch deutschen Traditionslinien und Pfade des gesellschaftlichen Engagements der deutschen Wirtschaft vernachlässigen und sich überwiegend auf die anglo-amerikanischen Debatten und Erkenntnisse über „Corporate Citizenship" oder „Corporate Social Responsibility" beziehen (vgl. Backhaus-Maul 2003). Diese Debatten und Erkenntnisse lassen sich allerdings nicht bruchlos und nur sehr bedingt auf die traditionsreiche und besondere Situation in der Bundesrepublik Deutschland übertragen, da sie im sozialkulturellen und gesellschaftspolitischen Hintergrund der US-amerikanischen oder britischen Gesellschaft entstanden sind und sich entwickelt haben (vgl. Backhaus-Maul 2003 und 2005, Braun 2009a, 2009b und 2009c).

Zielsetzung der Untersuchung

Die mittlerweile in Deutschland breit gefächerte Diskussion bietet eine hervorragende Grundlage, um die Konturen eines sich dynamisch entwickelnden neuen gesellschaftspolitischen Selbstverständnisses von Unternehmen zu untersuchen und auf Basis der vorliegenden Dokumente, Materialien und Befunde in den einschlägigen sozialwissenschaftlichen und gesellschaftspolitischen Diskussionen zu rekonstruieren. Diese sekundäranalytische Rekonstruktion der vielschichtigen Diskussionen über das gesellschaftliche Engagement von Unternehmen in Deutschland steht im Mittelpunkt der dieser Publikation zugrunde liegenden Untersuchung, deren zentrale Ergebnisse im Folgenden dargestellt werden.

Das leitende Ziel der Untersuchung besteht darin, die spezifischen deutschen Traditionslinien und Pfadabhängigkeiten des gesellschaftlichen Engagements von Unternehmen herauszuarbeiten, um die Besonderheiten dieses Unternehmensengagements im sozialkulturellen Kontext der Bundesrepublik Deutschland zu beschreiben und zu erklären. Diese Analyse wiederum bildet die Grundlage dafür, die Handlungs- und Entwicklungsoptionen des gesellschaftlichen Engagements von Unternehmen in Deutschland zu skizzieren.

Um diese Zielsetzung zu bearbeiten, wird im folgenden Kapitel zunächst die methodische Anlage der Untersuchung erläutert (Kapitel 2). Anschließend wird in Kapitel 3 die Rolle von Unternehmen in der Sozialen Marktwirtschaft der Bundesrepublik Deutschland anhand wichtiger institutioneller Regelungsbereiche erläutert. Daran anknüpfend wird in Kapitel 4 die Entwicklung des spezifischen Verständnisses von gesellschaftlichem Unternehmensengagement im deutschen Kontext dargestellt, das für die vorliegende Studie grundlegend ist. Vor dem Hintergrund des historisch-soziologischen und begrifflichen Bezugsrahmens wird in Kapitel 5 der empirische Forschungsstand zum gesellschaftlichen Engagement von Unternehmen in Deutschland bilanziert. In Kapitel 6 werden dann die Selbstpräsentationen und -verortungen relevanter kollektiver Akteure im untersuchten Themenfeld systematisiert und zusammenfassend dargestellt. Die Sekundäranalyse schließt mit einer Diskussion aktueller Herausforderungen und Entwicklungsoptionen des gesellschaftlichen Engagements von Unternehmen in Deutschland (Kapitel 7).

2 Methodische Anlage der Untersuchung

Mit der Rekonstruktion der sozialwissenschaftlichen und gesellschaftspolitischen Diskussion über das freiwillige gesellschaftliche Engagement von Unternehmen in Deutschland setzt die vorliegende Untersuchung die einschlägigen Arbeiten der Enquete-Kommission „Zukunft des Bürgerschaftlichen Engagements" des Deutschen Bundestages fort, die seinerzeit wichtige Ansatzpunkte und Impulse für eine erste Auseinandersetzung mit dieser Thematik in Deutschland lieferte (vgl. Enquete-Kommission 2002). Gleichwohl sind die von der Kommission ausgehenden Impulse für eine sozialwissenschaftliche Erforschung des freiwilligen Unternehmensengagements in Deutschland bisher erst ansatzweise weiterverfolgt worden. Und selbst in den – im Auftrag des BMFSFJ durchgeführten und für die Engagementforschung sehr wichtigen – repräsentativen Bevölkerungsbefragungen zum „Freiwilligen Engagement in Deutschland 1999-2004" wurde das gesellschaftliche Engagement von Unternehmen nur unter dem Teilaspekt der Unterstützung des gesellschaftlichen Engagements von Arbeitnehmer durch Arbeitgeber thematisiert (vgl. Gensicke/Picot/Geiss 2006).[2]

Angesichts der skizzierten Wissenslücken und Forschungsdesiderate wurden im Rahmen der vorliegenden sekundäranalytischen Bestandsaufnahme über das freiwillige gesellschaftliche Engagement von Unternehmen in Deutschland die folgenden Untersuchungsperspektiven verfolgt:

- eine begriffsanalytische Bestandsaufnahme,
- eine sozialwissenschaftliche Bestandsaufnahme und
- eine gesellschaftspolitische Bestandsaufnahme.

2.1 Begriffsanalytische Bestandsaufnahme

Die Sozialwissenschaften rezipieren frühzeitig Deutungen und Bezeichnungen vorwissenschaftlicher Gesellschaftsphänomene. Dieses gilt auch für das gesellschaftliche Engagement von Unternehmen. Exemplarisch hierfür steht der Begriff „Corporate Citizenship", der einschließlich der damit verbundenen konzeptionellen Vorstellungen aus dem angelsächsischen Raum übernommen und als eine „neues" Selbstverständnis und Handlungsrepertoire von Unternehmen in

---

[2] Die jüngste Wiederholungsbefragung aus dem Jahr 2008 lag bei Abschluss der vorliegenden Monografie noch nicht vor.

Deutschland eingeführt wurde (vgl. Westebbe/Logan 1995 sowie auch Janning/Bartjes 1999, Schöffmann 2001).

Allerdings konkurriert dieser Begriff in den Diskussionen mit zahlreichen anderen Begriffen. So wird zur Umschreibung des gesellschaftlichen Engagements von Unternehmen auch von „Corporate Social Responsibility", „Corporate Responsibility", „unternehmerischem Bürgerengagement" oder „Community Involvement" gesprochen.

Bereits eine oberflächliche Betrachtung des mit den verschiedenen Begriffen Gemeinten zeigt, dass mit der Wahl eines bestimmten Begriffs ein Bündel von Vorannahmen über jene Merkmale verbunden sind, die im Hinblick auf das gesellschaftliche Engagement von privatgewerblichen Unternehmen als relevant erachtet werden. So wird der Terminus „Corporate Citizenship" in der deutschen Diskussion – insbesondere von Großunternehmen – zumeist zur Bezeichnung eines „gemeinwohlorientierten Engagements" mit positiver Außenwirkung verwendet. Die gesellschaftlichen und wirtschaftlichen Effekte dieses Engagements werden hingegen kaum oder punktuell thematisiert. Demgegenüber hat der Begriff der „Corporate Social Responsibility" eine wirtschaftliche und im Kern betriebliche Ausrichtung, während weitergehende gesellschaftliche Bezüge unbeachtet bleiben.

Es ist davon auszugehen, dass die unterschiedlichen Begriffe zur Kennzeichnung des freiwilligen gesellschaftlichen Engagements von Unternehmen durch ihre zunehmende Verwendung und Diskussion bereits bestimmte Bedeutungszuweisungen erfahren haben, die auf ein spezifisches Verständnis von Unternehmensengagement in Deutschland verweisen. Um die institutionellen Traditionslinien und Pfadabhängigkeiten dieses Engagements herauszuarbeiten, werden in Kapitel 4 begriffsanalytisch die Konturen eines wissenschaftlich tragfähigen Begriffs zur Bezeichnung des freiwilligen gesellschaftlichen Engagements von Unternehmen aus sozialwissenschaftlichen und fachpolitischen Perspektiven heraus systematisch nachgezeichnet.

Diese begriffsanalytische Bestandsaufnahme spannt einerseits den Untersuchungsrahmen auf, in den die sozialwissenschaftliche Sichtung von Dokumenten und Materialien eingebettet werden. Andererseits verweist sie auf das Potenzial und die Möglichkeiten eines „deutschen Wegs" in der globalen Debatte dieses Themas, so dass ein Begriffsverständnis konturiert werden soll, das den kulturellen Besonderheiten des gesellschaftlichen Engagements von Unternehmen in Deutschland Rechnung trägt.

Die Auswahl der Konzepte und Begriffe, die in diesen Untersuchungsschritt einbezogen wurden, orientierte sich einerseits an deren Thematisierung in der öffentlichen Diskussion, die wiederum eng verwoben ist mit der wissenschaftlichen Beschäftigung mit dem Themenfeld (vgl. Altmeppen 2009, Biedermann

2008, Koch 2007, Schultheis 2008). Andererseits wurden solche Begriffe induktiv berücksichtigt, die sich während der Sekundäranalyse der fachwissenschaftlichen Forschungsdiskussionen zum Thema „gesellschaftliches Engagement von Unternehmen in Deutschland" als relevant erwiesen haben (vgl. Abschnitt 2.2). Folgende Bereiche, Begriffe und Konzepte wurden in diesem Kontext differenzierter betrachtet:

- Diskussionen über Unternehmer und Manager;
- gesellschaftsbezogene Berichte und Sozialbilanzen;
- Diskussionen über Mäzenatentum und Corporate Giving, insbesondere strategische Philanthropie, gemeinnützige Unternehmensstiftungen, Unternehmensspenden und Sponsoring;
- verschiedene Unternehmensfunktionen mit Gesellschaftsbezug wie gesellschaftsorientiertes Public Relation und Öffentlichkeitsarbeit, Strategic Issue Management, gesellschaftsorientiertes Marketing, normatives Marketing und Cause Related Marketing sowie Lobbying und Public Affairs;
- Kooperationen zwischen Unternehmen sowie Staat und Kommunen.

2.2 Sozialwissenschaftliche Bestandsaufnahme

Neben der Begriffsanalyse werden im Rahmen einer umfangreichen Sekundäranalyse von sozial- und auch wirtschaftswissenschaftlichen Arbeiten die spezifischen Traditionslinien und Neuerungen herausgearbeitet, die das gesellschaftliche Engagement von Unternehmen in Deutschland charakterisieren. Die Sekundäranalyse wird dabei von der Erkenntnis geleitet, dass die Möglichkeiten und Grenzen des gesellschaftlichen Unternehmensengagements in Deutschland als ein Ergebnis spezifischer historischer Entwicklungen und gesellschaftspolitischer Konstellationen zu verstehen sind, die auch für den erwerbswirtschaftlichen Sektor zu spezifischen Ordnungsmodellen geführt haben und die das unternehmerische Engagement prägen.

Um diese These differenzierter zu bearbeiten, werden in der Sekundäranalyse der vorliegenden Arbeiten vier Dimensionen berücksichtigt, die sich mit den Begriffen „multidisziplinäre Ausrichtung", „internationale Dimension", „wissenschaftspraktische Vielfalt" und „Quellenvielfalt" bezeichnen lassen:

Multidisziplinäre Ausrichtung: Bei der Forschung über das gesellschaftliche Engagement von Unternehmen handelt es sich um eine multidisziplinäre Herausforderung, die verschiedene sozialwissenschaftliche Disziplinen mit ihren jeweils spezifischen thematischen, theoretischen und methodischen Ausrichtungen bearbeiten. Von besonderer Bedeutung sind dabei die Soziologie und auch die

Politologie sowie insbesondere Wirtschaftswissenschaften, die bislang die Forschungen und Forschungsansätze über die gesellschaftliche Rolle von Unternehmen und auch deren Engagement geprägt haben. Darüber hinaus sind in diesem Zusammenhang aber auch die Sozialpsychologie, -geschichte und -philosophie und auch die Erziehungs-, Sport-, Rechts- und Medienwissenschaft zu nennen, die ausgewählte Aspekte des gesellschaftlichen Engagements von Unternehmen in Deutschland erforschen oder auch nur aufgreifen.

Internationale Dimension: Die aktuelle wissenschaftliche Diskussion und Forschung zum gesellschaftlichen Engagement von Unternehmen wurde durch die seit den 1980er Jahren in den USA laufenden Debatten und Untersuchungen initiiert und im weiteren Zeitverlauf um zahlreiche Studien aus Großbritannien und später dann auch anderen europäischen Ländern wie z.B. Dänemark, den Niederlanden und mittlerweile auch Österreich und der Schweiz ergänzt und erweitert. Vor diesem Hintergrund liefert die internationale Forschung wertvolle Interpretations- und Erklärungsansätze zur Bearbeitung der leitenden Zielsetzung der Untersuchung: Die Strukturmerkmale des eigenen Gesellschaftssystems, deren Besonderheiten zumeist nicht unmittelbar ersichtlich sind, werden im analytischen Vergleich mit anderen Systemen in ihrer je spezifischen kulturellen Prägung deutlich.

Wissenschaftspraktische Vielfalt: Die nationale und internationale Forschung zum gesellschaftlichen Engagement von Unternehmen ist in ihrer wissenschaftspraktischen Herangehensweise an die Thematik stark ausdifferenziert. Zu analytischen Zwecken lassen sich vorliegende Studien vier Bereichen zuordnen:
- theoretisch-konzeptionelle Studien, in denen z.B. theoretische Grundlagen des unternehmerischen gesellschaftlichen Engagements bearbeitet werden,
- empirische Studien, die auf der Basis zumeist quantitativer Erhebungen das gesellschaftliche Engagement von Unternehmen zu erfassen suchen;
- Evaluationsstudien, die ausgewählte „Best Practice-Beispiele" des gesellschaftlichen Unternehmensengagements beschreiben und bewerten;
- Beratungsstudien, die auf der Grundlage von Expertenwissen einzelne Unternehmen bei der Implementation spezieller Aktivitäten und Programme im Bereich des gesellschaftlichen Engagements beraten.

Quellenvielfalt: Die unterschiedlichen wissenschaftspraktischen Zugangsweisen machen deutlich, dass die Arbeiten zum gesellschaftlichen Unternehmensengagement nur teilweise in der fachwissenschaftlichen Literatur dokumentiert sind. Neben Büchern (z.B. Monografien, Sammelwerke) und Periodika (Fachzeitschriften, Magazine etc.) sind vielfältige Informationen in Forschungsberichten (z.B. universitäre und außeruniversitäre Working Papers), Fachstatistiken, Firmenzeitschriften sowie im Inter- und Intranet dokumentiert.

Vor dem Hintergrund der skizzierten Vielfalt und Fülle verfügbarer Informationen wurden im Rahmen der sekundäranalytischen Aufarbeitung des Forschungsstandes über das Unternehmensengagement in Deutschland die theoretisch-konzeptionellen und empirischen Beiträge, die im Zeitraum von 1990 bis Mai 2007 erschienen sind, anhand folgender Begriffe möglichst umfassend in den Blick genommen: die beiden Begriffe „Corporate Social Responsibility" und „Corporate Citizenship" sowie die gängigen deutschen Übersetzungen bzw. Äquivalente „soziale Verantwortung von Unternehmen", „gesellschaftliche Verantwortung von Unternehmen", „soziales Engagement von Unternehmen", „bürgerschaftliches Engagement von Unternehmen" und „gesellschaftliches Engagement von Unternehmen". Neben üblichen Veröffentlichungen in Monographien, Sammelwerken und Zeitschriften wurden dabei auch Forschungsberichte, Diplom- und Masterarbeiten sowie wissenschaftliche Diskussions-/oder Arbeitspapiere in die Analyse einbezogen.

Zur Recherche der vorliegenden Dokumente und Materialien wurden unterschiedliche Quellen herangezogen. Ausgangspunkt bildete eine Literaturrecherche in der Datenbank „WISO", die Aufsätze, Monographien und Sammelwerke der Wirtschafts- und Sozialwissenschaften beinhaltet. Neben den Einträgen in WISO wurden die im Literaturverzeichnis der einschlägigen Beiträge aufgeführten deutschen Titel zu den Themen Corporate Citizenship und Corporate Social Responsibility berücksichtigt. Zusätzlich wurde auf der Basis einer Internetrecherche nach thematisch einschlägigen Veröffentlichungen gesucht. Dieses Selektionsverfahren verbindet sich mit dem Anspruch, die wissenschaftlichen Diskussionen in Deutschland im untersuchten Gegenstandsbereich erschöpfend zu sichten. Zur Aufbereitung der in die engere Auswahl einbezogenen über 130 Beiträge wurden zunächst Zusammenfassungen angefertigt, in denen die Fragestellung der Arbeit, Angaben zum methodischen Vorgehen sowie zentrale Ergebnisse gebündelt wurden. Bei Mehrfachpublikationen eines Autors oder einer Autorengruppe wurden die – nach Einschätzung der Autoren – wissenschaftlich einschlägigeren Texte aufgenommen; das maßgebliche Entscheidungskriterium bildete dabei die Relevanz des Publikationsmediums.

2.3 Gesellschaftspolitische Bestandsaufnahme

Die Debatte über das gesellschaftliche Engagement von Unternehmen hat neben einer sozial- und wirtschaftswissenschaftlichen insbesondere auch eine gesellschaftspolitische Dimension.

Die Vorstellungen und Positionen sowohl etablierter als auch neuer Akteure in diesem Politikfeld sind in unterschiedlicher Art und Weise dokumentiert. Die Palette sekundäranalytisch relevanter Dokumente reicht von Selbstdarstellungen und Positionspapieren über Wettbewerbsunterlagen und Evaluationsberichte sowie Konzeptionen und Projektunterlagen bis hin zu Qualifikationsarbeiten und empirischen Untersuchungen.

Vor diesem Hintergrund wurden im Rahmen der Untersuchung Positionierungen relevanter Akteure zum Thema gesellschaftliches Engagement von Unternehmen vergleichend analysiert. Im Mittelpunkt stand dabei die Frage, mit Hilfe welcher Begrifflichkeiten und mit welchem Selbstverständnis die ausgewählten Akteure das Phänomen thematisieren. Der Untersuchung wurde ein breites Verständnis von gesellschaftlichem Unternehmensengagement zu Grunde gelegt, um die Vielfalt und Varianz von Begrifflichkeiten und Vorstellungen in den Blick nehmen zu können. Dabei wurden öffentlich zugängliche Dokumente, die thematisch als besonders relevant und einschlägig erscheinen, recherchiert und ausgewertet. Die Auswertung konzentrierte sich auf die Positionierungen der ausgewählten Akteure und deren vergleichende Gegenüberstellung.

Die Auswahl der Akteure erfolgte in zwei Schritten: Erstens wurden thematisch relevanten Akteursgruppen gebildet. Grundlage dafür bildeten thematisch einschlägige Publikationen, Expertengespräche und die Sichtung von Tagungsdokumentationen. Zweitens wurde anhand aussagekräftiger Dokumente im Internet gezielt nach relevanten Organisationen innerhalb dieser Akteursgruppen gesucht. Bei der Dokumentenauswahl wurden Positionspapiere, Stellungnahmen, Redetexte und Interviews, Berichte, Broschüren, (Zeitschriften-) Artikel sowie Webseiten berücksichtigt. In einer akteursspezifischen Internetrecherche wurde nach thematisch einschlägigen Begriffen in entsprechenden Textpassagen und Dokumenten der jeweiligen Akteure gesucht – insbesondere nach den Begriffen „Gesellschaftliches Engagement von Unternehmen", „gesellschaftliche/soziale/ökologische Verantwortung von Unternehmen", „Corporate Citizenship" und „Corporate Social Responsibility (CSR)". Die Recherche hat insgesamt 65 Dokumente von 38 unterschiedlichen Akteuren ergeben. Auf dieser Grundlage wurde die Auswahl folgender Akteuren vorgenommen (Nennung in alphabetischer Reihenfolge):

Staat	Auswärtiges Amt
	Bundeskanzleramt
	Bundesministerium für Arbeit und Soziales (BMAS)
	Bundesministerium für Ernährung, Landwirtschaft und Verbraucherschutz (BMELV)
	Bundesministerium für Familie, Senioren, Frauen und Jugend (BMFSFJ)
	Bundesministerium für Umwelt, Naturschutz und Reaktorsicherheit (BMU)
	Bundesministerium für Wirtschaft und Technologie (BMWi)
	Bundesministerium für wirtschaftliche Zusammenarbeit und Entwicklung (BMZ)
	Bundesregierung
Gewerkschaften	Deutscher Gewerkschaftsbund (DGB)
	Industriegewerkschaft Metall (IG Metall)
	Vereinte Dienstleistungsgesellschaft (Ver.di)
Wirtschaftsverbände	Bundesverband der Deutschen Industrie e.V. (BDI)
	Bundesvereinigung der Deutschen Arbeitgeberverbände e.V. (BDA)
	Deutscher Industrie- und Handelskammertag e.V. (DIHK)
	Hauptverband des Deutschen Einzelhandels e.V. (HDE)
	Wirtschaftsjunioren Deutschland e.V. (WJD)
	Zentralverband des Deutschen Handwerks e.V. (ZDH)
Unternehmen	3M Deutschland GmbH
	Bayer AG
	BERATUNG Schulten/Weyland GBR
	Daimler AG
	Heinrich Mai/Sohn GmbH
	Jäger Direkt GmbH
	LR Gebäudereinigung GmbH
	NIKO NISSEN GmbH
	Fortsetzung nächste Seite

Non-Profit-Organisationen	Attac Deutschland e.V.
	Bund für Umwelt und Naturschutz Deutschland e.V. (BUND)
	Evangelische Kirche Deutschland (EKD)
	Germanwatch e.V.
	Greenpeace Deutschland e.V.
	Transparency International Deutschland e.V.
Beratungs-organisationen	Bundesarbeitsgemeinschaft der Freiwilligenagenturen (bagfa) e.V.
	Ernst and Young AG
	nonprofit business consult
	Pleon GmbH
	Schlange und Co. GmbH
	VIS a VIS Agentur für Kommunikation GmbH

Tabelle 1: Untersuchte Akteure im Rahmen der gesellschaftspolitischen Bestandsaufnahme

Die Akteure lassen sich verschiedenen Feldern zuordnen, die sich typisierend mit den Begriffen Staat, Gewerkschaften, Wirtschaftsverbände, Unternehmen, Non-Profit-Organisationen und Beratungsorganisationen bezeichnen lassen. Diese Akteursfelder spielen im Kontext der Debatte über das gesellschaftliche Engagement von Unternehmen eine je besondere Rolle:

(1) Staatliche Akteure. Staatliche Akteure wie Bundesministerien sind wichtige Akteure im korporatistischen Verhandlungssystem der Bundesrepublik Deutschland. Allerdings wird ihre Steuerungsfähigkeit als „abnehmend" beschrieben (vgl. Hassel/Trampusch 2006), insofern als die nationalstaatlich-korporatistische Steuerung von Gesellschaft zunehmend an Bedeutung verliert. Exemplarisch dafür stehen die Verschiebung (wirtschafts-) politischer Entscheidungen von der staatlichen Ebene auf die Ebene der Europäischen Union (vgl. Brandl 2006, Streeck 1994) oder die Globalisierung der Wertschöpfungskette, so dass international tätige Unternehmen mit nationalstaatlichen Maßnahmen immer weniger zu steuern sind (vgl. Jachtenfuchs 2006, Genschel/Uhl 2006, Schief 2006). Diese Veränderungen spiegeln sich auch in der Kommunikation über die eigene gesellschaftliche Rolle, wonach staatliche Akteure vornehmlich als Rahmen setzende Instanz in der Gesellschaft konzeptualisiert werden (vgl. Enquete-Kommission 2003), die nicht das Wirtschaftssystem „steuern", sondern im Sinne einer polyzentrischen Gesellschaft allenfalls die Förderung und Anerkennung unternehmerischen Engagements begleiten könnten (vgl. Backhaus-Maul 2008, Backhaus-Maul/Braun 2010).

Vor diesem Hintergrund wurden für die Analyse von Selbstdarstellungen und Beschreibungen über das gesellschaftliche Engagement von Unternehmen die Bundesregierung, das Bundeskanzler- und Auswärtige Amt sowie sechs Bundesministerien (BMAS, BMFSFJ, BMELV, BMU, BMWi, BMZ) ausgewählt und in die Untersuchung einbezogen.

(2) Arbeitgeber-/Unternehmerverbände und Gewerkschaften. Die Bundesrepublik Deutschland wird vielfach als „verbandsstrukturierte Gesellschaft" oder „organisierte Gesellschaft" (Alemann 1989) bezeichnet, die durch Interessenverbände geprägt ist (grundlegend Offe 2003, Offe/Borchert/Lessenich 2006, Willems/Winter 2007). Interessenverbände, wie z.b. Gewerkschaften oder Arbeitgeber- und Unternehmerverbände (im Folgenden vereinfacht als Wirtschaftsverbände bezeichnet), gelten in der korporatistisch verfassten Sozialen Marktwirtschaft als Mittler zwischen Wirtschaft und Staat. Diese Rolle beinhaltet u. a. die Beteiligung im Politik- und Gesetzgebungsprozess, die Mitgestaltung von Tarifverhandlungen und die Mitwirkung im dualen Ausbildungssystem (vgl. Kleinfeld et al. 1996).

In diesem Kontext lassen sich Gewerkschaften als „Organisationen der Solidarität und gegenseitigen Sicherung, also genossenschaftliche Verbände" beschreiben (Schroeder/Weßels 2003: 14). Sie zeichnen sich durch ihre formale Anerkennung und Verankerung innerhalb des politischen Systems der Bundesrepublik Deutschland aus, wobei Gewerkschaften gleichzeitig als politische Verbände agieren, die gegenüber Arbeitgebern als ökonomischer Verband zur Durchsetzung kollektiver Interessen auftreten (vgl. Esser 2003, Schroeder/Weßels 2003). Dabei kam Gewerkschaften bislang erhebliche politische Bedeutung zu, die auf einer „institutionellen und rechtlichen Einbettung in das spezifisch deutsche System der industriellen Beziehungen" (Hassel 2007: 192) basierte. Spätestens seit den frühen 1990er Jahren wird aber die zugrunde liegende Vorstellung einer Sozialpartnerschaft zunehmend in Frage gestellt (vgl. Schroeder 2007). Dieser Bedeutungsverlust wird durch einen erheblichen Mitgliederschwund in den Gewerkschaften und eine „Renaissance zwischengewerkschaftlicher Konkurrenz" verstärkt (Kreft 2006: 108). Vor diesem Hintergrund wurden für die Sekundäranalyse von Positionierungen gegenüber dem gesellschaftlichen Engagement von Unternehmen der Deutsche Gewerkschaftsbund (DGB), die Industriegewerkschaft Metall (IG Metall) und die Vereinte Dienstleistungsgesellschaft (Ver.di) ausgewählt und untersucht.

Als Komplementärorganisationen zu Gewerkschaften sind im System der korporatistischen Interessenvermittlung die Wirtschaftsverbände – Arbeitgeber- und Unternehmerverbände – zu betrachten (vgl. Schroeder 2007). Bei diesen Verbänden handelt sich um Zusammenschlüsse von Unternehmen, die sich in Größe und Branchenzugehörigkeit stark unterscheiden und bei allen Gemeinsamkeiten auch in politischer Konkurrenz zueinander stehen. Unternehmen schließen sich zusammen und organisieren kollektives Handeln, um jeweils eine möglichst hohe betriebliche Entscheidungsautonomie zu erreichen. Somit können Wirtschaftsverbände als Beispiel für eine Interessendivergenz zwischen Mitgliederinteressen (hohe Entscheidungsautonomie) und Verbandsinteressen (kollektiv bindende Entscheidungen) angesehen werden. Vor diesem Hintergrund sind die latenten Konflikte zwischen und innerhalb von Wirtschaftsverbänden zu verstehen, etwa – vereinfacht dargestellt – zwischen „alten" und „neuen" Branchen sowie kleinen und großen Unternehmen (vgl. Willems/Winter 2007, Schroeder 2007). So sind Wirtschaftsverbände wie der Bundesverband der Deutschen Industrie e.V. (BDI), der vorrangig die Interessen der Deutschen Industrie vertritt, von den Arbeitgeberverbänden wie z.B. der Bundesvereinigung der Deutschen Arbeitgeberverbände e.V. (BDA) zu unterscheiden. Darüber hinaus sind Verbände vielfach branchenspezifischer Wirtschafts- und zugleich Arbeitgeberverband, wie z.B. der Deutsche Industrie- und Handelskammertag e.V. (DIHK) oder der Hauptverband des Deutschen Einzelhandels e.V. (HDE). Neben diesen vier Verbänden wurden die Wirtschaftsjunioren Deutschland e.V. (WJD) und der Zentralverband des Deutschen Handwerks e.V. (ZDH) in die Sekundäranalyse über das gesellschaftliche Engagement von Unternehmen einbezogen.

(3) Unternehmen. Seit einigen Jahren scheinen Unternehmen als Einzelakteure – und nicht mehr in erster Linie die sie repräsentierenden Wirtschaftsverbände – wachsende Bedeutung in gesellschaftspolitischen Aushandlungsprozessen zu gewinnen (vgl. Höpner/Streeck 2003). Dieses gilt insbesondere für große Unternehmen, bei denen eine Entwicklung von verbandlichen Kollektivinteressen hin zu einzelunternehmerischen und betrieblichen Perspektiven zu beobachten ist (vgl. Mayer/Naji 2000). Insofern überrascht es nicht, wenn sich namhafte Großunternehmen aus Verbandsstrukturen mit der Begründung zurückziehen, dass Wirtschaftsverbände ihre differenzierten Unternehmens- und Betriebsinteressen nicht mehr hinreichend abbilden und vertreten würden (vgl. Max-Planck-Institut für Gesellschaftsforschung 2002, Lang/Schneider 2007, Schneider 2004). Insofern vertreten immer häufiger Unternehmen ihre gesellschaftspolitischen Positionen eigenständig und unabhängig von Verbänden, so dass sie zunehmend auch in den Blickpunkt der Öffentlichkeit treten (Höpner/Streeck 2003, Moon/Crane/Matten 2008, Schimank 2008). Untersucht wurden in der Sekundäranalyse folgende Unternehmen: 3M Deutschland GmbH, Bayer AG, BERATUNG Schulten/Weyland GBR, Daimler AG, Heinrich Mai/Sohn GmbH, Jäger Direkt GmbH, LR Gebäudereinigung GmbH, NIKO NISSEN GmbH.

(4) Non-Profit-Organisationen. Seit den 1980er Jahren sind die etablierten Interessenverbände grundlegenden Veränderungen ausgesetzt, die mit Begriffen wie Pluralisierung, Individualisierung und Heterogenisierung von Interessen umrissen werden können (vgl. Streeck 1987). Daraus resultiert eine zunehmende Interessenvielfalt, die nur bedingt von traditionellen Interessenverbänden repräsentiert wird. Seitdem hat sich eine beachtliche Vielzahl neuer Formen selbst organisierter Interessenartikulation gebildet. Diese Vielfalt von Interessenorganisationen hat den Wettbewerb und die Konkurrenz innerhalb der Interessensvermittlung forciert. So konnten etwa Organisationen aus dem Kontext „neuer sozialen Bewegungen" gegenüber etablierten Organisationen wie Gewerkschaften und Wirtschaftsverbänden an Einfluss und Macht hinzugewinnen (vgl. Sebaldt/Straßner 2004, Willems/Winter 2007).

Non-Profit-Organisationen (NPO) repräsentieren diese „neuen" Interessenorganisationen und gelten seit den 1990er Jahren national und international als gesellschaftliche Akteure mit wachsender politischer Bedeutung (vgl. Anheier et. al. 1998, Salamon/Anheier 1998, Simsa 2001, Backhaus-Maul/Mutz 2005). Für die vorliegende Sekundäranalyse wurden vor allem NPO ausgewählt, die eine dezidiert gesellschaftliche Orientierung aufweisen und bundesweit organisiert sind (vgl. Brandl 2006). So sind es oftmals gesellschaftlich ausgerichtete NPO mit einem „anwaltlichen" Selbstverständnis, die durch „öffentlichem Druck" auf ein unzureichendes, fehlendes oder „schlechtes" gesellschaftliches Engagement von Unternehmen aufmerksam machen wollen (vgl. Zimmer 2004). Daneben lassen sich NPO ausmachen, die ihren aktiven Part und ihre Multifunktionalität als Teil der Gesellschaft bzw. als Stakeholder hervorheben (vgl. Braun, 2003a, Heins 2005). Darüber hinaus gibt es auch einzelne NPO, die sich dezidiert als Kooperationspartner von Unternehmen verstehen (vgl. Beckmann 2008, Halfmann 2007).

In diesem Kontext wurden für die sekundäranalytische Bearbeitung von Positionen zum gesellschaftlichen Unternehmensengagement Attac Deutschland e.V., der Bund für Umwelt und Naturschutz Deutschland e.V. (BUND), die Evangelische Kirche Deutschland (EKD), Germanwatch e.V., Greenpeace Deutschland e.V. und Transparency International Deutschland e.V. ausgewählt.

(5) Beratungsorganisationen. Seit mehr als einem Jahrzehnt gewinnen in der Zivilgesellschaftsdebatte Beratungen und darauf spezialisierte Organisationen immer mehr an Bedeutung und Einfluss (vgl. Fuchs 2004, Fuchs/Pankoke 1994). Im Zuge der zunehmenden Ausdifferenzierungen von Beratungsorganisationen spezialisieren sich einzelne Organisationen auch auf Fragen des gesellschaftlichen Engagements von Unternehmen (vgl. Fuchs/Mahler 2000, Schwarz 2008). Neben Publikationen, Präsentationen und Kampagnen informieren Beratungsorganisationen wie Ernst and Young regelmäßig in einschlägigen Newslet-

tern über das gesellschaftliche Unternehmensengagement oder initiieren Untersuchungen, die verstärkt in Kooperation mit wissenschaftlichen Instituten realisiert werden, bei denen es sich zumeist um Spielarten von zielgruppenspezifi-
schen Public Relations mit wissenschaftlicher Reflexion handelt (vgl. z.b. Ernst
and Young 2008, Scholz and Friends 2008). Außerdem thematisieren Beratungsorganisationen vermehrt einzelne Formen und Instrumente des gesellschaftlichen
Engagements von Unternehmen, bei denen so genannte „neue strategische Ansätze" des gesellschaftlichen Engagements von Unternehmen besonders hervorgehoben werden (vgl. Schöffmann 2001, Scholz and Friends 2008). Aber auch
vermeintlich „klassische Instrumente" des gesellschaftlichen Engagements von
Unternehmen – wie Spenden und Sponsoring – werden von deutschen Beratungsorganisationen immer wieder neu thematisiert (siehe z.B. PLEON 2006).
Vor diesem Hintergrund wurden für die Sekundäranalyse von Positionen zum
gesellschaftlichen Unternehmensengagement die Bundesarbeitsgemeinschaft der
Freiwilligenagenturen (bagfa) e.V., Ernst and Young AG, nonprofit business
consult, Pleon GmbH, Schlange und Co. GmbH, VIS a VIS Agentur für Kommunikation GmbH ausgewählt.

Die Auswertung der recherchierten Dokumente der verschiedenen in die
Sekundäranalyse einbezogen Organisationen, erfolgte – in Anlehnung an das von
Gläser und Laudel (2004) entwickelte Vorgehen – mit Hilfe eines computerge-
stützten inhaltsanalytischen Verfahrens. Die verwendeten Kategorien wurden in
die drei folgenden Dimensionen untergliedert:

- Die formale Dimension konzentriert sich auf die Begriffs- und Definitions-
  vielfalt sowie unterstellte Zielorientierungen. Speziell Definitionen stellten
  bei einem Teil des zu analysierenden Materials eine Herausforderung dar,
  da es sich nicht um wissenschaftliche Texte handelte, für die Definitionen
  und Definitionsversuche eine Selbstverständlichkeit sind, sondern um Positionspapiere und Selbstdarstellungen von Organisationen, denen eher die
  Vermeidung konkreter Begriffsdefinitionen zu eigen ist (vgl. Pollach 2002).
- Eine zweite Dimension bezieht sich auf die sachliche Ausdifferenzierung,
  die instrumentelle Umsetzung und die institutionellen Grundlagen des gesellschaftlichen Engagements von Unternehmen.
- Eine dritte Dimension umfasst die sozialkulturelle Einbettung und die Rol-
  lenzuweisungen an Unternehmen und andere thematisch relevante Akteure.

Die drei skizzierten Kategorien wurden anhand von Unterkategorien konkretisiert und operationalisiert. Die Analyse des Materials wurde zuerst in Akteurs-
Clustern durchgeführt, um zu prüfen, inwieweit die jeweiligen Akteursgruppen
als thematisch homogen anzusehen sind. In einem zweiten Schritt wurden die
Kategorien quer zu den Akteursgruppen geprüft. Auf diese Weise konnten Akteursgruppen übergreifende Gemeinsamkeiten identifiziert werden.

Auf der Grundlage des skizzierten methodischen Vorgehens werden in den folgenden Kapiteln die wichtigsten Befunde der Sekundäranalyse thematisch spezifiziert präsentiert. Zunächst wird die Rolle von Unternehmen in der Sozialen Marktwirtschaft der Bundesrepublik Deutschland anhand wichtiger institutioneller Regelungsbereiche erläutert (Kapitel 3). Daran anknüpfend wird in Kapitel 4 die Entwicklung des spezifischen Verständnisses von gesellschaftlichem Unternehmensengagement im deutschen Kontext dargestellt. Vor dem Hintergrund des historisch-soziologischen und begrifflichen Bezugsrahmens wird in Kapitel 5 der empirische Forschungsstand zum gesellschaftlichen Engagement von Unternehmen in Deutschland bilanziert. In Kapitel 6 werden dann die Selbstpräsentationen und - verortungen relevanter kollektiver Akteure im untersuchten Themenfeld systematisiert dargestellt. Die Sekundäranalyse schließt mit einer Diskussion aktueller Herausforderungen und Entwicklungsoptionen des gesellschaftlichen Engagements von Unternehmen in Deutschland (Kapitel 7).

3 Unternehmen in der Sozialen Marktwirtschaft – der deutsche Institutionalisierungspfad

3.1 Tradition und Transformation

Unternehmen scheinen seit einigen Jahren die mit Abstand wichtigsten Akteure in modernen Gesellschaften zu sein – und die Gesellschaft erweckt den Eindruck, als würde sie vom Wirtschaftssystem dominiert werden. Das Schlagwort von der „Ökonomisierung der Gesellschaft" (Schimank/Volkmann 2008) bringt diesen Trend treffend zum Ausdruck. Aber vor lauter selbst erzeugter Dynamik, modischen Trendbehauptungen und kommunikativen Artefakten geraten die zu Grunde liegenden Vorstellungen, Begrifflichkeiten und Institutionen aus dem Blick. Im Kern geht es um die grundlegende Frage nach der Rolle von Unternehmen in der Gesellschaft (vgl. Maurer/Schimank 2008, Maurer 2008), wobei bisher eine beliebige Vielzahl und Vielfalt von Deutungsversuchen und Begrifflichkeiten die unterschiedliche Facetten dieser gesellschaftspolitischen Grundfrage und ihres traditionsreichen Institutionalisierungspfades in Deutschland thematisieren (vgl. die Beiträge in Backhaus-Maul/Biedermann/Nährlich/ Polterauer 2009).

3.1.1 Industrialisierung

Für die Entwicklung der deutschen Gesellschaft ist die relativ späte Herausbildung von Demokratie sowie von Sozial- und Rechtsstaat konstitutiv. Bürgertum und kapitalistisches Unternehmertum entwickelten sich im 19. Jahrhundert unter den Bedingungen einer Monarchie; zugleich wurden aber bereits die institutionellen Grundlagen moderner Staatlichkeit und kapitalistischen Wirtschaftens gelegt (vgl. Wehler 2003). Die kapitalistische Industrialisierung veränderte die Wirtschaftsstruktur des Kaiserreichs grundlegend. Diese „schöpferische Zerstörung" (Schumpeter 1947) bzw. ökonomische Transformation ging einher mit tief greifenden sozialen Veränderungen und Konflikten. Dabei war das Bürgertum bestrebt, sich gegenüber Adel und Klerus zu etablieren, während die sich herausbildende Arbeiterklasse daran interessiert war, einen auskömmlichen Anteil am wirtschaftlichen Erfolg für sich zu sichern und politischen Einfluss zu erringen. Die Unternehmer wiederum waren auf die Leistungs- und Folgebereitschaft ihrer

Arbeiter angewiesen. Vor allem durch betriebliche Fürsorgeleistungen in den Bereichen Wohnen, Krankheit, Erwerbsunfähigkeit und Alter - bei gleichzeitig relativ geringen Löhnen - erhofften sich Unternehmer eine Rendite steigernde Leistungs- und Folgebereitschaft ihrer Arbeiterinnen und Arbeiter und darüber hinaus ein hinreichendes Maß an gesellschaftlicher Befriedung. Dabei ist zu bedenken, dass die betriebliche Fürsorge eine freiwillige, nur von einem Teil der Unternehmen gewährte soziale Leistung war.

Als soziale Klasse drängte das Bürgertum im 19. Jahrhundert auf politische Machtbeteiligung. In der Anfangsphase des deutschen Kapitalismus war die gesellschaftliche Rolle von Unternehmen in erster Linie die eines wirtschaftlichen Akteurs, der darüber hinaus freiwillig und anhand subjektiver - zumeist religiös begründeter - Erwägungen in Art und Umfang höchst unterschiedliche Fürsorgeleistungen für seine Arbeiterschaft gewährte. In der Anerkennung sozialer Risiken und ihrer sachlichen Differenziertheit bildete die unternehmerische Fürsorge eine wesentliche Grundlage für die seit den 1880er Jahren in Deutschland aufgebauten öffentlichen Sozialversicherungen (vgl. Bäcker u.a. 2008, Kaufmann 1997, Leibfried/Wagschal 2000, Schmidt 2005). Manch ein namhafter Unternehmer - von Bosch bis Siemens - wurde so auch zum Vorkämpfer für ein zeitgemäßes Sozial-, Arbeits- und Tarifrecht.

Gleichwohl entwickelten sich bis weit in die Weimarer Republik hinein Wirtschaft und Politik als eigenständige Systeme nebeneinander. Während die wirtschaftliche Entwicklung in Deutschland dynamisch und rasch verlief, kam es zu einer verspäteten Herausbildung von Demokratie, Sozial- und Rechtsstaat, die aber – was das baldige Ende der Weimarer Republik und der Machtantritt der Nationalsozialisten zeigten – höchst fragil waren. Durch die „Politik der Gleichschaltung" des nationalsozialistischen Regimes wurde das Wirtschaftssystem dem totalitären Staat „einverleibt" und die Dualität von Wirtschafts- und Staatssystem beendet.

Die DDR folgte – bei aller inhaltlichen Unterschiedlichkeit gegenüber dem Nationalsozialismus – diesem Strukturmuster eines verabsolutierten Staates und einer ihm untergeordneten Wirtschaft (vgl. Wolle 1999).

In der Bundesrepublik Deutschland hingegen wurde zunächst am Strukturmuster des Dualismus von Staat und Wirtschaft aus der Weimarer Republik angeknüpft. Die nachholende Modernisierung in den Bereichen Demokratie, Rechts- und Sozialstaat wurde in der Anfangszeit der Bundesrepublik durch die politischen Vorstellungen der westlichen Alliierten und später durch die innenpolitischen Auseinandersetzungen und die entstehenden sozialen Bewegungen forciert und stimuliert. Gleichzeitig erlebte die deutsche Wirtschaft ein dynamisches Wachstum und zeigte ein entsprechend gestärktes Selbstbewusstsein, das aber bis in die 1970er Jahre hinein unter Verweis auf die aktive Rolle führender deutscher Unternehmen im Nationalsozialismus in Frage gestellt wurde.

3.1.2 Expansion des Sozialstaats

In den 1950er und 1960er Jahren konsolidierten sich Wirtschaft und Staat innerhalb kürzester Zeit. Mit der Rentenreform (1957) und der Einführung der Sozialhilfe (1961) wurden die gesetzlichen Grundlagen für die Expansion des deutschen Sozialstaates gelegt. Die Definition von sozialen Risiken, die Entwicklung einer sozialstaatlichen Leistungspalette sowie von sozialen Diensten und Einrichtungen erlebte eine bis dahin nicht gekannte Erweiterung. Vor diesem Hintergrund konnte der deutsche Sozialstaat mit der Akzeptanz und Unterstützung seiner Bürger rechnen, da er ihnen in Aussicht stellen konnte, sie mittels sozialstaatlicher Mechanismen und Verfahren der Verteilung und des Ausgleichs an der gesellschaftlichen Wohlstandsentwicklung teilhaben zu lassen.

Der expansive Sozialstaat wiederum begegnete diesen wachsenden Ansprüchen und Herausforderungen mit einer Strategie der Einbeziehung bzw. Inkorporierung privater Organisationen in die staatliche Politik (Streeck 1999). In erster Linie zielt der Korporatismus auf die Schlichtung des für kapitalistische Gesellschaften grundlegenden Konfliktes zwischen Kapital und Arbeit ab. Insofern steht die Inkorporierung von Arbeitgeber- und Arbeitnehmerverbänden im Mittelpunkt staatlicher Politik. Im Gegenzug können Unternehmen in Anerkennung ihrer Mitwirkung und als Entschädigung für ihren partiellen Autonomieverlust mit „staatlichem Wohlwollen" rechnen. Die Inkorporierung von Unternehmen in staatliche Entscheidungsprozesse erstreckt sich über alle Politikfelder, wobei die Finanz-, Wirtschafts-, Arbeits- und Sozialpolitik im Vordergrund stehen. Dabei sind Unternehmen und ihre Verbände in die politischen Entscheidungs- und Gesetzgebungsprozesse einbezogen (politischer Mitentscheider), zahlen Beiträge und Steuern (Transferzahler) und erstellen in ihren Betrieben unmittelbar soziale Leistungen (Dienstleistungserbringer).

Die gesellschaftliche Rolle von Unternehmen entwickelt sich in Deutschland folglich in einem spezifischen institutionellen Kontext (vgl. zum Folgenden Backhaus-Maul 2008). Anders als in den angelsächsischen Ländern, den Protagonisten eines freiwilligen gesellschaftlichen Engagements von Unternehmen, ist die gesellschaftliche Rolle von Unternehmen in Deutschland insbesondere durch Demokratie und Rechtsstaat sowie vor allem ein umfassendes soziales Sicherungssystem „eingehegt".

3.1.3 Deutsches Sozialstaatsmodell

Im Sinne der Typologisierung von Esping-Andersen (1990) haben wir es in Deutschland mit einem konservativen Sozialstaat zu tun: Familien bilden die Grundlage der sozialen Sicherung, während die sozialstaatlichen Leistungen in erster Linie dazu dienen, den Status der Erwerbstätigen gegenüber sozialen Risiken zu sichern. Unter den Prämissen des Erhalts der familialen Leistungsfähigkeit und der Sicherung des Status der Erwerbstätigen obliegt dem Sozialstaat eine sozialrechtlich definierte Gewährleistungsverantwortung, während die konkrete Leistungserbringung in der Regel durch Non-Profit-Organisationen erfolgt. Zwischen dem Staat als Kosten- und Gewährleistungsträger, Non-Profit-Organisationen als Leistungsanbietern und den Privathaushalten als Leistungsnehmern hat sich bisher - bei kontinuierlichen Einnahmezuwächsen - ein relativ geschlossenes und stabiles soziales Sicherungssystem herausgebildet (vgl. Backhaus-Maul/Olk 1994, Backhaus-Maul 2009).

Das skizzierte Sozialstaatsmodell weist der Wirtschaft und ihren Unternehmen die Position von Steuer- und Beitragszahlern zu, deren Interessen durch Arbeitgeber- und Unternehmerverbände sowie Selbstverwaltungsorganisationen in politischen Entscheidungs- und Gesetzgebungsprozessen artikuliert und vertreten werden. Darüber hinaus werden Unternehmen - etwa im Rahmen des dualen Ausbildungssystems - direkt in die Erbringung öffentlicher Aufgaben einbezogen. Insofern sind Unternehmen an den Entscheidungen und der Ausgestaltung der Wirtschafts- und Arbeitsmarktpolitik sowie der sozialen Sicherungen dauerhaft und formalisiert beteiligt. Die Institutionalisierungsformen reichen dabei von „informellen" Gesprächen über Selbstverwaltungsstrukturen bis hin zu gesetzlich geregelten Beteiligungsverfahren und -gremien.

Dabei ist aber zu bedenken, dass nicht einzelnen Unternehmen, sondern den sie repräsentierenden Arbeitgeber- und Unternehmerverbänden sowie deren Selbstverwaltungsorganisationen, wie etwa Industrie- und Handels- sowie Handwerkskammern, herausgehobene Bedeutung als korporativen Akteuren im politischen Entscheidungs- und Gesetzgebungsprozess zugewiesen wird. Im Rahmen der – vereinfacht dargestellt – paritätischen Finanzierung der Sozialversicherungen durch Arbeitgeber und Arbeitnehmer führen Unternehmen Beiträge an die Sozialversicherungen ab. Zudem sind sie als Steuerzahler an der Finanzierung staatlicher Aufgaben beteiligt. Unternehmen sind im korporativen Sozialstaat aber nicht nur politische Mitentscheider und wichtige Transferzahler, sondern sie sind vermehrt auch Leistungserbringer: Sie betreiben z.B. Kindergärten, bieten Ausbildungsplätze im Rahmen des dualen Ausbildungssystems an und beschäftigen Menschen mit Behinderungen. Darüber hinaus können sich Unternehmen freiwillig und weitgehend uneingeschränkt in allen gesellschaftlichen

Belangen mit eigenen Ideen und Ressourcen betätigen bzw. freiwillig engagieren.

3.1.4 Kapitalistisches Wirtschaften und sozialer Ausgleich

Letztlich ist diese gesellschaftliche Rolle von Unternehmen in Deutschland mit einem spezifisch nationalen Verständnis kapitalistischen Wirtschaftens und sozialen Ausgleichs verknüpft: Im Zuge der Industrialisierung hat die gesellschaftspolitische Enthaltsamkeit der Wirtschaft die Herausbildung nationaler Sozialstaaten begünstigt (vgl. Sachße/Tennstedt 1980, Schmidt 1998). Gleichzeitig haben sich bereits einzelne Unternehmen, insbesondere protestantische Unternehmerpersönlichkeiten, freiwillig karitativ und im Rahmen betrieblicher Sozialpolitik engagiert (grundlegend Deutschmann 2008b). Unmittelbar nach dem Zweiten Weltkrieg entwickelte sich auf der Grundlage der Vorstellungen von einer Sozialen Marktwirtschaft - so Jens Beckert (2006) - eine „gezähmte" Variante des Kapitalismus in Deutschland. Dabei wurden - im Schatten der staatlichen Hierarchie - die Rechte und Pflichten von Unternehmen gegenüber Arbeitnehmern und Gewerkschaften sowie der Gesellschaft insgesamt gesetzlich geregelt und in Verhandlungen vereinbart.

Festzuhalten ist, dass unter den Prämissen der Sozialen Marktwirtschaft die staatlich garantierte Freiheit zu wirtschaftlicher Betätigung, die durch gesetzliche Regelungen, Formen der institutionellen Beteiligung im Politik- und Gesetzgebungsprozess und den massiven Einsatz öffentlicher Mittel und Subventionen gewährleistet und begünstigt wird, eine wesentliche Grundlage unternehmerischen Handelns bildet. Diese staatliche Förderung freier unternehmerischer Betätigung geht einher mit der Zuweisung einer staatlich definierten Rolle an Unternehmen, der zufolge sie insbesondere in Gesetzgebungsverfahren zu beteiligen sind, sich zur Einhaltung arbeits-, sozial- und umweltrechtlicher Regelungen verpflichten, Tarifverträge mit Gewerkschaften aushandeln, sich im dualen Ausbildungssystem aktiv beteiligen sowie Beiträge an die Sozialversicherungen abführen und Steuern zahlen.

Der für kapitalistische Gesellschaften grundlegende Konflikt zwischen Arbeit und Kapital ist auf diese Weise in institutionalisierter Form auf Dauer gestellt worden. Die mit Beteiligungsregeln sowie Leistungspflichten unterlegte „Inkorporierung" von Arbeitgeber- und Unternehmerverbänden in den politischen Entscheidungs- und Gesetzgebungsprozess bringt die sozialpolitisch eingehegte deutsche Variante des Kapitalismus sinnfällig zum Ausdruck. Im Hinblick auf das gesellschaftliche Engagement von Unternehmen ergeben sich unter den skizzierten korporatistischen Bedingungen ein deutlicher Verpflichtungscharakter und eine relativ starke Institutionalisierung (vgl. Streeck 1999).

3.2 Korporatismus und Soziale Marktwirtschaft

Die deutsche Variante einer kapitalistischen Gesellschaft ist gekennzeichnet durch die Verbindung „des Prinzips der Freiheit auf dem Markt mit dem des sozialen Ausgleichs" (Müller-Armack 1966: 243). Die Soziale Marktwirtschaft ist geprägt durch organisatorische Verflechtungen, konsensorientiertes Entscheiden und die Inkorporation von Verbänden in die staatliche Handlungssphäre. Für Unternehmen erwächst daraus ein Handlungsrahmen, der sich durch eine Vielzahl rechtlicher Bestimmungen, gesellschaftlicher Normen sowie sozialpartnerschaftliche Konfliktregulierungen definiert.

3.2.1 Verhandeln im „Schatten der Hierarchie"

Die Selbstbeschreibung der Bundesrepublik Deutschland in den 1960er Jahren als „Staat der ausgehandelten Interessenstandpunkte" (Karl Schiller) lässt erahnen, welche Bedeutung organisierten Interessen in politischen Ausgestaltungsprozess zugewiesen und zugebilligt wurde. Dabei stand der Nachkriegs- bzw. Neo-Korporatismus ganz im Zeichen eines konsensualen Interessenausgleichs im gesellschaftlich zentralen und zugleich antagonistischen Konflikt zwischen Kapital und Arbeit: „Dem demokratischen Neo-Korporatismus der Nachkriegszeit unterlag ein Klassenkompromiss zwischen Kapital und Arbeit, der von einem unterstützenden Interventionsstaat moderiert wurde. In ihm wurde die vertikale Herrschaftsbeziehung zwischen den beiden Großklassen der Industriegesellschaft sozusagen um neunzig Grad gedreht und als horizontale Verhandlungsbeziehung zwischen ihren Repräsentanten ‚auf gleicher Augenhöhe' institutionalisiert" (Streeck 2005: 2). Die verbandlichen Interessenvertretungen von Arbeit und Kapital nahmen in den genannten Bereichen nicht nur von außen Einfluss auf politische Entscheidungsprozesse, sondern wurden in die Entscheidungsprozesse inkorporiert, d.h. sie waren an der Formulierung, Ausführung und verbindlichen Auslegung von staatlichen Entscheidungen beteiligt (vgl. Rudzio 2006: 106).

Die Inkorporierung von Verbänden in staatliche Entscheidungs- und Handlungsprozesse erweist sich in zweifacher Hinsicht als funktional sinnvoll: So kann durch den Rückgriff auf die politikfeldgebundene Expertise der Interessenorganisationen die politische Entscheidungsfindung vereinfacht werden. Darüber kann die Akzeptanz staatlichen Handelns gesteigert werden, da Verbände – quasi

als „Gegenleistung" für die staatlicherseits gewährte politisch Einflussnahme –
ihre Mitgliedschaft auf Folgebereitschaft gegenüber staatlichen Zielen und Maßnahmen verpflichten: „Das ‚Deutsche Modell' der Interessenvermittlung konnte
sich bisher immer zurechnen, dass es durch den Austausch von Wissen, Positionen und Problemlösestrategien zwischen Politik, Wirtschaft und gesellschaftlichen Kräften zu einer Konzertierung von Interessen kommen konnte, die es möglich machte, kritische Situationen abzufangen" (Weßels 2000: 17, Wiesenthal
1987).

Im Kern handelt es sich bei der korporatistischen Interessenvermittlung um
einen Tausch zwischen Staat und Kommen, Gewerkschaften sowie Arbeitgeber-
und Unternehmerverbänden, die ihre Einzelinteressen einem gemeinsam ausgehandelten Kompromiss ein- bzw. unterordnen. Voraussetzungen für den Erfolg
eines derartigen korporatistischen Tausches ist die Fähigkeit auf Seiten der beteiligten Verbände, mit anderen Verhandlungen führen und innerverbandlich Folgebereitschaft im Hinblick auf die erzielten Ergebnisse erwarten zu können.
Vom Staat wiederum erwarten die verbandlichen Verhandlungspartner, dass die
Geltung der Vereinbarungen - im Schatten der Hierarchie - garantiert und gegebenenfalls durchgesetzt wird.

3.2.2 Bedeutungsverlust korporatistischer Interessenvermittlung

Im Zuge der forcierten Globalisierung wirtschaftlichen Handelns scheint seit den
1980er Jahren und beschleunigt durch die deutsche Vereinigung die korporatistische Variante der Interessenvermittlung an Bedeutung zu verlieren. So ist seit
den 1990er Jahren eine rückläufige Kompromiss- und Verpflichtungsfähigkeit
auf Seiten der klassischen verbandlichen Akteure, d.h. von Arbeitgeberverbänden und Gewerkschaften, festzustellen. Diese organisationspolitische Entwicklung geht einher mit einem fortgesetzten Mitgliederschwund, den Wolfgang
Streeck (1999) treffend als „Aussterben des Stammkunden" bezeichnet hat. Angesichts der Erosion ihrer Mitgliederbasis gelingt es Gewerkschaften und Arbeitgeberverbänden immer weniger, relevante kollektive Interessen repräsentativ
abzubilden. „Die historische Leistung der korporatistischen Eliten der Nach-
kriegsjahre hatte darin bestanden, große Risikopools zu organisieren und zu-
sammenzuhalten, in denen sie ihre jeweiligen Mitglieder zugleich schützen und
disziplinieren konnten. Das Ende der korporatistischen Elitenintegration zeigte
sich dementsprechend an einer breiten Emigration der guten Risiken aus den
umfassenden Schutz- und Solidargemeinschaften der alten Bonner Republik und
an dem wachsenden Protest der in ihnen verbliebenen schlechten Risiken gegen
ihre zunehmende Abgabenbelastung (…). Der wirtschaftliche und institutionelle

Wandel seit Anfang der 90er Jahre hat die Zahl derer erhöht, die sich besser zu stehen glauben, wenn sie ihr Glück außerhalb der organisierten Solidarität der Großkollektive auf eigenen Faust versuchen und die ihnen bisher abverlangten Beiträge zur Absicherung potenzieller Verlierer in ihre eigenen Wettbewerbsfähigkeit investieren. Auch diejenigen, die von Markt und Wettbewerb wenig zu erwarten haben, erwarten von der überforderten und überteuerten gesellschaftlichen Solidarität oft noch weniger und ziehen es vor, mit eigenen Mitteln für sich selbst zu sorgen" (Streeck 2005: 11).

Trotz des Bedeutungsverlustes korporatistischen Entscheidens ist vor dem Hintergrund der politikwissenschaftlichen Theorie von der Pfadabhängigkeit institutioneller Entwicklungen davon auszugehen, dass der Korporatismus einem Wandel unterliegt, aber wohlgemerkt als eine relevante Form der Interessenvermittlung neben anderen sich etablierenden Formen fortbesteht. So ist etwa im Zuge des Austritts von Verbandsmitgliedern mit einer Einschränkung des verbandlichen Repräsentationsmonopols und einem entsprechenden politischen Bedeutungsverlust zu rechnen. Gleichzeitig ist zu erwarten, dass diejenigen Interessengruppen, die von der Exit-Option Gebrauch gemacht haben, versuchen werden, ihre Einzelinteressen in bilateralen Verhandlungen zur Geltung zu bringen. Insofern ist davon auszugehen, dass sich neben der korporatistischen Variante der Interessenvermittlung neue Formen der Durchsetzung von Einzelinteressen etablieren werden. In der Interessenvermittlung ist – je nach Perspektive – folglich mit einem höheren Maß an Pluralität und Fragmentierung zu rechnen.

3.2.3   Gesetzliche Mitbestimmung

Ein wesentlicher Gegenstandbereich korporatistischen Verhandelns ist die Beteiligung bzw. Mitbestimmung organisierter Arbeitnehmervertretungen und Gewerkschaften an Planungs- und Entscheidungsvorgängen in Unternehmen und darüber hinaus am Wirtschaftsprozess insgesamt. Im Hinblick auf den inhaltlichen Gestaltungsbereich wird dabei zwischen Mitwirkung und Mitbestimmung unterschieden. Mitwirkung impliziert, dass Arbeitgeber die Pflicht haben, die Arbeitnehmervertretung vor der Durchführung relevanter Maßnahmen zu informieren, zu unterrichten und anzuhören und eine Beratung zu gewährleisten. Mitbestimmung hingegen bedeutet, dass Arbeitgeber für die Durchführung gesetzlich definierten Maßnahmen die Zustimmung der jeweiligen Arbeitnehmervertretung benötigen. Für die Praxis der Mitbestimmung bedeutet dieses ein gestuftes Verfahren vom Recht auf Information, über Anhörungen und Beratungen über das Vetorecht bis hin zur eigentlichen Mitentscheidung.

Erst 1947 wurde durch die britische Besatzungsmacht in ihrer Besatzungszone die Montan-Mitbestimmung eingeführt, die 1951 nach massivem Gewerkschaftsdruck ihren Niederschlag im „Gesetz über die Mitbestimmung der Arbeitnehmer in den Aufsichtsräten und Vorständen der Unternehmen des Bergbaus und der Eisen und Stahl erzeugenden Industrie" fand. 1952 folgten das Betriebsverfassungsgesetz mit der Ausweitung der Mitbestimmung in sozialen Angelegenheiten auf die gesamte Privatwirtschaft; ab 1955 das Bundespersonalvertretungsgesetz und die Landespersonalvertretungsgesetze für den Öffentlichen Dienst. 1972 wurden dann im Betriebsverfassungsgesetz und 1974 in den Personalvertretungsgesetzen die Mitbestimmungsrechte erweitert; 1976 trat das Gesetz über die Mitbestimmung der Arbeitnehmer auf Unternehmensebene in Kraft (vgl. Keim 2000: 217).

Die früheste Form der unternehmerischen Mitbestimmung ist im „Gesetz über die Mitbestimmung der Arbeitnehmer in den Aufsichtsräten und Vorständen der Unternehmen des Bergbaus und der Eisen und Stahl erzeugenden Industrie" aus dem Jahre 1951 verankert. Dieser gesetzlichen Regelung zufolge wurde in Unternehmen, die die Rechtsform der Aktiengesellschaft oder der Gesellschaft mit beschränkter Haftung hatten und mehr als 1000 Mitarbeiter/innen beschäftigten, eine paritätische Mitbestimmung von Arbeitgebern und Arbeitnehmern eingeführt. Damit verfügten Arbeitnehmer und Arbeitgeber jeweils über die Hälfte der Stimmenzahl im Aufsichtsrat, die zur Sicherstellung der Entscheidungsfähigkeit in Patt-Situationen um ein weiteres „neutrales" Mitglied erweitert wurde. Darüber wurde im Vorstand die Position eines „arbeitnehmernahen" Arbeitsdirektors eingeführt, der für Personal- und Sozialangelegenheiten zuständig ist. Bereits ein Jahr später (1952) trat das „Betriebsverfassungsgesetz" in Kraft, das eine abgeschwächte Variante der Mitbestimmung, d.h. eine Ein-Drittel-Beteiligung von Arbeitnehmern im Aufsichtsrat aller Unternehmen mit eigener Rechtspersönlichkeit und mehr als 500 Mitarbeitern vorschreibt.

Das „Mitbestimmungsgesetz" aus dem Jahre 1976 schließlich regelt die Beteiligungsrechte von Arbeitnehmern in Großunternehmen und Konzernen mit mehr als 2000 Beschäftigten. Demzufolge ist der Aufsichtsrat zu gleichen Teilen mit Arbeitnehmer- und Arbeitgebervertretern zu besetzen, wobei der Vorsitz von der Kapitaleignerseite allein bestimmt wird, außer in den Fällen, in denen sich der Aufsichtsrat mit Zwei-Drittel-Mehrheit für einen Vertreter der Arbeitnehmerseite entscheidet. Das Doppelstimmrecht des Vorstandsvorsitzenden sowie die Notwendigkeit, dass die Arbeitnehmerseite durch leitende Angestellte vertreten sein muss, privilegieren die Arbeitgeberseite im Entscheidungsverfahren.

Die gesetzliche Mitbestimmung wirkt im deutschen System industrieller Beziehungen Struktur bildend. Sie trägt durch die Einbindung der organisierten Arbeitnehmervertreter in ökonomische Gestaltungs- und Entscheidungsprozesse zu einer graduellen Demokratisierung von Wirtschaft und mittels verhandlungs-basierter Konfliktlösungen zur Befriedung der Beziehungen zwischen Kapital und Arbeit bei. Letztlich begründet die Mitbestimmung unter korporatistischen Bedingungen stabile Kooperationsbeziehungen im Sinne einer „Sozialpartner-schaft" zwischen eigentlich antagonistischen Konfliktparteien.

Für Unternehmen erwächst aus der Mitbestimmung eine Begrenzung der Dispositionsbefugnisse über ihr Arbeitskräftepotenzial. Die Bereitschaft zur Akzeptanz dieser Einschränkung rührt aus Arbeits- und Verteilungskonflikten, die lange Zeit das Verhältnis zwischen Kapital und Arbeit prägten. Stabile und kooperative Arbeitsbeziehungen hingegen sichern Unternehmen die Folge- und Leistungsbereitschaft ihrer Mitarbeiter und einen weitgehend ungestörten Pro-duktionsablauf (vgl. Müller-Jentsch 2003). Aus Unternehmenssicht hat die ge-setzliche Mitbestimmung dort ihre Grenzen, wo die grundsätzliche Dispositions-freiheit von Unternehmen außer Kraft gesetzt werden soll. So wurde von Unter-nehmensseite gegen das 1976 verabschiedete Mitbestimmungsgesetz vor dem Bundesverfassungsgericht geklagt, da das Gesetz die Parität zwischen Arbeitge-bern und Arbeitnehmern in der Mitbestimmung forcieren und gegen verfassungs-rechtlich verbriefte Sozialordnungsprinzipien verstoßen würde: „Befürchtet wur-de die Aushöhlung des Rechtes auf Eigentum, da die Verfügungsgewalt der Kapitalgeber über ihr Eigentum am Produktivkapital der Unternehmen durch die Mitbestimmung über Gebühr eingeschränkt" (Neumann 1998: 89) werden wür-de. „Die Parität verhindert oder verzögert nach Auffassung der Arbeitgeber Ent-scheidungen und gefährdet die Funktionsfähigkeit, führt zu einer Verschiebung des Kräfteverhältnisses zugunsten der Gewerkschaften und entzieht den Eigen-tümern das Verfügungsrecht über das investierte Kapital. Es geht ihnen deshalb darum, das Letztentscheidungsrecht der Eigentümer zu sichern" (Keim 2000: 219).

Zusammenfassend betrachtet wurden durch die Mitbestimmung in Deutsch-land Arbeitnehmervertretungen und Gewerkschaften in das System industrieller Beziehungen integriert. Dementsprechend wurden Lohn- und Arbeitsbeziehun-gen im Dialog mit Arbeitgebern und in Anerkennung eines gemeinsamen Inter-esses an stabilen Kooperationsstrukturen ausgehandelt. Potenzielle Konflikte in wirtschaftlichen und sozialen Angelegenheiten wurden durch dieses Arrange-ment zwischen Arbeitgeberverbänden und Gewerkschaften entschärft. „Wer sich arrangiert, akzeptiert das Ergebnis des Arrangements. Und: mitbestimmen heißt auch mit verantworten. Die Mitbestimmung wirkt deshalb integrierend: sie ist der Stoff, aus dem Sozialpartnerschaft entsteht" (Kißler 1992: 34). Der in Form der Mitbestimmung institutionalisierte Interessenausgleich zwischen Arbeit und Kapitel trägt dazu bei, Marktmechanismen zu stabilisieren und Austauschbezie-hungen auf Dauer zu stellen.

Angesichts der Globalisierung des Wirtschaftens wird die „nationale Er-folgsgeschichte" der gesetzliche Mitbestimmung aber in Frage gestellt: „Von Arbeitgeberseite wird immer wieder betont, demokratische Strukturen beeint-rächtigen die Funktionsfähigkeit und sachadäquate Leistung eines Unterneh-mens, so dass Verluste im harten Konkurrenzkampf zu befürchten seien und das Unternehmen Gefahr laufen, gänzlich aus dem Markt auszuscheiden" (Neumann 1998: 90). Korporatistische Arrangements zwischen Arbeitgeberverbänden und Gewerkschaften werden von Unternehmen verstärkt als unzeitgemäß eingestuft, da sie nur so lange von Bestand sind, „wie sämtliche Beteiligten davon überzeugt sind, dass sie ihnen bei der Verteilung des gesellschaftlichen Reichtums Vorteile bringen. Wenn es weniger oder nichts mehr zu verteilen gibt, besinnt man sich auf die eigenen Kräfte (so die Gewerkschaften) oder vertraut auf die disziplinie-rende Kraft des Marktes (so die Unternehmer)" (Kißler 1992: 36).

3.2.4 Tarifverträge

Als zweiter wichtiger Gegenstandsbereich korporatistischen Verhandelns sind die Verhandlungen und tarifvertraglichen Vereinbarungen zwischen Gewerk-schaften und Arbeitgeberverbänden über Entgeldzahlungen und Arbeitsbedin-gungen zu nennen: „Der Tarifvertrag regelt die Rechte und die Pflichten der Tarifvertragsparteien und enthält Rechtsnormen, die den Inhalt, den Abschluss und die Bedingungen von Arbeitsverhältnissen sowie betriebliche und betriebs-verfassungsrechtliche Fragen ordnen können" (Schliemann 2005: 40, Bä-cker/Naegele/Bispinck/Hofemann/Neubauer 2008). In inhaltlicher Hinsicht kann hierbei unterschieden werden zwischen Lohn- und Gehaltstarifverträgen (Rege-lungen des Entgeltes), Rahmentarifverträgen (Vereinbarung von Lohn- und Ge-haltsgruppen sowie Zuordnung von Arbeitnehmern in diese Klassifikationen), Manteltarifverträgen (Festschreibung allgemeiner Arbeitsbedingungen) und speziellen Tarifverträgen (z.B. Vereinbarungen über vermögenswirksame Leis-tungen). Darüber hinaus lassen sich Tarifverträge im Hinblick auf ihren räumli-chen Geltungsbereich unterscheiden, das heißt ob sie bundes-, landes- oder re-gionalweit oder branchen-, unternehmens- oder betriebsbezogen gelten.

Die Tarifvertragsparteien regeln ihre Angelegenheiten im Bereich der Lohn-und Arbeitsbedingungen in weitgehender Autonomie. Unter diesen Bedingungen der Tarifautonomie von Gewerkschaften und Arbeitgeberverbänden kommt dem Staat die Rolle eines Moderators zu: „Die widerstreitenden Interessen zwischen Kapital und Arbeit sind gleichermaßen der Rohstoff jener sich regelmäßig wie-derholenden Prozesse der Kompromissfindung und Kompromisslösung, die mit der Unterzeichnung eines Tarifvertrags ihren zeitweiligen Abschluss finden;

dieser ähnelt mehr einem `Waffenstillstand´ als einem dauerhaften `Friedensvertrag´" (Neumann 1998: 206).

Das Tarifvertragsrecht gründet in Art. 9, Abs. 3 des Grundgesetzes, der jedermann und allen Berufsgruppen das Recht zugesteht, zur Wahrung und Förderung von Arbeits- und Wirtschaftsbeziehungen Vereinigungen zu bilden. Arbeitnehmer und Arbeitgeber sowie deren verbandliche Zusammenschlüsse wird ermöglicht, ihre Interessen kollektiv zu organisieren, um auf diese Weise ihre Anliegen in den Gestaltungsprozess der Arbeitsbeziehungen einzubringen. Darüber hinaus regelt das Tarifvertragsgesetz die formal rechtlichen Rahmenbedingungen der Tarifpolitik.

Die Bedeutung von Tarifverträgen ist für Arbeitsmarktparteien sowie den Staat unterschiedlich: Für Arbeitnehmer begründen sie einen Schutz gegenüber „gefährlichen" Arbeitsbedingungen und sichern ihnen einen „gerechten" Anteil am gesellschaftlichen Wohlstand. Für Arbeitgeber ermöglichen Tarifverträge eine Standardisierung von Arbeitsbedingungen und Lohnsätzen. Sie tragen damit zur Entstehung von überschaubaren und stabilen Arbeitsbeziehungen bei und stellen soziale Akzeptanz her. Den Staat wiederum entlasten Tarifverträge, da sie ihn von direkter Verantwortung für konkrete Arbeitsbedingungen und Tarifkonflikte befreien; in dieser Rolle eines „neutralen Vermittlers" ist der Staat zudem legitimiert, unter Androhung rechtlicher Interventionen die Einigung von Tarifparteien zu forcieren.

Für Unternehmen sind flächendeckende und Branchen übergreifende Tarifverträge vorteilhaft, da sie die Wettbewerbsbedingungen vereinheitlicht haben. Die auf diese Weise vollzogene Standardisierung von Lohn- und Arbeitsbedingungen brachte eine Neutralisierung Rahmen setzender Wettbewerbsfaktoren mit sich. So wird etwa die Erlangung von selektiven Vorteilen für tarifgebundene Unternehmen etwa durch Lohnunterbietung und Nichtbeachtung von Arbeitsschutzstandards ausgeschlossen. Hinzu kommt, dass Tarifverträge die Transaktionskosten für Einzelunternehmen senken, da sie den Aushandlungs- und Regelungsbedarf erheblich reduzieren. Die Etablierung derart standardisierter und flächendeckender Regelungen hat maßgeblich zur Entschärfung des latenten Konflikts zwischen Kapital und Arbeit beigetragen und über lange Zeit Unternehmen ein relativ reibungsloses wirtschaftliches Handeln ermöglicht. Insofern überrascht es nicht, dass die Zahl und die Intensität von Streiks in Deutschland unter der Bedingung von Flächentarifverträgen vergleichsweise gering waren.

Festzuhalten ist, dass Tarifverträge, die flächendeckend für nationale Wirtschaftsräume gelten, stabile Rahmenbedingungen für die dort tätigen Unternehmen schaffen. Aber mit der forcierten Globalisierung des Wirtschaftens verlieren derart gesetzlich und vertraglich „eingehegte" Wirtschaftsräume ihre Bedeutung. So können Flächentarifvereinbarungen für in Deutschland ansässige Unternehmen mittlerweile ein Wettbewerbsnachteil gegenüber denjenigen ausländischen Konkurrenten sein, die an deutlich niedrigere Standards gebunden sind. Für globale tätige Unternehmen können tarifvertragliche Standards insofern Wettbewerbsnachteile und belastende Kostenfaktoren darstellen. Vor diesem Hintergrund überrascht es nicht, dass kollektiv bindende Flächentarifverträge in den letzten Jahren gegenüber spezifischen betrieblichen Vereinbarungen an Bedeutung verloren haben (vgl. Streeck 1987).

3.2.5 Duales Ausbildungssystem

Unternehmen sind aber in der Sozialen Marktwirtschaft nicht nur in politische Entscheidungsprozesses inkorporiert, sondern sie sind, etwa bei der Ausbildung, in die Erbringung öffentlicher Aufgaben einbezogen (grundlegend Offe 1975). Das duale Ausbildungssystem umfasst zwei sich ergänzende Dimensionen beruflicher Bildung: (1) die theoretische, in Berufsschulen stattfindende sowie (2) die praktische, überwiegend in Betrieben erfolgende Qualifizierung. Der Vorteil einer derartigen Verknüpfung von Lernformen und -orten ist die Vermittlung eines umfassenden beruflichen Wissens. „Was in der betrieblichen Wirklichkeit an tatsächlichen Arbeitsplätzen vermittelt werden kann, ist unverzichtbar, aber es reicht nicht aus: Die Berufsschule muss die Verallgemeinerung dessen sicherstellen, was im Unternehmen im Einzelfall vermittelt wurde" (Görner 1997: 235). Folglich wirken Staat und Unternehmen arbeitsteilig im dualen Ausbildungssystem zusammen. Für Bund und Länder ist die berufliche Ausbildung ein elementarer Bestandteil des staatlichen Bildungsauftrags, während das duale Ausbildungssystem für Unternehmen eine wesentliche Investition in ihr Humankapital darstellt. Die rechtlichen Grundlagen dieser Arbeitsteilung zwischen Staat und Unternehmen im „dualen Ausbildungssystem" sind im Berufsbildungsgesetz (BBiG) von 1969 geregelt.

Die duale Berufsausbildung ist aufgrund ihrer Ausrichtung auf die betriebliche Ausbildung auf die Mitwirkung von Unternehmen angewiesen. Wobei Unternehmen aber in Deutschland frei darüber entscheiden können, ob sie selbst Ausbildungsplätze anbieten oder aber auf das vorhandene Fachkräftepotential zurückgreifen. Damit erlangt die berufliche Ausbildung den Status eines Kollektivgutes, von dessen Nutzung grundsätzlich niemand ausgeschlossen werden kann, dessen Bereitstellung jedoch für den einzelnen aus ökonomischen Erwägungen nicht sinnvoll ist: „Berufliche Bildung, die überbetriebliche, allgemeine Qualifikationen vermittelt, stellt für den einzelnen Betrieb ein ‚quasiöffentliches' Gut dar. Ohne sich an der Ausbildung beruflich qualifizierter Arbeitskräfte beteiligt zu haben, kann der einzelne Betrieb qualifizierte Fachkräfte über den externen Arbeitsmarkt anwerben" (Kreysing 2003: 96). Unter den korporatistischen Bedingungen der Sozialen Marktwirtschaft sind Arbeitgeberverbände und Gewerkschaften für die Bearbeitung dieses Dilemmas zuständig. Die Inkorporierung von Verbänden in staatliche Entscheidungsprozesse sowie die Übertragung von „öffentlichen Aufgaben" auf sie, ermöglicht kollektive Lösungen, die die Dilemmata individualrationaler Kalküle überwinden. Im Bereich der dualen Ausbildung verfügen Arbeitgeberverbände und Unternehmen als sachkompetente Akteure über weit reichende Regelungskompetenzen. Durch die Beteiligung der Verbände an der Festlegung allgemeinverbindlicher Standards sowie deren Überwachung werden zugleich Transaktionskosten gesenkt, die sonst Einzelunternehmen belasten würden, wenn es individuelle Absprachen über die berufliche Ausbildung treffen müsste: „Die Einbeziehung der Unternehmerverbände in die Organisation, Durchführung und Kontrolle der beruflichen Bildung stellt eine wesentliche institutionelle Rahmenbedingung zur Entlastung der einzelnen ausbildenden Betriebe dar" (Kreysing 2003: 109).

Da Unternehmen ein Eigeninteresse an gut ausgebildeten Fachkräften haben, deren Einstellungs- und Einarbeitungskosten bei Fremdbezug zusätzliche Kosten verursachen würden, kann also von einer grundsätzlichen Ausbildungsbereitschaft ausgegangen werden, wobei Einzelunternehmen wiederum zu ihrer Entlastung ihren eigenen Verbänden eine maßgebliche Rolle im dualen Ausbildungssystem zuweisen. Unternehmen billigen ihren Verbänden gegenüber staatlichen Akteuren Sachkenntnis und Praxisnähe sowie eine Orientierung an unternehmerischen Interessen zu. Die Mitwirkung von Unternehmen und ihrer Verbände im dualen Ausbildungssystem gilt unter Sach- und Kostengesichtspunkten als sachgerecht und günstig.

„Mit dem Wandel von einer Industrie- zu einer Wissensgesellschaft steht das Berufsausbildungssystem vor grundlegend neuen Herausforderungen; gefragt sind die Entwicklung diversifizierter Aus- und Weiterbildungsformen, die stärkere Berücksichtigung sozialer und organisatorischer Kompetenzen und die stärkere Verankerung dualer Ausbildungsformen in der Hochschule und im Dienstleistungssektor. Die industriegesellschaftliche Prägung der dualen Berufsausbildung verhindert vielfach einen offensiven Umgang mit veränderten Anforderungen; Indikatoren hierfür sind sinkende Ausbildungsquoten, eine Verbetrieblichung von Fort- und Weiterbildungsmaßnahmen und das geringe Gewicht berufsfachlicher Ausbildung im Bereich der anspruchsvollen Dienstleistungen" (Heidenreich 1998: 336). Letztlich ist die duale Ausbildung ein differenziertes und langfristig ausgerichtetes Ausbildungssystem für Berufe und nicht für tätigkeitsbezogene Qualifikationen: „Das duale System ist auf Beruflichkeit angelegt. Es vermittelt Berufe, nicht nur das, was an einem einzelnen konkreten Arbeitsplatz gebraucht wird" (Görner 1997: 235). Angesichts dieser bildungspolitischen Herausforderungen werden das kollektive System dualer Berufsausbildung und die Beteiligung von Unternehmensverbänden und Unternehmen daran in Frage gestellt.

3.2.6 „Deutschland AG"

Während Mitbestimmung und Tarifverträge zu einer Befriedung und Stabilisierung der Interorganisationsbeziehungen zwischen Kapital und Arbeit beigetragen haben, kommt auf Seiten der deutschen Wirtschaft mit der so genannten „Deutschland AG" eine spezifische Art und Weise der Unternehmensverflechtung zum Tragen, die es rechtfertigt, von einer gesteigerten Machtasymmetrie zwischen Kapital und Arbeit zu Gunsten der Arbeitgeberseite zu sprechen. Die „Deutschland AG", eines der charakteristischsten Merkmale der deutschen Wirtschaftsordnung, beschreibt ein dichtes Netzwerk aus Personal- bzw. Kapitalverflechtungen zwischen „einheimischen" Kapitalgebern, Privatbanken und Unternehmen. Im Mittelpunkt dieser Verflechtung standen Finanzunternehmen, die mittels Kapitalbeteiligungen und Kreditvergaben die Finanzierung deutscher Industrieunternehmen sicherten: „Knotenpunkte des Verflechtungsnetzwerks der „Deutschland AG" waren die Finanzunternehmen, die strukturpolitische Handlungsfähigkeit nach innen und die Bereitschaft und Fähigkeit zur Verteidigung gegen Angriffe nach außen aufwiesen – als handle es sich bei der Gesamtheit deutscher Großunternehmen um eine staatenähnliche Organisation und nicht um konkurrierende Einzelbetriebe" (Streeck 2003: 25).

Die Anfänge der „Deutschland AG" reichen bis in das 19. Jahrhundert zurück. Obgleich die Finanzierung der im Zuge der industriellen Revolution entstehenden deutschen Industrieunternehmen zunächst größtenteils über Aktien erfolgte, verlor diese Finanzierungsform mit dem Zusammenbruch der Börse im Jahre 1873 an Bedeutung. Stattdessen übernahmen private Universalbanken, wie die Deutsche Bank und die Dresdner Bank, deren Gründungen in diesen Zeitraum fallen, verstärkt die Kapitalbeschaffung für die wachsende deutsche Industrie. Im Gegenzug erhielten die finanzierenden Banken Vorstands- und Aufsichtsratsmandate in den von ihnen unterstützten Unternehmen. Auf diese Weise wurde einerseits eine langfristige und stabile Kreditnehmer-Kreditgeberbeziehung aufgebaut, die zur Reduzierung des Kreditvergaberisikos beitrug, andererseits waren Finanzinstitute zugleich in mehreren Führungsetagen von Unternehmen eines Wirtschaftszweiges vertreten, was unter anderem zur Folge hatte, dass die wirtschaftliche Konkurrenz in den jeweiligen Märkten partiell außer Kraft gesetzt wurde. Vielmehr entwickelten die „Geldgeber" der deutschen Industrie in erster Linie ein Interesse an der Sicherung der von ihnen vorgenommenen Investitionen, d.h. eine strategische Orientierung, die auf wirtschaftliche Koordination und Regulierung abzielte und zur Bildung kartellähnlicher Strukturen in der Industrie beitrug (vgl. Beyer 2002: 6). Die bundesdeutsche Regierung, selbst Miteigentümer zahlreicher Unternehmen, begünstigte derartige Strukturbildungen frühzeitig. So wurden bereits im Rahmen des 1951 erlassenen Investitionshilfegesetztes Finanzunternehmen und Versicherungen verpflichtet, sich im Rahmen des Wiederaufbaus an einem Milliarden-Kredit für die Grundstoffindustrien zu beteiligen. An dieser Verflechtung von Industrie und Banken wurden schließlich auch die Gewerkschaften beteiligt. Die Interessenvermittlung zwischen Betriebsräten, Gewerkschaften, Unternehmen und Banken trug mit dazu bei, dass akute Konflikte zwischen Kapital und Arbeit in der Regel frühzeitig erkannt und entschärft werden konnten. Für die beteiligten Unternehmungen trug diese Verflechtung zur Begrenzung von Marktrisiken bei. Die stabile Finanzierung durch Beteiligungen und Kredite zwang die beteiligten Unternehmen zudem nicht zur Kooperation mit an kurzfristigen Renditen interessierten Investoren.

Die „Deutschland AG" war für die Beteiligten vorteilhaft: Unternehmen konnten relativ bestandssicher und solide wirtschafteten, Banken und Versicherungen stellten - risikoarm - Kredite bereit und Staat und Kommunen wurde eine stabile Beschäftigungsentwicklung in Aussicht gestellt (vgl. Streeck 2003: 23). Eine hohe Rendite war für die „Deutschland AG" kein prioritäres Ziel: „Waren die Industrieunternehmen der Deutschland AG erfolgreich? Ja – im Schaffen von Arbeitsplätzen, auf den Produktmärkten und der Befriedung der verschiedenen an ihnen beteiligten Interessengruppen; nein – hinsichtlich der Höhe ihrer Durchschnittsprofitabilität" (Streeck 2003: 27).

Der Bestand dieses „Produktionsregimes" wurde durch Stimmrechtsbegrenzungen sichergestellt, die verhinderten, dass Aktieninhaber mehr als 5% der Stimmen auf der Hauptversammlung innehatten und damit Einfluss auf die Unternehmenspolitik nehmen konnten. Damit waren zugleich feindliche Unternehmensübernahmen - und somit eine Einflussnahme von außen - im Grunde ausgeschlossen. Auf diese Weise wurde das Netzwerk aus Industrieunternehmen, Banken und Versicherungen sowie Staat und Kommunen vor ausländischen Investoren „geschützt", die sich möglicherweise nicht den Zielsetzungen und Verfahrensweisen des deutschen Wirtschaftssystems untergeordnet hätten (vgl. Streeck 2003: 39). „Die Kapitalbeteiligungen von deutschen Finanz- an den deutschen Industrieunternehmen dienten nicht nur der Liquiditätsversorgung, sondern auch dem Schutz vor Einflussnahme von außen – unter ausdrücklicher Billigung wenn nicht unter explizitem Druck des Staates" (Streeck 2003: 18). Vor diesem Hintergrund überrascht es nicht, dass Deutschland als „Festung

Deutschland" beschrieben und dem Staat „Wirtschaftsnationalismus" vorgeworfen wurde (vgl. Beyer 2007: 56, Streeck 2003: 21).

In den vergangenen Jahren haben sich die Verflechtungen der „Deutschland AG" gelockert (vgl. Hanke 2006). Ursächlich für diese Veränderungen sind mehrere, sich wechselseitig bedingende Faktoren. So haben die deutschen Großbanken in den 1990er Jahren sukzessiv ihren Schwerpunkt vom Kreditgeschäft zum Investmentbanking verlagert. „Die beste Voraussetzung für Erfolg im internationalen Wettbewerb um das Investmentbanking sind möglichst distanzierte und neutrale Beziehungen zu den Unternehmen des eigenen Landes, inklusive der Bereitschaft zur Vorbereitung feindlicher Übernahmen dieser Unternehmen, sofern jemand einen entsprechende Auftrag erteilt" (Streeck 2003: 30). Der damit einhergehende Entflechtungsprozess der „Deutschland AG" wurde staatlicherseits durch entsprechende gesetzlicher Maßnahmen, wie etwa das „Gesetz zur Kontrolle und Rentabilität im Unternehmensbereich" (KonTraG) sowie das „Gesetz zur Verbesserung der Wettbewerbsfähigkeit deutscher Konzerne an Kapitalmärkten und zur Erleichterung der Aufnahme von Gesellschafterdarlehn" (KapAEG) beschleunigt. Beide Gesetze zielen auf die unternehmensinterne Einrichtung effizienter Leitungs- und Controllingsysteme ab. Die Verflechtungsstruktur der „Deutschland AG" wurde zudem durch die im Jahre 2002 beschlossene Steuerfreistellung von Gewinnen aus Beteiligungsveräußerungen gelockert, die zum Abbau von Kapitalverflechtungen beigetragen und die Möglichkeiten der „feindlichen Übernahme von Unternehmen" vergrößert hat, indem etwa die durch den Verkauf von Beteiligungen realisierten Buchgewinne von Kapitalgesellschaften von der Besteuerung freigestellt wurden. Das – aus heutiger Sicht – bemerkenswerte Ziel dieser Neuregelungen bestand darin, die auf interorganisatorische Beziehungen gründende Form der Unternehmenskontrolle durch die eigenen Maximen und die Selbstkontrolle des Finanzmarktes zu ersetzen:

- Maximierung des „Shareholder Values" als einzigem legitimen Ziel der Unternehmensführung,
- Entwicklung des Aktienkurses als Maßstab des Unternehmenserfolges,
- Austausch des Managements bei unzureichender Kursentwicklung,
- Fokussierung auf Kernkompetenzen des Unternehmens (Vermeidung von Diversifikationen, Verkauf unproduktiver Unternehmensteile, Zukauf im Kernbereich),
- Pflege des eigenen Aktienkurses durch den Aufkauf eigener Aktien und
- eine hohe Fremdfinanzierungsquote durch Anleihen (vgl. Beyer 2007).

Diese Kriterien und Maximen markieren den Übergang von einer von Managern geführten und national verankerten „Deutschland AG" zu einem globalen Finanzmarktkapitalismus (vgl. grundlegend Windolf 2002 und 2005). Im Zuge dieses Systemwechsels ändern sich auch die gesellschaftlichen Rollen und die

Möglichkeiten von Unternehmen: „Die Desorganisation des deutschen organisierten Kapitalismus verschiebt die Balance zwischen betriebswirtschaftlichen und an Unternehmen herangetragenen öffentlichen Zielen zu Gunsten der ersteren" (Streeck 2003: 34). Mit der Freisetzung deutscher Unternehmen aus dem nationalstaatlichen Schutzraum der „Deutschland AG" werden der Finanzkapitalmarkt und der Betrieb zum prioritären Referenzrahmen: „Die Verantwortung der Unternehmen füreinander, für die Beschäftigten und für die Gesellschaft im Allgemeinen hat sich gewandelt. Das Diktum „the business of business" gilt für deutsche Unternehmen heute mehr denn je" (Beyer 2007: 63).

3.3 Engagement von Unternehmen in der Sozialen Marktwirtschaft

Unter den Bedingungen des korporativen Sozialstaates hat das Verhältnis von Wirtschaft und Staat in der Bundesrepublik Deutschland in den 1960er Jahren eine neue ordnungspolitische Gestalt angenommen. Der Staat reklamiert für sich - unter Verweis auf seine sozialstaatlichen Erfolge - eine gesellschaftliche „Führungsrolle". Unter dieser staatlichen Prämisse werden dem Wirtschaftssystem und Unternehmen Rechte und Pflichten zugewiesen. Die Inkorporierung von Wirtschaft und Unternehmen in staatliche Politik bedeutet für beide einerseits einen Autonomieverlust, andererseits können sie in allen anderen gesellschaftlichen Bereichen auf die vom regulierenden und gewährleistenden (Sozial-) Staat für sich reklamierten Zuständigkeiten verweisen.

Das gesellschaftliche Engagement von Unternehmen wird unter dieser sozialstaatlichen Prämisse und in Anerkennung der Zuständigkeit und Verantwortung des Staates für die Gesellschaft leicht zur gesetzlichen Pflichterfüllung, die sich darüber hinaus in ritualisierten Forderungen von Unternehmerverbänden an den Staat, das eine zu tun und das andere zu unterlassen, erschöpfen. Es überrascht dann auch nicht, dass in einer derart sozialstaatlich eingehegten Wirtschaft das freiwillige gesellschaftliche Engagement von Unternehmen in der Expansionsphase des deutschen Sozialstaates in den 1970er und 1980er Jahren weitgehend aus dem Blick von Öffentlichkeit, Fachwelt und Wissenschaft geraten ist. Unter diesen Bedingungen verlor das für Unternehmen in Deutschland historisch konstitutive freiwillige gesellschaftliche Engagement an Aufmerksamkeit und Wertschätzung, während es aber insbesondere in namhaften deutschen Familienunternehmen und vor allem in Klein- und Mittelunternehmen ununterbrochen eine hohe Wertschätzung und faktische Unterstützung auf lokaler Ebene erfahren hat.

Die Inkorporierung von Unternehmen in staatliches Handeln und Entscheiden sowie die Zuweisung eines Kanons an gesellschaftlicher (Pflicht-) Verantwortung an Unternehmen sind grundlegenden Veränderungen ausgesetzt. So erfährt der Typus des nationalen Sozial- und Rechtsstaates seit Jahren einen sukzessiven Bedeutungsverlust, den auch die aktuellen Steuerungshoffnungen an den Staat nur für kurze Zeit werden kaschieren können. Vielmehr sind grundlegende Wandlungen im Selbstverständnis und im Handeln von Unternehmen, Bürgern und gemeinnützigen Organisationen festzustellen, die für eine Neuverteilung von Rechten und Pflichten zwischen Staat, Bürgern, gemeinnützigen Organisationen und nicht zuletzt Unternehmen sprechen.

Seit den 1990er Jahren und beschleunigt durch die deutsche Vereinigung erodieren im Zuge der Globalisierung des Wirtschaftens die Handlungsspielräume von Nationalstaaten (vgl. Kaufmann 1997), die Teile ihrer staatlichen Entscheidungs- und Steuerungsfähigkeit abgeben und in verstärktem Maße private Organisationen (privatgewerbliche Unternehmen oder Non-Profit-Organisationen) mit der Erbringung öffentlicher Aufgaben beauftragen oder zumindest daran beteiligen (vgl. Leibfried/Zürn 2006). Vor diesem Hintergrund stehen auch Kernelemente der Sozialen Marktwirtschaft und ihrer korporatistischen Interessenvermittlung als kostenträchtige, Löhne und Unternehmensgewinne belastende Faktoren zur Diskussion, ohne dass aber damit zu rechnen ist, dass sie grundsätzlich zur Disposition stehen (vgl. Windolf 2002).

Im Zuge dieser gesellschaftlichen Veränderungsprozesse kommen nicht zuletzt auch die staatlichen Regulierungskompetenzen gegenüber Unternehmen an Grenzen. Grundsätzlich ist davon auszugehen, dass die Möglichkeiten nationalstaatlicher Steuerung, die Unternehmen zu Handlungen oder Unterlassungen verpflichten, geringer werden – auch wenn Staat und Regierung angesichts der jüngsten Finanz- und Wirtschaftskrise der Eindruck entstehen lassen, als ständen wir am Anfang einer Renaissance nationalstaatlicher Steuerung. Aber auf jeden Fall bietet sich für Nationalstaaten im Schatten der verblassenden Hierarchie die Möglichkeit, auf staatliche Regulierungen in Teilbereichen zu verzichten und – quasi im Gegenzug die unternehmerische Eigeninitiative im Bereich des gesellschaftlichen Engagements zu begünstigen und auf intelligente Art und Weise herauszufordern.

Bisher kann ein konventionell denkendes Unternehmen - unter Verweis auf das deutsche (Sozial-) Staatsmodell - verkünden, wir zahlen Beiträge und Steuern und bilden aus und betätigen uns im Rahmen der gesetzlichen Mitbestimmung, damit ist der sozialen Verantwortung im Grunde genüge getan. Diese Argumentationsfigur wird zum Auslaufmodell. Vielmehr ist zu erwarten, dass Unternehmen künftig weniger Steuern zahlen und auch bei den Beiträgen zu den Sozialversicherungen mit weiteren Entlastungen werden rechnen können. Diese finanziellen Entlastungen sowie die im Zuge der aktuellen Wirtschaftskrise rasant wachsende staatliche Verschuldung lassen einen weiteren gesellschaftlichen

Steuerungsverlust des Staates erwarten. Im Zuge dessen werden die politischen und gesellschaftlichen Anforderungen an Unternehmen öffentlich vernehmbar steigen. Gesellschaftspolitisch geht es um nichts Geringes als einen neuen Welfare Mix, dass heißt eine neue Rollenverteilung zwischen Staat, Bürgern, Non-Profit-Organisationen und Unternehmen, die in Deutschland früher mit einem so sperrigen Begriff wie Subsidiarität umschrieben wurde.

Mit dem sukzessiven Bedeutungsverlust von Nationalstaaten und der forcierten Globalisierung des Wirtschaftens gewinnen Varianten eines freiwilligen gesellschaftlichen Engagements von Unternehmen gegenüber dem Repertoire einer gesellschaftlichen (Pflichten-) Verantwortung an Bedeutung. Diese grundlegenden gesellschaftlichen Veränderungen legen es gerade global tätigen Unternehmen nahe, sich gesellschaftlich zu engagieren, um sich an Betriebsstandorten und in Gesellschaften in denen man produziert und verkauft, sozial zu verankern. Unternehmerisches Engagement bedeutet in diesem Sinne, im Gemeinwesen und in der Gesellschaft gestalterisch tätig zu werden. Insofern werden Corporate Giving, d.h. Geld- und Sachspenden, und Corporate Volunteering, d.h. die Bereitstellung von Personalressourcen für Engagementprojekte, als ein Investment in die sozialkulturellen Grundlagen einer Gesellschaft verstanden. Dabei ist zu bedenken, dass sich freiwillig engagierte Unternehmen nicht als Ausfallbürgen des Staates verstehen, sondern ihr gesellschaftliches Engagement vielmehr als Formen des freiwilligen Mitentscheidens und Mitgestaltens auffassen, wobei dieses Engagement nicht Ausdruck einer diffusen Gemeinwohlorientierung oder eines philanthropischen Unternehmerhandels, sondern als integraler Bestandteil eines wirtschaftlich begründeten Unternehmensverständnisses angelegt ist (vgl. Backhaus-Maul/Biedermann/ Nährlich/Polterauer 2008).

3.4 Von der korporatistischen Interessenvermittlung in der Sozialen Marktwirtschaft zu Aushandlungen in der polyzentrischen Gesellschaft

Die Globalisierung des Wirtschaftens und die Grenzen staatlicher Steuerungsfähigkeit beschleunigten in den 1990er Jahren den Übergang von der Vorstellung und Praxis eines korporatistischen Staates zum Typus einer polyzentrischen und pluralistischen Gesellschaft, in der Wirtschaft, Zivilgesellschaft und Staat begrenzte Aufgabenbereiche und ein je spezifisches Steuerungsrepertoire haben (vgl. zum Folgenden Backhaus-Maul 2008). In einer polyzentrischen Gesellschaft verliert der Staat seine selbsternannt dominante Position als gesellschaftliche Steuerungsinstanz und wird zu einem Akteur neben anderen, wobei ihm aber die Verantwortung für die Gewährleistung und Rahmensetzung staatlicher Aufgaben obliegt. Zur Erfüllung dieser Aufgaben kann er – auch im Vergleich mit anderen Akteuren – auf eine weit reichende demokratische Legitimation als Gütekriterium und Alleinstellungsmerkmal verweisen.

Unter diesen Bedingungen bedeutet Steuerung von Gesellschaft nicht mehr und nicht weniger als Interdependenzbewältigung zwischen unterschiedlichen Systemen und Akteuren (vgl. Benz/Lütz/Schimank/Simonis 2007). Eine weitergehende, absichtsvolle Gestaltung von Gesellschaft ist in einer polyzentrischen Gesellschaft nur durch Interaktionen und Aushandlungen zwischen Wirtschaft, Zivilgesellschaft und Staat denkbar und möglich, wobei Effekte und Folgen dieses Handelns nur begrenzt kalkulierbar sind.

In dieser neuartigen Konstellation zwischen Staat, Wirtschaft und Zivilgesellschaft kommt es infolgedessen zu einer gravierenden Bedeutungsverschiebung zugunsten von Wirtschaft und Zivilgesellschaft. An die Stelle eines dominierenden korporativen Staates treten netzwerkartige Austauschbeziehungen zwischen Wirtschaft, Zivilgesellschaft und auch Staat. Diese Beziehungen basieren auf Selbststeuerungs- und Selbstorganisationsprozessen der Beteiligten, die in der Freiwilligkeit des Handelns und der Einsicht in eine „immer irgendwie diffuse" gesellschaftliche Verantwortung gründen (vgl. Heidbrink/Hirsch 2008). Als Instrumente und Verfahren der Handlungskoordination können die Beteiligten nicht auf hierarchische Weisungen zurückgreifen, sondern müssen sich in erster Linie in Abstimmungsprozessen verständigen und gemeinsame Vereinbarungen treffen.

In diesen Aushandlungsprozessen einer polyzentrischen Gesellschaft kommen die relative Autonomie und Ressourcenstärke von Wirtschaft und Unternehmen zum Tragen. Zivilgesellschaft und Non-Profit-Organisationen scheinen unter diesen Bedingungen zunächst „nur" Stakeholder oder sogar kulturell „Fremde" zu sein, während staatliche Akteure angesichts der Handlungsdynamik, Entscheidungsstärke und Ressourcenausstattung wirtschaftlicher Akteure versuchen, in der Position eines politischen Mittlers oder Moderators neue Bedeutung zu erlangen.

Gleichwohl gibt es in einer polyzentrischen Gesellschaft kein die Gesellschaft dominierendes System. Wirtschaft und Unternehmen sind vielmehr Teil der Gesellschaft und befinden sich in einem Interdependenzverhältnis mit Staat und Zivilgesellschaft. Dabei ist zu bedenken, dass Wirtschaft und Unternehmen kein monolithischer Block sind, sondern aus einer Vielzahl und Vielfalt von Organisationen mit zum Teil weit reichenden Handlungsalternativen bestehen. Entsprechend der Größe, der Rechts- und Organisationsform, der Branchenzugehörigkeit und der Stellung im Wirtschaftsprozess variiert auch das gesellschaftliche Selbstverständnis von Unternehmen über ihre Rolle in der Gesellschaft. Das unternehmerische Gesellschaftsverständnis reicht von Korruption über „Trittbrettfahren" und Tauschhandlungen bis hin zu ausgeprägt altruistischen Gemeinwohlorientierungen (vgl. Imbusch/Rucht 2007).

Welche Ausprägungen eines unternehmerischen Gesellschaftsverständnisses sich in einer polyzentrischen Gesellschaft herausbilden, steht in engem Zusammenhang mit den Vorstellungen und Verhandlungspositionen von Zivilgesellschaft und Staat. So ist die Zivilgesellschaft in Deutschland trotz ihrer seit Ende der 1960er Jahre beschleunigten und dynamischen Entwicklung sachlich fragmentiert und organisatorisch vielgestaltig; eine kollektiv geteilte Vorstellung von Zivilgesellschaft konnte sich unter diesen Bedingungen bisher nicht herauskristallisieren. Bemerkenswert ist in diesem Zusammenhang, dass die Zivilgesellschaft in Deutschland trotz ihrer relativen Unübersichtlichkeit und Intransparenz in der Öffentlichkeit in hohem Maße als vertrauenswürdig angesehen wird. Insofern kann die Zivilgesellschaft in Abstimmungsprozessen mit Wirtschaft und Unternehmen bisher auf einen nicht unerheblichen Vertrauensvorschuss in der Öffentlichkeit verweisen.

Der Staat hingegen hat in der post-korporatistischen Phase zunächst Akzeptanzprobleme, wobei seine demokratische Legitimation als spezifischer Vorteil staatlicher Steuerung oftmals unterschätzt wird. In den Abstimmungsprozessen zwischen Wirtschaft, Zivilgesellschaft und Staat ist nur der Staat aufgrund seiner breiten demokratischen Legitimation als potenzieller Gemeinwohlgarant in der Lage, die singulären Interessen von Unternehmen und Non-Profit-Organisationen in ein universalistisches, gemeinwohlverpflichtetes Programm zu transformieren. Die Bedeutung der demokratischen Legitimation staatlichen Handels ist nicht hoch genug zu veranschlagen, wenn man sich vergegenwärtigt, dass das gesellschaftliche Engagement von Unternehmen in der Regel mit betrieblichen und wirtschaftlichen Eigeninteressen verknüpft ist und dass Non-Profit-Organisationen zumeist spezifische Gruppeninteressen verfolgen.

In einer polyzentrischen Gesellschaft gibt es weder einen Primat des Staates noch der Wirtschaft. Vielmehr besteht zwischen Wirtschaft, Zivilgesellschaft und Staat keine wie auch immer geartete Über- oder Unterordnung, sondern ein Interdependenzverhältnis zwischen Systemen und Akteuren, die jeweils auf ihre spezifische Art und Weise in die sozialkulturellen Grundlagen der Gesellschaft eingebettet sind und zur Sozialisation, Identitätsbildung und Integration ihrer Mitarbeiter, Mitglieder und Bürger beitragen.

Das gesellschaftliche Engagement von Unternehmen hat selbstverständlich wirtschaftliche Anlässe und Begründungen; gleichwohl ist es weitaus mehr als „nur" wirtschaftliches Handeln oder ein so genannter „business case", denn es stiftet kollektiven Sinn, erweitert Lebenschancen und eröffnet gesellschaftliche Perspektiven (vgl. Nährlich 2008, Polterauer/Nährlich 2009, Polterauer 2009). Das gesellschaftliche Engagement von Unternehmen hat einen wirtschaftlichen und gesellschaftspolitischen Gehalt und wird zukünftig verstärkt Gegenstand von Auseinandersetzungen und Aushandlungen zwischen Wirtschaft, Zivilgesellschaft und Staat sein.

Diese Erläuterung der gesellschaftlichen Rolle von Unternehmen in der Sozialen Marktwirtschaft der Bundesrepublik Deutschland anhand wichtiger institutioneller Regelungsbereiche bildet nunmehr die Grundlage, um im Folgenden die Entwicklung eines spezifischen gesellschaftlichen Engagementverständnisses von Unternehmen in Deutschland zu skizzieren.

4 Gesellschaftliches Engagement von Unternehmen als Leitbegriff – die deutsche Variante von Corporate Citizenship

4.1 Sozial- und wirtschaftswissenschaftliche Zugangsweisen zum gesellschaftlichen Engagement von Unternehmen in Deutschland

Die aktuelle Diskussion über das gesellschaftliche Unternehmensengagement in Deutschland ist bislang Ausdruck einer eng ineinander verwobenen und eher unsortierten Gemengelage wissenschaftlicher Ansätze, fachlicher Expertisen und politischer Zeitdiagnosen. Diese Ausgangssituation erschwert eine getrennte Behandlung der unterschiedlichen Ebenen, also der mit dieser Thematik verknüpften wissenschaftlichen Theorieentwicklungen, empirisch fundierten Erkenntnisse und zeitdiagnostischen Beobachtungen (vgl. Braun 2009a).

Speziell die Theorieentwicklung zum gesellschaftlichen Engagement von Unternehmen – und damit auch eine systematische theoriegeleitete empirische Grundlagenforschung (vgl. dazu Kap. 5) – ist in den Sozial- und Wirtschaftswissenschaften in Deutschland bislang vernachlässigt worden. Die vorliegende sekundäranalytische Bestandsaufnahme der sozial- und wirtschaftswissenschaftlichen Forschungsliteratur zum gesellschaftlichen Engagement von Unternehmen in Deutschland (vgl. dazu Abschnitt 2.1 und 2.2) zeigt, dass – erstens – bisher allenfalls ansatzweise eine systematische Theoriebildung betrieben wurde und dass sich – zweitens – in den vorliegenden Arbeiten auch kein dominierender theoretischer Zugang zum Thema herauskristallisiert – zwei Ergebnisse der vorliegenden Bestandsaufnahme, die angesichts des noch relativ jungen Forschungsfeldes aber auch nicht überraschen (vgl. die Expertise von Polterauer 2007).

Die bislang noch nicht besonders elaborierte Theoriebildung in der Forschung zum gesellschaftlichen Unternehmensengagement dürfte nicht zuletzt in der zeitlich deutlich versetzten Etablierung der für die laufenden Debatten maßgeblichen Begriffe und Konzepte in Wissenschaft einerseits und sozialer Praxis andererseits begründet sein: Corporate Citizenship (CC) und auch Corporate Social Responsibility (CSR) wurden zunächst in Deutschland als gegenstandsbezogene „Konzepte" von einzelnen Unternehmen, vorausschauenden Stiftungen und sich selbst professionalisierenden Beratern in Wirtschaftsprozesse eingeführt und dann als deutungsoffene und zugleich komplexe Begriffe von den Sozial-

und Wirtschaftswissenschaften rezipiert (vgl. Backhaus-Maul/Brühl 2003, Backhaus-Maul 2004).[3]

Während CC und CSR in den praxisnahen und medial inszenierten Debatten eine ausgesprochen hohe Dynamik mit einem schnellen Verbreitungsgrad erzielt haben, wurde in den Sozial- und Wirtschaftswissenschaften in Deutschland bis vor etwa zehn Jahren eher zögerlich auf die neuen Konzepte und Begriffe reagiert, so dass man sich den einzelnen Wissenschaftsdisziplinen bislang in erster Linie um Phänomenbeschreibungen, Begriffsabgrenzungen und Verortung des Phänomens bemühte (vgl. Backhaus-Maul/Biedermann/Nährlich/Polterauer 2008 und 2009, Braun 2009c, Polterauer 2008b). Gleichwohl liegen verschiedene theorieorientierte Beiträge vor, die wichtige Impulse für die zukünftige theoretisch-konzeptionelle Weiterentwicklung dieses Forschungsfeldes liefern.

4.1.1 Sozialwissenschaften

In diesem Kontext zeichnen sich in den *Sozialwissenschaften* die Konturen pluraler theoretischer Zugangsweisen zum gesellschaftlichen Engagement von Unternehmen ab. Dabei wird auf ein relativ breites Spektrum von Ansätzen rekurriert, um das gesellschaftliche Engagement von Unternehmen zu erklären. Das Theorieinventar reicht von der Sozialkapitaltheorie (vgl. z.B. Habisch 2003, Habisch et al. 2001) und dem soziologischen Neoinstitutionalismus (vgl. Hiss 2006) über die Giddensche Strukturationstheorie (vgl. z.B. Amthor 2005), den Systemfunktionalismus (vgl. Polterauer 2005) und Governanceansätze (vgl. z.B. Meckling 2005, Wolf 2006) bis zu Modernisierungstheorien (vgl. z.B. Backhaus-Maul/Janowicz/Mutz 2000, Backhaus-Maul 2008, Bluhm 2007, Mutz/Korfmacher 2003), Elitetheorien (vgl. z.B. Imbusch/Rucht 2007) und Theorien sozialer Bewegungen (vgl. z.B. Curbach 2006).

Allerdings schließen diese Studien bisher bemerkenswert selten an das wichtige und elaborierte Theorieinventar der Wirtschaftssoziologie an, die nach einer längeren Zeit relativer Bedeutungslosigkeit seit einigen Jahren wieder erheblichen Aufwind erhält, der durchaus als „Renaissance der Wirtschaftssoziologie" im europäischen Kontext beschrieben werden kann (vgl. Maurer 2008b). Besonderes Potenzial zur Erforschung des gesellschaftlichen Unternehmensengagements hat die Wirtschaftssoziologie insofern, als sie gesellschaftliche Faktoren zur Analyse wirtschaftlicher Sachverhalte heranzieht und vor diesem Hintergrund wirtschaftliches Handeln und wirtschaftliche Strukturen unter Rekurs auf

---

[3] So dürfte es geradezu typisch sein, dass in Deutschland die Versuche zur Definition des gesellschaftlichen Engagements von Unternehmen auf eine erfahrungsgesättigte Beschreibung durch Experten zurückgehen (vgl. Westebbe/Logan 1995).

unterschiedliche klassische soziologische Theorien wie etwa von Max Weber (1921) und Josef Schumpeter (1947) sowie neuere soziologische Ansätze, wie z.b. Mark Granovetters Konzept der „sozialen Einbettung" oder Pierre Bourdieus (1996) „Ökonomie der Praxis" zu erklären sucht (weiterführend Maurer 2008a, 2008c, Mauer/Schimank 2008, Schimank/Volkmann 2008).

Die geringe Relevanz wirtschaftssoziologischer Theorieperspektiven in den 1990er Jahren dürften mit ein Grund dafür sein, dass sich die soziologischen und mithin sozialwissenschaftlichen Forschungsarbeiten auf Fragen des gesellschaftlichen Kontextes unternehmerischen Handelns bzw. von „Governance" in globalen, internationalen und nationalen Kontexten konzentriert haben (grundlegend Benz/Lütz/Schimank/Simonis 2007, Maurer 2008a), während die Binnenwelt der Unternehmen seit den 1980 merklich abgedunkelt wurde. So scheinen Unternehmen als hoch bedeutsame Organisationsform moderner Gesellschaften zugleich paradoxerweise den blinden Fleck der jüngeren deutschen Wirtschaftssoziologie zu bilden (vgl. als Ausnahme Müller-Jentsch 2003). Im Mittelpunkt der soziologisch, politik- und verwaltungswissenschaftlich orientierten Governance-Forschung steht demgegenüber die grundlegende Frage nach der Rolle von Unternehmen in einer modernen, funktional ausdifferenzierten und globalisierten Welt (vgl. Maurer/Schimank 2008), die anhand von Governance-Konzepten dahingehend konkretisiert wird, welchen Beitrag Unternehmen zur Steuerung und Koordination moderner Gesellschaften angesichts des sukzessiven Bedeutungsverlusts von Nationalstaaten bereits leisten und zukünftig leisten könnten (vgl. Beckert 2006, Leibfried/Zürn 2006).

In dieser Untersuchungsperspektive sind einige sozialwissenschaftlich inspirierte Studien unternommen worden, die das gesellschaftliche Engagement von Unternehmen anhand von Länderstudien vorstellen oder eine vergleichende Betrachtung ausgewählter Länder vornehmen (vgl. Backhaus-Maul 2003, Habisch/Jonker/Wegner/Schmidpeter 2005). Für die zumeist politikwissenschaftlichen Forschungen über eingeschränkte staatliche Regulierungsspielräume und neue Formen von Governance bot in diesem Zusammenhang der „United Nations Global Compact" einen konkreten politischen Ausgangs- und Bezugspunkt. Exemplarisch sind dabei Fragen nach den Möglichkeiten und Grenzen gesellschaftlicher Selbstregulierung, zu den Legitimationsbedingungen des gesellschaftlichen Engagements von Unternehmen sowie über die Regelung von Konflikten bei der Verfügbarkeit über Rohstoffe und die Umsetzung international verbindlicher Sozial- und Ökologiestandards (vgl. Wolf 2006, Rieth/Zimmer 2004, Feil/Carius/Müller 2005).

Aus einer eher soziologischen Perspektive wird diese Governance-Forschung ergänzt durch Bestrebungen, die im CC- und CSR-Begriff zum Ausdruck kommenden unterschiedlichen Dimensionen des gesellschaftlichen Engagements miteinander zu verknüpfen. Einen Erklärungsansatz stellen etwa neo-institutionalistische Arbeiten dar, die die Einflussnahme von Non-Governmental Organizations (NGO) auf global agierende Unternehmen analysieren. In dieser Perspektive wird argumentiert, dass Unternehmen dieser Einflussnahme durch die Entkoppelung von Handeln und Kommunikation oder durch die Konstruktion von kollektiven Deutungsmustern und Ritualen zu begegnen versuchten, um zumindest symbolisch so etwas wie unternehmerische Verantwortungsübernahme zu signalisieren (vgl. Hiss 2006, Lamla 2008). Andere Arbeiten verweisen darauf, dass gesellschaftliches Engagement letztlich als derjenige Zustand zu konzeptualisieren sei, in dem ökonomische und gesellschaftliche Anforderungen in einem Gleichgewicht stünden. Gesellschaftliches Engagement von Unternehmen stellt demzufolge erhöhte Anforderungen an die „Authentizität" unternehmerischen Handelns (vgl. z.B. Backhaus-Maul/Schubert 2007, Brinkmann/Pies 2005, Polterauer 2005). Darüber hinaus finden sich theoretisch-konzeptionelle Arbeiten, die sich mit den Anforderungen und Dilemmata von Kooperationen zwischen Unternehmen und Non-Profit-Organisationen im Bereich des gesellschaftlichen Engagements auseinandersetzen (vgl. Braun 2007, Nährlich 2008, Nährlich/Polterauer 2009, Polterauer 2009).

Komplementär zu diesen Arbeiten wurden in verschiedenen sozialwissenschaftlichen Disziplinen wie z.b. den Erziehungs- und Kommunikationswissenschaften und auch der Wirtschaftsgeografie erste Studien zu fachspezifischen Fragen des gesellschaftlichen Engagements von Unternehmen vorgelegt. Exemplarisch für diese Studien sind Untersuchungen über das gesellschaftliche Engagement von Unternehmen als regionalem Standortfaktor (vgl. Fischer 2007), über Kooperations- und Handlungsmöglichkeiten gesellschaftlich engagierter Unternehmen in der politischen Bildungsarbeit (vgl. Zeller-Rudolf 2003), über intermediäre Organisationen als Mittler und Berater von Unternehmen (vgl. Bartsch 2008, Schubert/Littmann-Wernli/Tingler 2002) oder etwa das Unternehmensengagement als Kommunikationsgegenstand (vgl. Altmeppen 2009, Raupp/Jarolimek 2009).

Trotz dieser und weiterer wertvoller Arbeiten, die in den letzten Jahren über das gesellschaftliche Engagement von Unternehmen vorgelegt wurden, kann von einer systematischen theoriegeleiteten oder gar theoriebildenden sozialwissenschaftlichen Forschung über das gesellschaftliche Engagement von Unternehmen in Deutschland allerdings noch nicht gesprochen werden.

4.1.2 Wirtschaftswissenschaften

Neben den Sozialwissenschaften wurde die Diskussion über das gesellschaftliche Engagement von Unternehmen in den letzten Jahren insbesondere durch die Wirtschaftswissenschaften bereichert. Dieses gilt insbesondere für die Wirtschafts- und Unternehmensethik als Teil der Volkswirtschaftslehre und für die Betriebswirtschaftslehre. Bemerkenswert ist in diesem Zusammenhang, dass die Volkswirtschaftslehre im Allgemeinen das gesellschaftliche Unternehmensengagement bisher weitgehend ausgeblendet hat – eine wissenschaftliche Leerstelle, die insofern überrascht, als von der Volkswirtschaftslehre wichtige Beiträge etwa zur gesellschaftlichen Wohlfahrtsproduktion oder den Ressourcenflüssen zwischen Unternehmen, Staat und Zivilgesellschaft zu erwarten wären.

Die Wirtschafts- und Unternehmensethik thematisiert die grundlegende und zugleich zentrale Frage nach den sozialkulturellen Grundlagen und Rahmenbedingungen eines dauerhaft erfolgreichen wirtschaftlichen Handels (grundlegend Homann 2002, vgl. Homann/Blome-Drees 1992, Homann/Suchanek 2000, Habisch 2003, Pies 2001, Suchanek 2000, Aßländer/Ulrich 2009). Die ausdifferenzierte Wirtschafts- und Unternehmensethik lässt sich im Hinblick auf die Frage unterscheiden, welche gesellschaftliche Bedeutung der Wirtschafts- und Unternehmensethik beigemessen wird. So sehen einige Autoren in einem Primat der Ethik vor der Ökonomie den entscheidenden Schritt, um gesellschaftliche Ordnung herzustellen (vgl. z.B. Scherer 2003, Ulrich 2002, 2008). Andere Wirtschafts- und Unternehmensethiker hingegen sehen in der Verknüpfung von Ethik und Ökonomie die Grundlage für Formen gesellschaftlicher Ordnung, wobei einerseits ein Schwerpunkt auf Ordnungsethik (Homann 2004 und 2006, Pies/Sass 2006) und andererseits auf die Genese entsprechender institutioneller Ordnungen als Aushandlungsprozessen gelegt wird (z.B. Aßländer 2005, Beschorner 2006 und 2008, Steinmann 2003).

In den Wirtschaftswissenschaften ist neben der Wirtschafts- und Unternehmensethik vor allem noch die Betriebswirtschaftslehre hervorzuheben, die sich mit Beiträgen zum Management, zur Steuerung und zur Kommunikation von Unternehmen maßgeblich an der Diskussion über das gesellschaftliche Engagement von Unternehmen beteiligt (vgl. als Überblick Schwerk 2008).

In einem erweiterten wirtschaftswissenschaftlichen Kontext sind für die Erforschung des gesellschaftlichen Engagements von Unternehmen insbesondere die Nachhaltigkeits- und vor allem die Umweltforschung bedeutsam. In den entsprechenden Arbeiten werden Unternehmen als strukturpolitischer Akteur konfiguriert, die etwa Akteurskonstellationen und Interaktionen sowie institutionelle Regelungen und Verfahren beeinflussen und verändern (vgl. z.B. Schneidewind 1998 und 2009).

Insgesamt kann aber auch im in den Wirtschaftswissenschaften – analog zur sozialwissenschaftlichen Forschungssituation – bisher nicht von einer systematischen Erforschung des gesellschaftlichen Engagements von Unternehmen die Rede sein (vgl. dazu ausführlich Maaß 2008).

Vor dem angedeuteten Hintergrund der noch ausstehenden konzeptionell-theoretischen Forschungsdiskussionen wird im Folgenden ein sozialwissenschaftliches Begriffsverständnis des gesellschaftlichen Engagements von Unternehmen präsentiert, das dem sozialkulturellen Kontext in Deutschland Rechnung trägt. Dazu werden vier Begriffe herausgearbeitet, die die unterschiedliche Dimensionen eines unternehmerischen Engagements in der Gesellschaft hervorheben: „gesellschaftliche Mitwirkung", „gesellschaftliche Beteiligung", „Corporate Social Responsibility" und „Corporate Citizenship". Sie verweisen auf unterschiedliche Modi der Regulierung und Institutionalisierung wie auch der (Selbst-) Modernisierung des Unternehmensengagements in der Sozialen Marktwirtschaft deutscher Prägung.

4.2 Unternehmen als „gesellschaftlich eingebettete" Akteure

Unternehmen sind ein spezifischer Organisationstyp in marktwirtschaftlichen Systemen. Nach dem klassischen Verständnis der Betriebswirtschaftslehre lassen sich Unternehmen durch mindestens drei konstitutive Merkmale charakterisieren:

- das erwerbswirtschaftliche Prinzip im Sinne des Strebens nach Gewinnmaximierung,
- das Prinzip des Privateigentums sowie
- das Autonomieprinzip im Sinne der Selbstbestimmung des Wirtschaftsplans.

Nach Friedman (1970: 5) besteht die Verantwortung von Unternehmen bekanntlich in der strikten Beachtung des erwerbswirtschaftlichen Prinzips; nur auf diese Weise könnten Unternehmen wettbewerbsfähige Güter erstellen und damit Arbeitsplätze garantieren. In dieser Argumentationsrichtung eröffnen der marktbezogene Selbstregulierungsmechanismus und der Leistungswettbewerb die Möglichkeit, eine gesamtwirtschaftlich optimale Abstimmung aller ökonomischen Interessen und somit eine effiziente Allokation der Ressourcen zu erzielen.

Neben dieser eng gefassten betriebswirtschaftlichen Perspektive sind Unternehmen aber stets auch eine Organisationen, die *in* Gesellschaft „eingebettet" sind (vgl. im Überblick Maurer 2008a). Durch ihr Agieren in der Gesellschaft sind sie stets an der Veränderung und Entstehung von sozialen Strukturen beteiligt, die zugleich wiederum ihr zukünftiges Agieren beeinflussen. Der Globalisierungsprozess wirtschaftlichen Handelns ist in diesem Kontext ein schillerndes Beispiel: Die Zunahme globaler marktmäßiger Interdependenzen und die damit verbundene dynamische Entwicklung der (Welt-) Gesellschaft führen zu einem gesetzlichen Regelungsbedarf in immer kürzeren Abständen, der durch gesetzgeberische Maßnahmen zunehmend unvollständiger wahrgenommen werden kann. Auf diese Weise können sich Unternehmen und insbesondere international tätige Unternehmen den ordnungspolitischen Rahmenbedingungen des (National-) Staates zunehmend entziehen (vgl. z.b. Beschorner 2008).

Die Zunahme unternehmerischer Handlungsspielräume leistet wiederum einer Diskussion Vorschub, derzufolge Unternehmen nicht nur rational agierende ökonomische Akteure sind, die Gewinne erzielen und dafür Arbeitskräfte benötigen, um Konsumenten mit Gütern und Dienstleistungen zu versorgen. Unternehmen sollen in dieser eher soziologisch und politikwissenschaftlich ausgerichteten Debatte „mehr" sein – nämlich „verantwortlich" agierende korporative Akteure, die in ihr Handeln die Belange der sozialen und natürlichen Umwelt einbeziehen.

4.3   Unternehmen als gesellschaftlich verantwortliche Akteure

Diese Dimension des „verantwortlichen Handelns" von Unternehmen hat in den letzten Jahren auch in Deutschland unter dem schillernden Begriff „Corporate Social Responsibilty" (CSR) zunehmend an Bedeutung gewonnen (vgl. Heidbrink/Hirsch 2008). In dieser Diskussion geht es insbesondere um die Verantwortung, die Unternehmen von „der" Gesellschaft oder – präziser – unterschiedlichen kollektiven Akteuren zugeschrieben wird (vgl. die ausführliche Darstellung in Kapitel 6).

Eine solche Verantwortungszuschreibung bezieht sich auf die Einhaltung arbeits- und sozialrechtlicher Regelungen, den schonenden Umgang mit natürlichen Ressourcen sowie die Formulierung und Implementierung ethischer Standards (vgl. z.B. Ankele 2005). Die Wahrnehmung dieser Verantwortung findet ihren Niederschlag in der Ausgestaltung betrieblicher Prozesse und Strukturen entlang der Wertschöpfungskette.

Aus der Perspektive eines Unternehmens kann das Selbstverständnis, als ein „verantwortliches Unternehmen" zu agieren, als eine spezifische Form des „Risiko-Managements" („risk management") interpretiert werden: „Issues" im Sinne gesellschaftlicher Entwicklungen und daraus erwachsener Ansprüche von Stakeholdern werden als mögliche Risikofaktoren für die Organisationen betrachtet, woraufhin Handlungsoptionen im Sinne von CSR geprüft werden. Ein Beispiel dafür ist die vor einigen Jahren geplante – und juristisch legale – Versenkung der

Bohrplattform „Brent Spar" in der Nordsee durch den Betreiber Shell UK: Die Nichtbeachtung der zugeschriebenen unternehmerischen Verantwortung durch gesellschaftliche Interessengruppen führte zu umfangreichen Protesten und letztlich zum Abbruch der Maßnahme durch den Konzern (vgl. Backhaus-Maul/Schubert 2005, Lamla 2008).

Wenngleich die Begriffsbestimmungen von CSR in den öffentlichen und fachwissenschaftlichen Debatten noch uneinheitlich sind, ist CSR spätestens seit Anfang dieses Jahrtausends grundlegend für die europäische Debatte (vgl. Backhaus-Maul/Braun 2007, Europäische Kommission 2001).

4.4   Unternehmen als „Bürger"

Am Beispiel „Brent Spar" wird deutlich, dass die CSR-Debatte vor allem aus der Perspektive der betrieblichen Binnenwelt eines Unternehmens geführt wird. Noch deutlicher als in der CSR-Debatte kommt das – über die über den Betrieb hinausgehende, gesellschaftlichen Einbettung von Unternehmen in den damit verbundenen Diskussionen über „Corporate Citizenship" zum Ausdruck (vgl. z.B. Backhaus-Maul/Biedermann/Polterauer/Nährlich 2009). Das Corporate Citizenship-Konzept ist – anders als vielfach behauptet – nicht in das CSR-Konzept einzuordnen, sondern ein daran anknüpfendes und zugleich darüber hinaus gehendes Konzept (vgl. z.B. Maaß 2008). Bei Corporate Citizenship geht weniger um spezifische Formen der institutionalisierten Verantwortung von Unternehmen als um das freiwillige gesellschaftliche Engagement von Unternehmen in der Gesellschaft und im Gemeinwesen. Der Corporate Citizenship-Begriff betrachtet die gesellschaftliche Beteiligung von Unternehmen also vor allem aus der gesellschaftlichen Außenweltperspektive eines Unternehmens (vgl. Backhaus-Maul/Braun 2007).

Im Zentrum stehen dabei „bürgerethische" und gesellschaftspolitische Fragen nach Rechten und Pflichten von Unternehmen als kollektive Akteure im sozialen und politischen Gemeinwesen (vgl. z.B. Habisch 2003). Anknüpfungspunkt dieser Diskussion ist weniger die deutsche, von Hegel und Marx geprägte Begriffstradition der bürgerlichen Gesellschaft, sondern vielmehr die angelsächsische Tradition der „Civil Society". Letztere hebt wesentlich deutlicher darauf ab, dass neben Motiven der Nutzenverfolgung moralische Motive der Verantwortung für Andere und das Gemeinwesen, Rechtsverpflichtungen wie auch politisch-kulturelle Traditionen einen entscheidenden Beitrag für Demokratie und Wohlfahrt moderner Gesellschaften leisten würden. In diesem Kontext wird auch der antiquiert klingende Begriff der „Bürgertugend" revitalisiert und mit dem Terminus der „freiwilligen Selbstverpflichtung" in ein modernes Staats- und

Gesellschaftsverständnis übersetzt. Vor diesem Hintergrund werden Wirtschaftsunternehmen metaphorisch als „Unternehmensbürger" („Corporate Citizen") bezeichnet, die sich zwar primär, aber nicht nur an Gewinnmaximierung orientieren sollten, sondern auch am Gemeinwohl im Sinne eines Interesses an der Mehrung öffentlicher Güter und an der Bereitschaft, sich durch gesellschaftliches Engagement als politischer Akteur im Gemeinwesen und in der Gesellschaft aktiv gestaltend zu beteiligen.

Der Corporate Citizenship-Begriff ist also eng in die breiten Debatten über die Zivil- bzw. Bürgergesellschaft eingebettet. Speziell in Deutschland verbinden sich mit der Debatte über die Zivilgesellschaft und somit auch über das unternehmerische Zivilengagement grundlegende Fragen nach einer veränderten Funktionszuschreibung und Aufgabenteilung von Staat, Wirtschaft, Non-Profit-Sektor und Privathaushalten. Diese Debatte thematisiert eine veränderte Verantwortungsteilung zwischen Staat und Gesellschaft, um gemeinsame Ziele im Hinblick auf Wohlfahrt und Demokratie zu erreichen. Staatliche Aktivitäten sollen mit Eigeninitiative und Eigenverantwortung gesellschaftlicher Akteure verbunden und eine neue Qualität und Tiefe auf allen Stufen der Wertschöpfungskette öffentlicher Leistungen bewirken. Entsprechende Schlagworte lauten: Dialog statt Dekret, Koproduktion statt Expertokratie, Selbstorganisation statt hoheitliche Fürsorge oder neue Verantwortungsteilung statt Verantwortungsübertragung (vgl. Olk/Evers 1995, Olk/Otto/Backhaus-Maul 2003, Backhaus-Maul 2009).

Im Kontrast zu erwerbswirtschaftlichen oder klassisch bürokratischen Lösungen bei der Herstellung wohlfahrtsrelevanter Güter wird in diesem wohlfahrtspluralistischen Modell ein Mix unterschiedlicher Steuerungsinstrumente, netzwerk- und prozessförmiger Steuerungsformen und die Einbindung gesellschaftlicher Akteure favorisiert. Während der Staat bisher die Gewährleistungs-, Finanzierungs- und Vollzugsverantwortung bei der Herstellung öffentlicher Güter innehatte, beschränkt er sich stärker auf die Gewährleistungsfunktion, während die Durchführungsverantwortung mehr und mehr an gesellschaftliche Akteure abgetreten wird und damit zugleich Gelegenheitsstrukturen für zivilgesellschaftliches Engagement geschaffen werden (vgl. z.B. Braun, im Druck c).

In diesem Sinne kommt im Corporate Citizenship der Versuch zum Ausdruck, ein Unternehmen auf möglichst vielfältige Weise positiv mit dem Gemeinwesen zu verknüpfen, in dem es tätig ist. Grundlegend ist dabei die Annahme, dass sich „Unternehmensbürger" in der Regel gemeinsam mit ausgewählten gemeinnützigen Organisationen (z.B. Bildungs-, Sozial- und Kultureinrichtungen, Bürgerinitiativen, Verbänden, Vereinen oder Parteien) freiwillig engagieren, um gesellschaftliche Aufgaben zu bewältigen und zu bearbeiten, „also eine Art Pfadfinderfunktion auszuüben" (Habisch 2003: 1). Corporate Citizenship soll

Unternehmen gesellschaftliche Beteiligungsmöglichkeiten in selbst gewählten Engagementfeldern und -projekten eröffnen – sei es in den Bereichen Bildung und Soziales, Sport und Erziehung oder Kultur und Ökologie.

Der Corporate Citizenship-Begriff nimmt dabei die als CSR beschriebenen wirtschaftlichen Dimensionen des gesellschaftlichen Engagements von Unternehmen als gegeben an und eröffnet Unternehmen als Corporate Citizen darüber hinausgehende gesellschaftliche Entscheidungs- und Mitgestaltungsmöglichkeiten. Während also der CSR-Begriff und seine betriebliche Realität eng mit den wirtschaftlichen Entscheidungen und Prozessen im jeweiligen Unternehmen verknüpft sind, weist der Corporate Citizenship -Begriff darüber hinaus (vgl. Tabelle 2).

Dimension	CSR	CC
Referenzrahmen	betriebliche Entscheidungen (Binnenwelt)	gesellschaftlicher Wandel (Außenwelt)
Programmformulierung	korporatistisches Aushandeln und Entscheiden zwischen Staat und Unternehmensverbänden	Aushandlungen mit Stakeholdern
Institutionalisierungsformen	verbindliche gesetzliche Regelungen	freiwillige Vereinbarungen mit Kooperationspartnern
Instrumente	erweitertes betriebswirtschaftliches Instrumentarium	Geld und Sachmittel sowie Mitarbeiterengagement (Zeit, Wissen und Sozialkontakte)

Tabelle 2: Idealtypische Differenzierung von CSR und CC (Backhaus-Maul/ Braun 2007)

Gleichwohl ist bei einer derartigen begrifflich-analytischen Differenzierung zu bedenken, dass es in der Realität zwischen CSR und Corporate Citizenship Verweisungszusammenhänge und Überlappungsbereiche gibt. Implementiert z.B. ein Unternehmen in seinen Betrieben sachlich höhere und qualitativ bessere als die gesetzlich vorgeschrieben Sozialstandards, dann erfüllt es erstens CSR-Standards und betätigt sich zweitens möglicherweise als Corporate Citizen, in dem es – relativ unabhängig von seinem wirtschaftlichen Kerngeschäft – in gesellschaftspolitischer Absicht etwa mit Ideen und Projekten zur Vereinbarkeit von „Familie und Beruf" experimentiert (vgl. Backhaus-Maul/Braun 2007).

4.5 Liberale, domestizierende und ausgleichende Grundpositionen

Der Corporate Citizenship-Begriff geht grundsätzlich davon aus, dass Unternehmen dem erwerbswirtschaftlichen Prinzip vernunftethisch verpflichtet sind – schließlich handelt es sich um zivilrechtlich legitimierte Einheiten, die mit dem Ziel gegründet werden, wirtschaftliche Interessen zu verfolgen. Insofern sind Unternehmen zunächst auch nur unter dieser Maßgabe internen und externen Anspruchsgruppen gegenüber verantwortlich.

In diesem Diskussionskontext lassen sich schematisch drei Grundpositionen gegenüberstellen, die man als *„liberale"*, *„domestizierende"* und *„ausgleichende"* Positionen bezeichnen kann.

Liberale Grundpositionen entlasten Unternehmen von einer gesellschaftlichen Verantwortung jenseits ihres Kerngeschäfts im Sinne Friedmans (1970: 5) eingangs angesprochener Diktion: „The Social Responsibility of Business is to increase its profits". In dieser Argumentationsrichtung würden diejenigen Unternehmen den größten Profit erzielen, die als „Trittbrettfahrer" vom freiwilligen Engagement anderer Unternehmen – etwa aufgrund eines besseren Images des Wirtschaftssystems als Ganzem – profitieren, die selbst aber auf die Bereitstellung von Geld-, Sach- oder Zeitspenden verzichten (vgl. Nährlich 2008b).

Domestizierende Grundpositionen betonen hingegen aus ethischen und politischen Gründen die normative Erwartungshaltung, dass gegenüber der „Wildform" eines im entfesselten Kapitalismus agierenden Unternehmens typische Merkmalsänderungen erforderlich seien. Diese Merkmalsänderungen fänden ihren Ausdruck in der freiwilligen Selbstbegrenzung der Gewinnmaximierung und der Übernahme gesellschaftlicher Verantwortung u.a. in Form eines freiwilligen Engagements in der Gesellschaft (vgl. z.B. Scherer 2003, Ulrich 1997, kritisch Homann 2004).

Ausgleichende Grundpositionen versuchen demgegenüber, den im Domestizierungs-Paradigma enthaltenen Gegensatz zwischen Gewinn und Moral aufzuheben und die Einseitigkeit der liberalen Grundpositionen um zusätzliche Argumente zu ergänzen (vgl. Brinkmann/Pies 2005, Habisch 2003, Homann 2003, 2004 und 2006, Pies/Sardison 2005, Porter/Kramer 2003, Suchanek, 2007). In dieser Perspektive wird verantwortungsvolles unternehmerisches Handeln nicht als Beschränkung des Gewinnstrebens verstanden, sondern als Bestandteil des erwerbswirtschaftlichen Prinzips konzipiert. Grundlegend dafür ist die Betonung des potenziellen Nutzens, den Unternehmen aus unternehmerischer Verantwortung ziehen könnten, so dass das freiwillige Unternehmensengagements als eine „Investition in Vermögenswerte" der Unternehmen interpretiert werden kann (vgl. Brinkmann/Pies 2005).

Darüber hinaus wird der scheinbare Widerspruch zwischen dem gesellschaftlichen und dem unternehmerischen Nutzen eines freiwilligen Engagements dadurch aufgelöst, dass der „social case" eines solchen Engagements selbst zum „business case" erklärt wird. Denn mit dem sukzessiven Bedeutungswandel und Steuerungsverlust des Nationalstaates stünden Unternehmen vor der Herausforderung, eigene Beiträge zur Human- und Sozialkapitalbildung wie auch zur Gestaltung und Steuerung von Gesellschaft zu leisten, um die institutionellen Grundlagen für erfolgreiches wirtschaftliches Handeln zu schaffen oder zu erhalten. In diesem Sinne fällt dem Wirtschaftssystem zunehmend die Mitverantwortung für die Reproduktion seiner eigenen sozialkulturellen Basis wirtschaftlichen Handelns zu, so dass Unternehmen im wohlverstandenen Eigeninteresse agieren, wenn sie sich gesellschaftlich engagieren (vgl. z.B. Backhaus-Maul/Braun 2009).

4.6　Unternehmensbürger zwischen „business case" und „social case"

In den Kontext dieser vermittelnden Grundpositionen lässt sich das freiwillige Unternehmensengagement im Sinne von Corporate Citizenship: Betont wird das erwerbswirtschaftliche Prinzip als dominanter Handlungsmodus von Unternehmen, so dass auch ein ausgewogenes Verhältnis von unternehmerischem Nutzen („business case") und gesellschaftlichem Nutzen („social case") als Idealzustand eines freiwilligen Unternehmensengagements im Sinne von Corporate Citizenship betrachtet wird (vgl. Tabelle 3). „Corporate Citizenship ist dann erreicht, wenn `business case´ und `social case´ im Gleichgewicht sind. Der häufig zitierte, aber ebenso häufig missverstandene Terminus `Win-Win´-Situation meint eben nicht, dass jede Art von gesellschaftlichem Unternehmensengagement automatisch zu beiderseitigen Vorteilen führt. Der Terminus `Win-Win´-Situation bezeichnet einen Zustand, bei dem man von Corporate Citizenship spricht, während bei Sponsoring oder Mäzenatentum ... der Vorteil im Wesentlichen auf der einen oder anderen Seite liegt und dementsprechend eben kein Corporate Citizenship ist" (Nährlich 2008a: 27).

Corporate Citizenship	business case	=	social case
Mäzenatentum/Philanthropie	business case	<	social case
Sponsoring	business case	>	social case

Tabelle 3: Verhältnis von unternehmerischem Nutzen (business case) und gesellschaftlichem Nutzen (social case) (Nährlich 2008a: 27).

Vor diesem Hintergrund hat Polterauer (2008a) eine Definition von Corporate Citizenship entwickelt, derzufolge es sich bei Corporate Citizenship um ein gemeinnütziges, kontinuierliches Engagement von privatgewerblichen Unternehmen handelt, das freiwillig erbracht wird, über den engen Unternehmenszweck hinausgeht, aber – und dieser Aspekt wird besonders betont – „*in Bezug zur Unternehmenstätigkeit* steht. Die Bezugnahme zur Unternehmenstätigkeit ist nicht nur aus unternehmensstrategischen Gesichtspunkten zentral, denn nur so ist ein `Nutzen´ für Unternehmen im Sinne der oft unterstellten `Win-win-Situation´ realisierbar, sondern auch weil sich Corporate Citizen mit ihren spezifischen unternehmerischen Kompetenzen gesellschaftlichen Bereich engagieren. Insofern unterscheidet sich das CC-Engagement besonders von kommunikationspolitisch einsetzbarem Sponsoring: Es geht nicht um die Vergabe von Geld-, Sachmitteln oder Dienstleistungen gegen die Gewährung von kommunikativen Nutzungsrechten ..., sondern um die Beteiligung an gesellschaftlicher Problemlösung mit Hilfe unterschiedlicher Unternehmensressourcen" (Polterauer 2008a: 152).

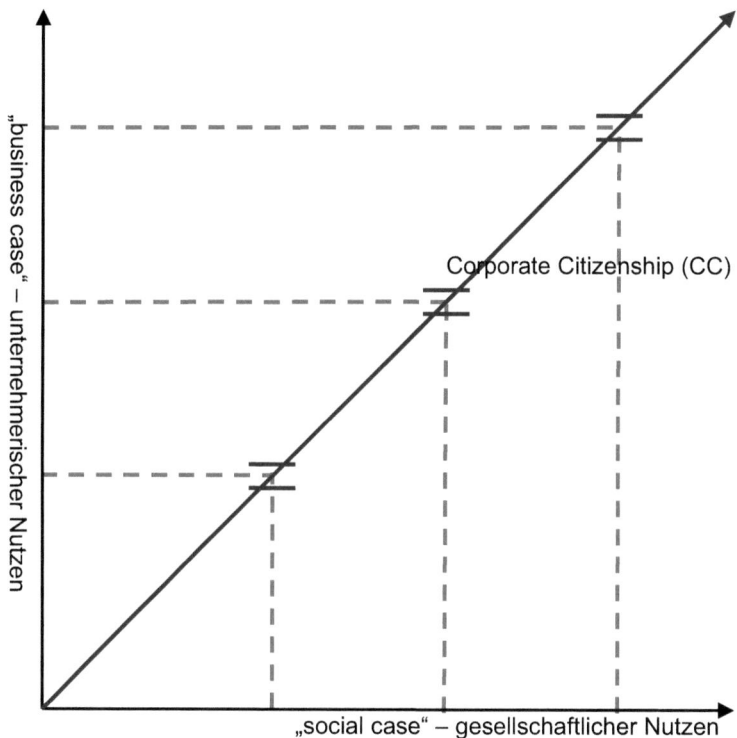

Abbildung 1: Optimierungspotenziale von CC im Hinblick auf das Verhältnis von unternehmerischem Nutzen (business case) und gesellschaftlichem Nutzen (social case) (modifiziert nach Nährlich 2008a: 31).

Abbildung 1 lässt erkennen, dass ein Gleichgewicht zwischen unternehmerischem und gesellschaftlichem Nutzen im Rahmen eines Corporate Citizenship-Engagements auf unterschiedlicher „Nutzenhöhe" realisiert werden kann. Welche „Nutzenhöhe" zwischen dem unternehmerischen und gesellschaftlichen Nutzen erzielt wird, ist maßgeblich von der *zeitlichen Perspektive des Engagements* und der *strategischen Verankerung im Unternehmen* abhängig. Mit diesen beiden Dimensionen ist der Prozesscharakter im Hinblick auf die unternehmensinterne Ausgestaltung eines strategischen Ansatzes von Corporate Citizenship angesprochen. Dieser Prozess vollzieht sich idealtypisch in drei Stufen (vgl. Abbildung 2):

- von gelegentlichen, kurzfristigen Aktivitäten (erste Stufe),
- über strategisch ausgerichtete Maßnahmen, bei denen Unternehmens- und Mitarbeiterinteressen mit gesellschaftlichen Bedarfen verbunden werden (zweite Stufe),
- bis hin zu Corporate Citizenship-Programmen, bei denen langfristige und nachhaltige Partnerschaften mit Akteuren im gesellschaftlichen Umfeld fest in der Unternehmensstrategie und Unternehmenskultur verankert sind (dritte Stufe).

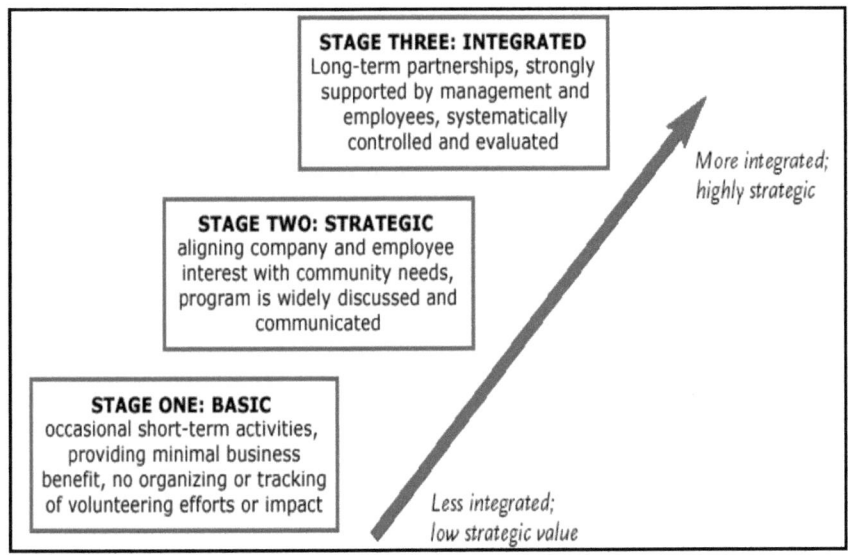

Abbildung 2: Stufen von CC (The Center for Corporate Citizenship at Boston College)

Darüber hinaus wird die „Nutzenhöhe" des Unternehmensengagements von mindestens zwei „Passungsverhältnissen" innerhalb der Maßnahmen beeinflusst:
- den Instrumenten, die im Rahmen des Engagements eingesetzt werden, und
- den Dimensionen der unternehmerischen Nutzenerwartungen, die mit dem Engagement verbunden werden.

4.7 Instrumente des gesellschaftlichen Unternehmensengagements

Die Instrumente eines Corporate Citizenship-Engagements stehen vielfach im Vordergrund der Debatte über diese Thematik. Diese Instrumente basieren auf den spezifischen Unternehmensressourcen, die in Corporate Citizenship-Projekte eingebracht werden. Dazu gehören neben materiellen Aufwendungen im Sinne eines Transfers von Geld oder Sachmitteln z.b. der aktive Einbezug von Beschäftigten im Sinne eines Transfers von Zeit und Wissen in unternehmerische Engagementprojekte. Dabei kann zwischen älteren und neueren Formen unterschieden werden. Als ältere Formen werden in diesem Zusammenhang hervorgehoben:

- *Unternehmensspenden* („Corporate Giving") bilden einen Oberbegriff für das kostenlose Überlassen oder Spenden von Geld, Sachmitteln oder Unternehmensleistungen, -produkten und -logistik für gemeinnützige Zwecke ohne spezifische Gegenleistung. Unternehmensspenden, die für das spendende Unternehmen steuerlich abzugsfähig sind, sind besonders bekannt als finanzielle Zuwendungen an gemeinnützige Organisationen; zunehmend werden aber auch Sachspenden oder Spenden in Form von Dienstleistungen als Unternehmensspende verstanden.

- *Unternehmensstiftungen* („Corporate Foundations") dienen der Förderung eines gemeinnützigen Zwecks und werden aufgrund ihrer hohen Glaubwürdigkeit als gutes Engagementinstrument für Unternehmen verstanden (vgl. z.B. Marquardt 2001). Unternehmensstiftungen sind in der Regel als gemeinnützig anerkannt. So genannte unternehmensverbundene Stiftungen, also Stiftungen, die Anteilseigner von Unternehmungen sind (Beteiligungsträgerstiftung) oder ein Unternehmen betreiben (Unternehmensträgerstiftung), können auch gemeinnützig sein. Die ausgeschütteten Erträge des Unternehmens dürfen dann ausschließlich für steuerbegünstigte Zwecke eingesetzt werden.[4]

Als neuere Engagementformen von Unternehmen sind folgende Instrumente hervorzuheben (vgl. Backhaus-Maul 2003):

- *Kooperationen im Gemeinwesen* (Community Joint-Venture) bezeichnen ein gemeinsames Projekt eines Unternehmens mit einer oder mehreren Organisationen vornehmlich aus dem Non-Profit-Sektor, das keine Organisation allein durchführen könnte und in das jede Organisation ihre spezifischen Ressourcen und Kompetenzen einbringt. In der laufenden Fachdiskussion wird dieser Aspekt unter dem Stichwort der „Partnerschaften" als

---

[4] Neben Unternehmensstiftungen im „klassischen" Sinne werden in Deutschland zunehmend auch in einem begrenzten regionalen Raum agierende Bürgerstiftungen von Privatpersonen, Vereinen und örtlichen Unternehmen gegründet (vgl. Nährlich et al., 2005).

grundlegend für Erfolg versprechende Corporate Citizenship-Aktivitäten beschrieben.

- *Freiwilliges Engagement der Beschäftigten* („Employee Volunteering", „Employee Community Involvement" oder „Workplace Volunteering") bildet eine von einem Unternehmen gewünschte und zumindest in Teilen auch während der Arbeitszeit unterstützte Investition von Zeit und Wissen der Beschäftigten in gemeinwohlorientierte Projekte. Dazu gehören z.B. stunden- oder tageweise Freistellungen, regelmäßige Freiwilligentage („days of service") oder finanzielle Unterstützung für die Projekte freiwillig engagierter Mitarbeiter („matching grants").

- *Zweckgebundenes Marketing* („Cause Related Marketing") beschreibt ein unternehmensbezogenes Marketinginstrument, bei dem der Kauf eines Produkts bzw. einer Dienstleistung damit beworben wird, dass das Unternehmen einen Teil der Erlöse, die aus dem Konsum oder der Inanspruchnahme einer Dienstleistung resultieren, einem gemeinnützigen Anliegen oder entsprechenden Organisationszweck zur Verfügung stellt.

- *Lobbying* bezeichnet den Einsatz von Kontakten und Einfluss eines Unternehmens für die Ziele und Anliegen von Partnerorganisationen in der Gesellschaft. Die Nähe von Corporate Citizenship zu Lobbying und Public Affairs (vgl. z.B. Althaus 2007) wird dann besonders deutlich, wenn ein solches Engagement nicht nur auf karitatives Engagement begrenzt wird, sondern auch der Aspekt der gesellschaftspolitischen Mitgestaltung einbezogen wird (vgl. Speth 2006).

Gelegentlich wird unter den älteren Formen eines Corporate Citizenship-Engagements auch das *Sponsoring* gefasst, das auch als „Vorform" eines solchen Engagements bezeichnet wird (vgl. z.B. Habisch 2003, Mecking 2008). Sponsoring ist explizit ein Kommunikations- und Werbeinstrument, das als Betriebskosten verrechnet wird. Von der Zuwendung an Organisationen oder Personen wird eine Gegenleistung erwartet, die vor allem die Marketingziele des Unternehmens unterstützen soll. Im vorliegenden Zusammenhang wird Sponsoring – dem Mainstream der Corporate Citizenship-Forschung folgend – nicht als gesellschaftliches Engagement gefasst.

Allerdings bietet die recht elaborierte Sponsoring-Forschung interessante Anknüpfungspunkte zur Analyse von Corporate Citizenship: Zur Betrachtung des „business case" liefert sie z.B. Anschlussmöglichkeiten zur Analyse der Wirkungen eines Corporate Citizenship-Engagements als ein Instrument zur Erfüllung betriebswirtschaftlicher Funktionen wie z.B. der Kundenbindung oder der Mitarbeitermotivation (vgl. z.B. Litzel/Brackert 2002, Schwaiger/Steiner-Kogrina 2003). Aus gesellschaftspolitischer Perspektive lässt sich u.a. nach dem Einfluss eines Corporate Citizenship-Engagements auf die Kooperationspartner

fragen, was in der Sponsoring-Forschung z.B. im Hinblick auf das Sport-, Kunst-
und Kultursponsoring seit Längerem thematisiert wird wird (vgl. z.B. Braun
2007a).

4.8 Dimensionen unternehmerischer Nutzenerwartungen

In der Fachliteratur werden das Corporate Citizenship-Engagement und die Instrumente mit Nutzenerwartungen von Unternehmen in Verbindung gebracht:

- *Reputationsgewinne und Verbesserung des Beziehungsmanagements.* Aufgrund der vielfältigen Anspruchsgruppen in der Unternehmensumwelt gelten Reputation und Image eines Unternehmens als eine Erfolg bestimmen-
de Größe zur Verbesserung der Marktposition. Die Reputation eines Unternehmens reflektiert einerseits den Informationsstand, wie vertrauenswürdig
sich ein Unternehmen in der Vergangenheit gegenüber Dritten verhalten hat
und – darauf aufbauend – wie wahrscheinlich es ist, dass sich dieses Unternehmen auch in Zukunft als vertrauenswürdiger Partner verhalten wird.
Corporate Citizenship könne in diesem Kontext einen Beitrag zum Aufbau
oder zur Verbesserung der Unternehmensreputation leisten, indem der ge-
förderte oder kooperierende Bereich die Unternehmensmarke mit Imagedi-
mensionen positiv „auflädt" (z.B. sportlich-dynamisch, zuverlässig, erfolgreich, umweltfreundlich). Reputation kann darüber hinaus als bedeutender
Faktor zur Verbesserung des Beziehungsmanagements eines Unternehmens
betrachtet werden (vgl. Schrader 2003). Dieses Beziehungsmanagement
dient z.B. der Absicherung von vertraglichen Bindungen oder zur Intensivierung der Kommunikation mit Stakeholdern.
- *Personalrekrutierung und Personalentwicklung.* Corporate Citizenship-
Engagement werden vielfach Potenziale zur Rekrutierung leistungsfähigen
Personals zugesprochen, da das Engagement die Vernetzung mit Akteuren
im Unternehmensumfeld verbessere. Besonders hervorgehoben wird dabei
die Zusammenarbeit mit Bildungseinrichtungen wie Schulen und Hoch-
schulen (vgl. z.B. Backhaus-Maul 2003). Im Bereich der Personalarbeit
wird Corporate Citizenship als Instrument der Personalentwicklung betrachtet. Im Zentrum steht dabei das freiwillige Engagement der Beschäftigten,
das als ein praktisches Lern- und Erfahrungsfeld verstanden wird, auf dem
Arbeitnehmer ihre Kompetenzen erweitern können, die in der betrieblichen
Arbeit oft nur begrenzt weiterentwickelt werden; und diese Kompetenzen
würden dann erneut in die berufliche Tätigkeit eingebracht.
- *Intensivierung der Kundenbindung.* Corporate Citizenship gilt darüber hinaus als ein Instrument, um Kundenbindungen zu intensivieren und somit

positive Effekte auf die Absatzförderung zu erzielen (vgl. z.B. Pinl 2001).
Infolge des gestiegenen Bildungsniveaus und des gesellschaftlichen Werte-
wandels zeichnet sich der „kritische Konsument" durch ein geschärftes Be-
wusstsein gegenüber sozialen und ökologischen Problemen aus, das auch
Kaufentscheidungen beeinflusst. Das Unternehmensengagement könne in
dieser Perspektive einen Beitrag leisten, eigene Unternehmensprodukte gegenüber vergleichbaren Produkten anderer Anbieter, die in manchen Branchen für den Konsumenten in qualitativer Hinsicht kaum zu unterscheiden
sind (z.b. Generika, Energie und Wasser), im Markt besser zu positionieren.

- *Verbesserung der Unternehmensbewertung.* Die zunehmende Relevanz von
Corporate Citizenship lässt sich auch vor dem Hintergrund der wachsenden
Bedeutung von Nachhaltigkeits-Indizes an den Aktienmärkten bobachten
(z.b. Dow Jones Sustainability World/Stoxx Indexes oder FTSE4Good).
Die Aufnahme in solche Aktienindizes kann zu einer Verbesserung der Unternehmensbewertung durch Analysten aufgrund der zunehmenden Berücksichtigung sozialer und/oder ökologischer Aspekte als Indikator eines ganz-
heitlichen, zukunftsfähigen Managements beitragen und somit das Vertrau-
en in der Beziehung des Unternehmens zu Banken und Investoren verbessern (vgl. z.B. Hiß 2006, Schäfer 2008).

- *Verbesserung unternehmensinterner Veränderungsprozesse.* Mit Corporate
Citizenship werden vielfach positive Effekte auf das organisationale Lernen
von Unternehmen verbunden, insofern als unternehmensrelevante Informationen aus der Umwelt (z.b. durch einen intensiveren Dialog mit Stakeholdern oder Kooperationen mit Non-Profit-Organisationen) gewonnen würden. Auf diese Weise könnte sich ein Unternehmen zügiger an veränderte
Umweltbedingungen anpassen („lernende Organisationen").

4.9 Modernisierungs-, Institutionalisierungs- und Regulierungsprozesse: Beteiligung, Mitwirkung, Corporate Citizenship und Corporate Social Responsibility

Durch die explizite Verbindung des gesellschaftlichen Engagements von Unternehmen mit dem erwerbswirtschaftlichen Prinzip grenzt sich der Corporate Citizenship-Begriff bewusst von traditionsreichen Begriffen in Deutschland wie dem
Mäzenatentum und der Philanthropie ab. Nach wie vor wird aber in Deutschland
vielfach Mäzenatentum mit einem freiwilligen Unternehmensengagement in der
Gesellschaft assoziiert, das mit der Entwicklung des Bürgertums seit dem 18.
Jahrhundert seine besondere Bedeutung erfahren hat. Mäzene unterstützen Organisationen oder Individuen durch Geld- oder Sachmittel, um die Realisierung

ihrer Projekte zu ermöglichen. Exemplarisch dafür stehen die Bereiche Kunst oder Kultur.

In diesem Sinne bezeichnen Kocka/Frey (1998: 7) mit Mäzenatentum die Bereitstellung privater Mittel für öffentliche Zwecke in solchen Bereichen, in denen u.a. staatliche Organisationen fördernd, finanzierend und gestaltend tätig sind. Dieses Begriffsverständnis ist eng verbunden mit Individuen, die als „Unternehmer mit Unternehmen" aus Liebhaberei als Mäzene tätig werden. Auf „Unternehmen ohne Unternehmer" als kollektive Akteure (z.B. Aktiengesellschaften) lässt sich dieses Verständnis allerdings nur begrenzt anwenden, da in ihnen Angestellte Entscheidungen über ein mögliches mäzenisches Handeln treffen. Dabei kann unter aktienrechtlichen Gesichtspunkten durchaus die Frage gestellt werden, inwieweit ein mäzenisches Handeln des Vorstandes ohne erkennbaren Nutzen für das Unternehmen und dessen Anteilseigner als Veruntreuung von Vermögen zu interpretieren ist.

Insofern macht der Corporate Citizenship-Ansatz auf ein bedeutsames Spannungsverhältnis zwischen der „Verwertungslogik" des Wirtschaftssystems und mäzenischem Handeln eines Unternehmens aufmerksam. Mit der (Über-) Betonung der Verbindung von „business case" und „social case" im freiwilligen Unternehmensengagement droht er aber die traditionsreiche gesellschaftliche Beteiligung von „Unternehmen mit Unternehmern" und ggf. sogar die „Selbstverständlichkeiten" des freiwilligen gesellschaftlichen Engagements von „Unternehmen ohne Unternehmer" zu vernachlässigen. Zu diesen „Unternehmen mit Unternehmern" gehören inhabergeführte Unternehmen in der Rechtsform einer Einzelfirma, Personen- oder Kapitalgesellschaft ebenso wie Familienunternehmen, die insbesondere den „deutschen Mittelstand" repräsentieren (grundlegend Deutschmann 2008b).

Vor diesem Hintergrund erscheint das skizzierte Begriffsverständnis von Corporate Citizenship zwar auf den ersten Blick überzeugend und auch durchaus empirienah; bei genauerer Betrachtung übernimmt es allerdings Kriterien aus den anglo-amerikanischen Debatten über Corporate Citizenship, die ein solches Begriffsverständnis für den sozio-kulturellen Kontext der Bundesrepublik Deutschland ausgesprochen voraussetzungsvoll und mithin wenig empirienah erscheinen lässt. Denn bei genauer Betrachtung ist davon auszugehen, dass sich das Gesamtbild des gesellschaftlichen Engagements von Unternehmen in Deutschland erst dann angemessen erschließen und einordnen lässt, wenn man dieses „neue" gesellschaftliche Engagement in Form eines Corporate Citizenship-Engagements von Unternehmen in Deutschland vor dem Hintergrund eines breiten und vielfältigen „alten" gesellschaftlichen Engagements von Unternehmen betrachtet, das in das spezifische institutionelle Arrangement der Sozialen

Marktwirtschaft eingebettet ist und in diesem Kontext über Jahrzehnte seine spezifische Ausprägung erfahren hat.

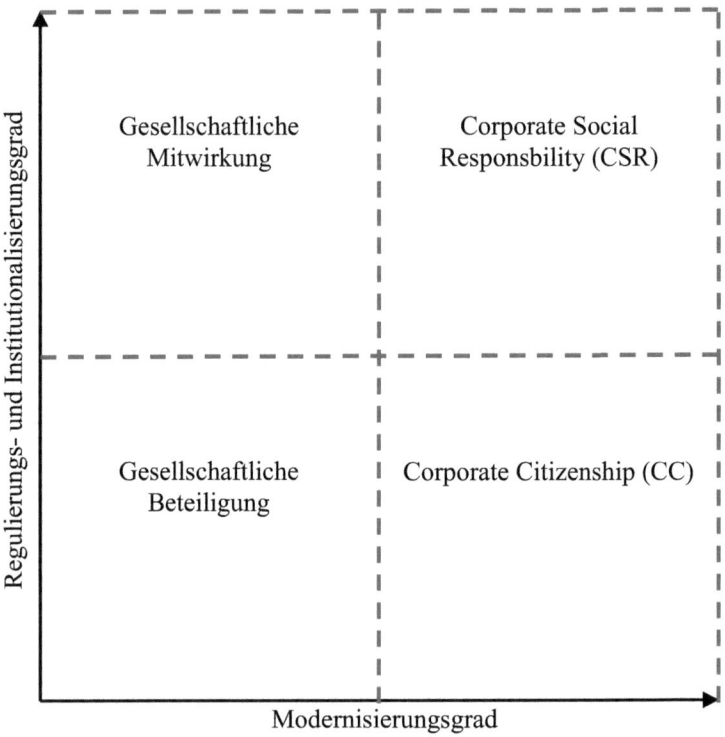

*Abbildung 3: Gesellschaftliches Engagement von Unternehmen im Modernisie-
rungs- sowie Regulierungs- und Institutionalisierungsprozess. Idealtypische
Differenzierung der vier untersuchungsleitenden Begriffe.*

Die sachliche Vielfalt und die historische Genese des gesellschaftlichen Engagements von Unternehmen lassen sich entlang der Achsen des *Modernisierungs-
grades* einerseits und des *Regulierungs- und Institutionalisierungsgrades* andererseits in mindestens vier Varianten unterscheiden, die im vorliegenden Unter-
suchungszusammenhang mit folgenden Begriffen bezeichnet werden: Gesellschaftliche Mitwirkung, CSR, gesellschaftliche Beteilung und Corporate Citizenship (vgl. Abbildung 3).

In einer historischen Modernisierungsperspektive gründet das gesellschaftliche Engagement von Unternehmen (1) in Strukturen korporatistischer Mitwirkung in der Sozialen Marktwirtschaft und (2) in individuell philanthropischen Vorstellungen von gesellschaftlicher Beteiligung (vgl. Tabelle 4). Unter der Prämisse der gesellschaftlichen Mitwirkungen (Korporatismus) sind Unternehmen in staatliches Entscheiden inkorporiert, d.h. sie wirken – repräsentiert durch Arbeitgeber- und Unternehmerverbände – in institutionalisierter Art und Weise in politisch-parlamentarischen und gesetzlichen Verfahren mit. Davon zu unterscheiden sind Varianten einer gesellschaftlichen Beteiligung, in denen sich philanthropisch motivierte Unternehmerpersönlichkeiten informell, spontan und freigiebig entsprechend ihrer Vorstellungen von einer „individuell guten Lebensführung" im Gemeinwesen engagieren.

Beide Varianten unterliegen mit dem Bedeutungsverlust des Nationalstaates und angesichts der forcierten Globalisierung einem je spezifischen Transformationsprozess: So entwickelt sich die gesellschaftlichen Mitwirkung von Unternehmen in der korporatistischen Interessenvermittlung *(3) zur gesellschaftlichen Verantwortung (Corporate Social Responsibility),* die darauf abzielt, auf betrieblicher Ebene gesellschaftliche Verpflichtungen in Einklang mit wirtschaftlichem Erfolg und betriebswirtschaftlichen Kriterien zu bringen. Handlungsleitend sind dabei Vorstellungen von einer regulativen Politik, die strukturierend auf Wirtschaft und Zivilgesellschaft einwirkt. Zeitgleich entwickeln sich die in Unternehmerpersönlichkeiten begründeten Vorstellungen von gesellschaftlicher Beteiligung (Philanthropie) zu einem *(4) breit angelegten Konzept gesellschaftlichen Engagements von Unternehmen (Corporate Citizenship),* das auf Freiwilligkeit basiert und in unternehmerischen Nutzenerwägungen gründet, wobei sich derart engagierte Unternehmen ausdrücklich als Teil der Gesellschaft verstehen.

Diese vier Begriffe leiten die folgenden Analysen über das gesellschaftliche Engagement von Unternehmen. Zugleich bilden sie einen Systematisierungs- und begrifflichen Präzisierungsvorschlag mit dem Ziel, unterschiedliche Vorstellungen und Spielarten von gesellschaftlichem Unternehmensengagement in den sozialkulturellen Kontext der Bundesrepublik Deutschland einordnen zu können.

	Gesellschaftliche Mitwirkung (Korporatismus)	**Corporate Social Responsibility (CSR)**
Leitvorstellung	Soziale Marktwirtschaft	regulierte globale Zivilgesellschaft
Entscheidung	Inkorporierung von Unternehmen in staatliches Entscheiden	sektoraler/branchenspezifischer Korporatismus
Organisationsform	(Unternehmens-) Verbände und intersektorale Verflechtung („Deutschland AG")	Betriebe/betriebliche Ebene
Regelung	gesetzliche und vertragliche Regelungen	gesetzliche und vertragliche Regelungen auf der Grundlage betriebswirtschaftlicher Kriterien und Verfahren
Instrumente	Verfahren der politisch-parlamentarischen und gesetzlichen Mitwirkung	Betriebswirtschaftliche Standards, Meß- und Evaluationsinstrumente/Ratings
Referenzrahmen	Wirtschaft, Politik, Gesellschaft	Betrieb, Fachpolitik, Betriebsstandorte (betriebliche Perspektive mit selektivem Umweltbezug)
Fortsetzung nächste Seite		

	Gesellschaftliche Beteiligung	Corporate Citizenship (CC)
Leitvorstellung	„gute individuelle Lebensführung"	„gute Gesellschaft"
Entscheidung	Unternehmerpersönlichkeit	Unternehmensentscheidung (Geschäftsführung)
Organisationsform	informell und spontan	Unternehmensführung/ spezielle Stabstelle
Regelung	Schenkung	konzeptionelle Überlegungen und vertragliche Vereinbarungen auf der Grundlage von unternehmerischen Nutzenerwägungen und Freiwilligkeit
Instrumente	Schenkung	Spende von Sach-, Geld- und Dienstleistungen, Stiftungen, Mitarbeiterengagement
Referenzrahmen	Unternehmerpersönlichkeit und Gesellschaft	Unternehmen in Gesellschaft: nutzenorientierte Unternehmensperspektive mit ausgeprägtem Gesellschaftsbezug (organisierte Zivilgesellschaft als Kooperationspartner)

Tabelle 4: Idealtypische Differenzierung der vier untersuchungsleitenden Begriffe „gesellschaftliche Mitwirkung", „Corporate Social Responsibility", „gesellschaftliche Beteiligung" und „Corporate Citizenship" entlang der Dimensionen Leitvorstellung, Entscheidung, Organisationsform, Regelung, Instrumente und Referenzrahmen.

5 Gesellschaftliches Engagement von Unternehmen in Deutschland – ausgewählte empirische Befunde

5.1 Empirische Forschung zum gesellschaftlichen Engagement in Deutschland

Auf der Grundlage des skizzierten historisch-soziologischen (Kap. 3) und begrifflichen Bezugsrahmens (Kap. 4) wird im Folgenden der empirische Forschungsstand zum gesellschaftlichen Engagement von Unternehmen in Deutschland bilanziert und weiterführend interpretiert. Die empirischen Untersuchungen, die zu diesem Zweck herangezogen werden können, thematisieren in erster Linie Umfang und Ausprägung des freiwilligen Unternehmensengagements in Deutschland vor dem Hintergrund der jüngeren CC- und CSR-Diskussionen. Zwar unterscheiden sich die Studien im Hinblick auf Definition und Operationalisierung wie auch die Stichprobenqualität, so dass eine aussagekräftige Datengrundlage zum Thema bisher eher ansatzweise vorhanden ist.[5] Gleichwohl geben die Arbeiten wertvolle Hinweise auf die Verbreitung eines solchen Engagements in der Gesellschaft.

In Tabelle 5 sind maßgebliche empirische Arbeiten zur Thematik entlang der Merkmale Engagementverständnis und Fragestellung, methodische Anlage und Stichprobe zusammenfassend dargestellt. Auf der Basis der Ergebnisse dieser Untersuchungen soll im Folgenden die gegenwärtige Situation des gesellschaftlichen Engagements von Unternehmen in Deutschland verdichtet beschrieben werden. Dabei wird insbesondere auf die jüngeren Studien von Braun (2008 und 2009c) und Maaß (2008) Bezug genommen, da die Stichprobe von Braun (2008 und 2009c) als repräsentativ für die Unternehmenslandschaft in Deutschland und die Stichproben von Maaß (2008) als besonders aussagekräftig für den Mittelstand in Deutschland angesehen werden können.[6] Die von Maaß (2008)

---

[5] Die amtliche Statistik umfasst das freiwillige gesellschaftliche Engagement von Unternehmen in Deutschland bislang ebenso wenig wie andere Vollerhebungen über die deutsche Wirtschaft, so dass auf diese wichtigen Erhebungen in diesem thematischen Kontext nicht zurückgegriffen werden kann.

[6] Die empirische Untersuchung unter der Leitung von Braun (2008, 2009c) wurde vom Forschungszentrum für Bürgerschaftliches Engagement (Projektleitung, Fragebogenkonstruktion, Datenauswertung und -dokumentation) in Kooperation mit FORSA (Datenerhebung) und dem CCCD (Vorbereitung des Vorhabens und Mitarbeit bei der Fragebogenkonstruktion) durchgeführt. Besonderer Dank gilt der Deutschen BP AG für die Projektförderung.

verwendeten Daten haben darüber hinaus den Vorteil, dass sie Zeitreihenvergleiche zwischen den Jahren 2001 und 2005 erlauben.[7]

Autor und Studie	Engagement-Verständnis / Fragestellung	Methodische Anlage	Stichprobe
Bernhard Seitz (2002). *Corporate Citizenship zwischen Idee und Geschäft.*	CC als Umfeldmanagement, Sozialpartnerschaft, Spenden, Sponsoring	standardisierter Fragebogen; ergänzend qual. Interviews	10% Antwortquote; unterschiedliches Antwortverhalten in den Brachen (S. 28); Annahme: höhere Antwortbereitschaft bei engagierten Unternehmen
	Praxis und Ziele von CC	Beschäftigungsstärkste Unternehmen in D., Befragung von Führungskräften auf drei Hierarchieebenen	
Frank Maaß/Reinhard Clemens (2002). *Corporate Citizenship: Das Unternehmen als „guter Bürger"* *(zwei Studien; erste Studie im Auftrag von BDI, Ernst and/Young)*	CC-Instrumente (Sponsoring und Mitarbeiterfreistellung bzw. CC als Corporate Philanthropie)	standardisierter Fragebogen	- Stichprobe von 10.000 Unternehmen; Rücklauf 9,4 %; Unterrepräsentation kleinster Unternehmen - Überrepräsentation von großen Unternehmen; Über- und Unterrepräsentationen einzelner Branchen

[7] Wichtig ist im vorliegenden Zusammenhang der Hinweis, dass sämtliche der zitierten Studien das Sponsoring als strategischem Instrument des Unternehmensmarketings nicht berücksichtigen. Dieser Hinweis ist insofern bedeutsam, als sich seit Mitte der 1980er Jahre neben dem traditionell starken Sport- und Kunst-/Kultursponsoring die Bereiche des Sozial- und Umweltsponsoring etablierten. Seit Anfang der 1990er Jahre kamen Public- und Mediensponsoring als weitere Sponsoringbereiche hinzu. Am gesamten Sponsoringbudget der großen deutschen Unternehmen fällt dem Sportsponsoring relativ konstant seit Mitte der 1980er Jahre der größte Anteil (zwischen 45% und 60%), dem Kunst- und Kultursponsoring etwa ein Viertel der Ausgaben, dem Sozialsponsoring ca. 10% bis 14% und dem Bildungs- und Wissenschaftssponsoring etwa 6 bis 10% zu (letztgenannter Bereich mit leicht steigender Tendenz). Das Umweltsponsoring hat seit Beginn der 1990er Jahre von über 10% auf unter 3% abgenommen und liegt jetzt mit Mediensponsoring etwa gleich auf. Die jährlichen Untersuchungen „Sponsoring-Trends", die von der Universität München und dem Beratungsunternehmen PLEON durchgeführt werden, dokumentieren die Entwicklung des Sponsoring-Engagements der in Deutschland ansässigen 2.500 umsatzstärksten Unternehmen.

Autor und Studie	Engagement-Verständnis / Fragestellung	Methodische Anlage	Stichprobe
	strategische Bedeutung und Einbettung von CC; Wirkungszusammenhang mit anderen Instrumenten; Quantifizierung und Spezifizierung von Unternehmensengagement	- disproportional geschichtete Stichprobe, 4.084 Unternehmen; Rücklaufquote 6 % - mittelständische Unternehmen des produzierenden Gewerbes und des unternehmensnahen Dienstleistungssektors	
		- kammerzugehörige Unternehmen aus dem Dienstleistungssektor und produzierenden Gewerbe – insbesondere Mittelstand	
Frank Maaß (2005). *Corporate Citizenship als partnerschaftliche Maßnahme von Unternehmen und Institutionen.*	CC: „Interaktion" zwischen Wirtschaft und sozialem Umfeld; CC-Kooperation: Zusammenarbeit von Unternehmen und zivilgesellschaftlichen Akteuren	- MIND-Samples (MIND = Mittelstand in Deutschland): Standardisierte Befragung in den Jahren 2001 und 2003 - Handwerkspreis (HwP) Sample: Standardisierte Befragung	- MIND: repräsentativ für inhabergeführte Unternehmen mittlerer Größe (1.117 Unternehmen in 2001 und 1.043 in 2003) - „HwP Sample" – gute Beispiele für engagierte Handwerksunternehmen, inges. 160 KMU, keine Repräsentativität/Verallgemeinerbarkeit
	- Verbreitung und strategische Bedeutung von CC im Mittelstand - Determinanten und Voraussetzungen der CC-Kooperationstätigkeit	- MIND-Daten: Inhabergeführte Unternehmen ab Jahresumsatz von 250 Tsd. Euro - „HwP-Sample": Bewerber für Handwerkspreis der Bertelsmann Stiftung	

Autor und Studie	Engagement-Verständnis / Fragestellung	Methodische Anlage	Stichprobe
FORSA (im Auftrag der Initiative Neue Soziale Marktwirtschaft) (2005). *CSR in Deutschland.*	keine CSR-Definition; soziales Engagement, soziale Verantwortung	standardisiere telefonische Befragung der Unternehmensinhaber durch forsa	Ausschöpfungsquote 60-70%: 1.000 realisierte Interviews, disproportionale Stichprobe (Unternehmensgröße)
	Engagement, Aktivität, Motive, Einschätzung der Entwicklung	Inhabergeführte Unternehmen ab Jahresumsatz von 100 Tsd. Euro; FORSA Unternehmensdatenbank	
Bertelsmann Stiftung (2005). *Die gesellschaftliche Verantwortung von Unternehmen.*	gesellschaftliches Engagement implizit als eine Form von gesellschaftlicher Verantwortung.	standardisierte telefonische Befragung durch TNS Emnid	500 realisierte Befragungen, ca. 10 % Ausschöpfungsquote
	Sichtweise der Unternehmen über die Rolle in der Gesellschaft, Engagementfelder, Ziele und Partner beim Engagement.	„Top-Entscheider" der dt. Wirtschaft (CEO, Geschäftsführer, Vorstandsmitglieder, Bereichsvorstände); mind. 200 Beschäftigte/ab 20 Mio. Euro Jahresumsatz; (Hoppenstedt-Systematik 2004)	
Sebastian Braun (2008, 2009c). *Gesellschaftliches Engagement von Unternehmen in Deutschland.*	Maßnahmen und Aktivitäten, mit denen Unternehmen in das gesellschaftliche Umfeld einwirken und so freiwillig gesellschaftliche Verantwortung wahrnehmen.	standardisierte telefonische Befragung durch forsa der Mitglieder der Geschäftsführung oder diejenigen Mitarbeiter, die für den Bereich Öffentlichkeitsarbeit zuständig sind.	- 501 Unternehmen; Ausschöpfungsrate 41,7 %, disproportional geschichtete Stichprobe (Unternehmensgröße) - repräsentativ für Deutschland (Unternehmensgröße)

Autor und Studie	Engagement-Verständnis / Fragestellung	Methodische Anlage	Stichprobe
	Unternehmensstrukturen, Charakteristika, Ziele, geschäftsstrategische Planung und Umsetzung, Einstellungen der Unternehmen zur Bedeutung des Engagements für die Gesellschaft	- Jahresumsatz von mindestens 1 Mill. Euro und mindestens 10 Mitarbeitern (Hoppenstedt-Systematik)	
Frank Maaß (2008). *Kooperative Ansätze im Corporate Citizenship.*	drei Merkmale von CC: Einsatz von Humanressourcen, Investitionscharakter von CC-Maßnahmen, Verantwortungsübernahme für die Belange der Bürgergesellschaft	- MIND-Samples (MIND = Mittelstand in Deutschland): Standardisierter Befragung in den Jahren 2001, 2003 und 2005	- MIND: repräsentativ für inhabergeführte Unternehmen mittlerer Größe (604 Unternehmen in 2001, 759 in 2003 und 637 in 2005)
	- unter welchen Bedingungen ist ein CC-Engagement betriebswirtschaftlich sinnvoll? - unter welchen Voraussetzungen erscheint der Beitritt zu einer CC-Kooperation betriebswirtschaftlich gerechtfertigt?	- Jahresumsatz von mindestens 1 Million Euro und mindestens 10 Mitarbeitern (Hoppenstedt-Systematik)	

Tabelle 5: *Empirische Untersuchungen zum freiwilligen gesellschaftlichen Engagement von Unternehmen in Deutschland (modifizierte und ergänzte Darstellung nach Polterauer 2008a: 176-177).*

5.2 Empirische Ergebnisse: Unternehmensengagememt zwischen Tradition und Neuorientierung

Betrachtet man die empirischen Befunde dieser Unternehmensbefragungen, dann lassen sich zentrale Ergebnisse in drei Thesen inhaltlich komprimieren. Diese Thesen, die im Folgenden erläutert und anhand ausgewählter empirischer Befunde illustriert werden, lassen sich mit den Begriffen „Persistenz", „Ambivalenz" und „Dualismus" bezeichnen (vgl. Braun 2008).

5.2.1 Die „Persistenz-These": Gesellschaftliches Unternehmensengagement in der Sozialen Marktwirtschaft

(1) Engagementquote
Trotz erheblicher Unterschiede in der theoretischen und methodischen Anlage weisen sämtliche Untersuchungen hohe Quoten für das freiwillige Unternehmensengagement der deutschen Unternehmen aus. 96% der befragten Unternehmen sind nach den Ergebnissen von Braun (2008 und 2009c) freiwillig gesellschaftlich engagiert. Dieser hohe Anteil engagierter Unternehmen korrespondiert mit Ergebnissen anderer Untersuchungen, die Engagementquoten von über 80% (vgl. Maaß/Clemens 2002) bzw. mehr als 90% ermitteln (FORSA 2005). Die Engagementbereitschaft durchzieht dabei sämtliche Branchen und Größenklassen von Unternehmen, zwischen denen sich keine bedeutsamen Unterschiede erkennen lassen (vgl. Abbildung 4).

Ein differenzierter Blick auf inhabergeführte KMU in Deutschland zeigt jedoch, dass Differenzierungen angebracht sind. Nach den Befunden von Maaß (2008) sind 41,1% der Unternehmen freiwillig gesellschaftlich engagiert. Diese erhebliche Differenz zu den vergleichsweise wesentlich höheren Engagementquoten in den genannten Studien dürfte einerseits mit dem weiteren Engagementbegriff in diesen Untersuchungen zusammenhängen. Andererseits dürften die Befunde aber auch Hinweise darauf geben, dass das Engagement bei kleineren und mittleren Unternehmen in den breitflächiger angelegten Untersuchungen insofern überschätzt wird, als bei den Befragungen überwiegend solche Klein- und mittelständische Unternehmen an der Befragung teilnehmen, die sich in irgendeiner Form freiwillig gesellschaftlich engagieren. Hervorzuheben ist darüber hinaus der Befund, dass die Engagementquote bei den untersuchten KMUs über den Beobachtungszeitraum von 2001 bis 2005 weitgehend konstant geblieben ist.

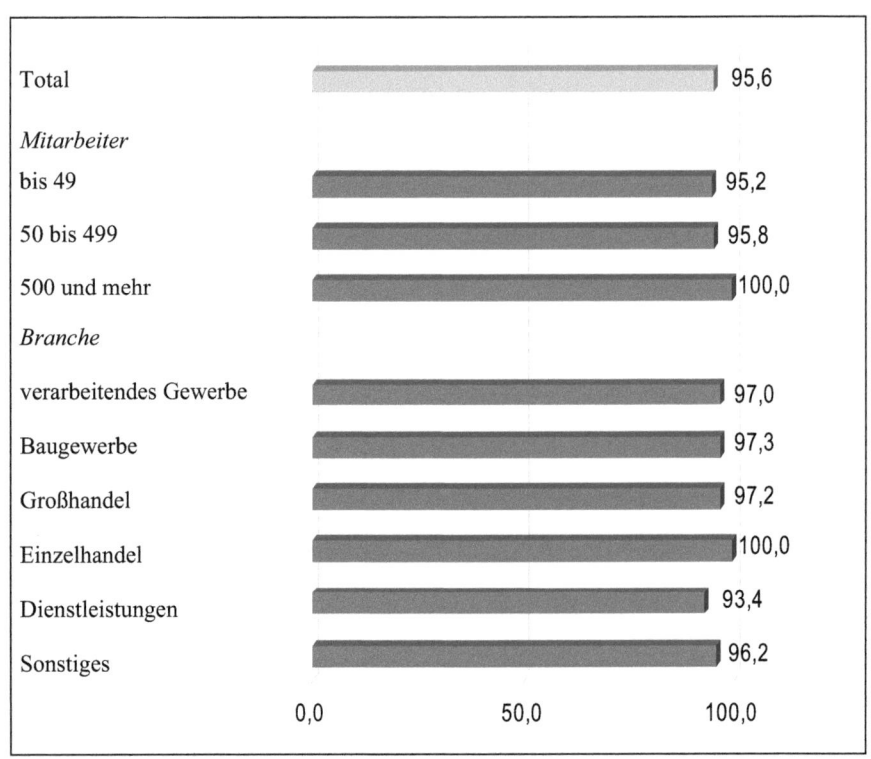

Abbildung 4: Engagierte Unternehmen, differenziert nach Anzahl der Mitarbeiter und nach Branche. Prozentwerte (Braun 2008 und 2009c).

(2) Engagementformen
Überwiegend greifen engagierte Unternehmen auf solche Engagementformen zurück, die als klassische Instrumente des unternehmerischen Engagements bezeichnet werden können. Nach den Befunden von Braun (2008 und 2009c) handelt es sich dabei insbesondere um materielle Ressourcen in Form von Geldspenden (83,4%) oder aber Sachspenden (59,7%).[8] Andere Formen des „Corpo-

---

[8] Angaben über Spendenvolumina von Unternehmen sind schwer nachvollziehbar; insbesondere in deutschen Unternehmen werden die Engagementausgaben kaum systematisch erfasst (vgl. Seitz, 2002). Die Untersuchung von FORSA (2005), die von der Initiative Neue Soziale Marktwirtschaft in Auftrag gegeben wurde, hat z.B. für das Jahr 2005 eine Geldspendensumme aller inhabergeführten Unternehmen mit einem Mindestumsatz von 100.000 Euro von 1.484 Millionen Euro per Hochrechnung ermittelt (S. 19). Besonders kritisch werden Unternehmensspenden an politische Parteien diskutiert (vgl. Höppner, 2006), die sich nach zwei Logiken unterscheiden lassen: „die gezielte

rate Giving", die in den aktuellen Diskussionen als „moderne Engagementformen" thematisiert werden, findet man hingegen vergleichsweise selten. Dazu gehören z.b. die Durchführung von Spendenaktionen oder Stiftungsgründungen, die von weniger als einem Fünftel bzw. gerade einmal 3,8% der Unternehmen praktiziert werden.[9] Zu ähnlichen Ergebnissen kommen auch andere Untersuchungen, die eine klare Dominanz der Engagementform „Spende" erkennen lassen (FORSA 2005, Maaß/Clemens 2002)

Anders verhält es sich hingegen mit der betrieblichen Unterstützung des freiwilligen, ehrenamtlichen Engagements der Beschäftigten, die als ein „innovatives" Instrument unternehmerischen Engagements gilt. Mehr als 60% der von Braun (2008 und 2009c) analysierten Unternehmen geben an, das ehrenamtliche Mitarbeiterengagement zu unterstützen, sei es durch die Bereitstellung der betrieblichen Infrastruktur oder durch Freistellungen für das Engagement. Eine differenziertere Betrachtung dieser Unternehmen zeigt dabei Folgendes: 81% dieser Unternehmen erlauben ihren Mitarbeitern, Unternehmensressourcen (wie z.B. PC, Kopierer, Firmentelefon, Firmenwagen) für ihr Engagement zu nutzen und 78% dieser Unternehmen geben ihren Mitarbeitern die Erlaubnis, sich während der Arbeitszeit zu engagieren. Ergänzend dazu werden in jedem vierten dieser Unternehmen monetäre Mittel bereitgestellt, indem Mitarbeiterspenden durch das Unternehmen aufgestockt werden („matching funds"). Allerdings fordert auch nur weniger als ein Zehntel dieser Unternehmen (9%) ihre Mitarbeiter aktiv auf, sich in bestimmten Bereichen und Projekten zu engagieren.

Stärkung eines politischen Lagers gegenüber dem anderen und die parteienübergreifende politische Landschaftspflege" (S. 293). In Fundraising-Kreisen und unter Organisationen, die CC- oder CSR-Projekte entwickeln wollen, wird besonders nach dem Motiv für Unternehmensspenden gefragt (vgl. z.B. Notheis, 2001; PriceWaterhouseCoopers, Oktober 2007).

[9] Gleichwohl wird in Untersuchungen insgesamt eine auffällige Zunahme von Stiftungsneugründungen beobachtet, die sogar als „Stiftungsboom" interpretiert wird und u.a. auf Änderungen im Gemeinnützigkeits- und Stiftungsrecht zurückgeführt wird (vgl. Bundesverband Deutscher Stiftungen, 2007). In Deutschland waren zum 31.12.2007 ca. 15.500 rechtsfähige Stiftungen bürgerlichen Rechts bekannt (vgl. Bundesverband Deutscher Stiftungen, 2007). Gemeinnützige Stiftungen, die von Unternehmen oder Unternehmerpersönlichkeiten gegründet werden, werden in diesem Zusammenhang aufgrund ihrer quantitativen Bedeutung für die Zivilgesellschaft und aufgrund des „Spannungsfelds zwischen Eigennutz und Gemeinwohl" (Schwertmann, 2005) diskutiert. Neben dem Bundesverband Deutscher Stiftungen, der mit dem „Stiftungsreport" jährlich Informationen über die Entwicklung im deutschen Stiftungssektor zur Verfügung stellt, hat besonders die StifterStudie von Timmer (2005) zum weiteren Verständnis über Motive und Einstellung von Stiftern beigetragen. Den Beitrag von Stiftungen und Zivilgesellschaft hat Schwertmann (2006) in seiner Dissertation analysiert.

Corporate Giving		*91,0*
darunter	Geldspenden	83,4
	Sachspenden	59,7
	Durchführung von Spendenaktionen und Sammlungen	19,7
	Stiftungsgründung bzw. –unterhaltung	3,8
Corporate Volunteering		*60,5*
darunter	Unterstützung des ehrenamtlichen Engagements der Mitarbeiter	47,9
	Bereitstellung von Unternehmensmitarbeitern für gesellschaftliches Engagement	32,3
Kostenlose Dienste		*54,1*
darunter	Bereitstellung von Dienstleistungen	41,3
	Nutzungsüberlassung von Betriebseinrichtungen, Geräten oder Räumen	31,4
Anderes Engagement		*2,6*

Tabelle 6: Formen und Instrumente des freiwilligen gesellschaftlichen Engagement der engagierten Unternehmen in Deutschland. Prozentwerte (Braun 2009c).

(3) Reichweite des Engagements
Mit Hilfe dieser verschiedenen Engagementformen werden überwiegend Aktivitäten im lokalen Raum der Unternehmensstandorte gefördert. Fast drei Viertel der gesellschaftlich engagierten Unternehmen, die Braun (2008 und 2009c) befragt haben, geben an, sich lokal bzw. regional im Umfeld des Unternehmenssitzes oder Betriebsstandortes zu engagieren, während sich ein wesentlich geringerer Anteil auf nationaler (14,5%) oder internationaler Ebene (13,6%) engagiert.

	Total	bis 49	50-499	500 und mehr
Lokal/regional im Umfeld des Unternehmenssitz	73,8	79,5	64,4	57,9
Lokal/regional im Umfeld der Betriebsstandorte	24,3	17,8	32,5	57,9
National	14,5	11,4	19,4	26,3
International	13,6	8,4	22,0	21,1

Tabelle 7: Reichweite des freiwilligen gesellschaftlichen Engagements der engagierten Unternehmen in Deutschland. Prozentwerte. Mehrfachantworten (Braun 2009c).

Je mehr Mitarbeiter und je mehr Umsatz das Unternehmen aufzuweisen hat, umso weiter ist auch die räumliche Ausdehnung der Maßnahmen des freiwilligen Unternehmensengagements. Es ist daher anzunehmen, dass die Reichweite einzelner Maßnahmen stark davon abhängt, in welchen Kontexten das Unternehmen agiert. Unternehmen, deren Markt lokalräumlich begrenzt ist und deren Mitarbeiter, Lieferanten, Kunden etc. aus dem engeren Umfeld des Unternehmens stammen, konzentrieren sich anscheinend auch mit ihrem zivilgesellschaftlichen Engagement auf diesen Raum. Wenn man davon ausgeht, dass vor allem die größeren Unternehmen im nationalen und globalen Maßstab wirtschaften, verweisen die Daten auf eine räumliche Überschneidung der Reichweite der Hauptgeschäftstätigkeit und des zivilgesellschaftlichen Engagements.

Betrachtet man die Reichweite des gesellschaftlichen Engagements der einzelnen Branchen, wird diese Annahme insofern gestützt, als dass vor allem die Dienstleistungsunternehmen (17 %) und das verarbeitende Gewerbe (15 %) ein international ausgerichtetes Unternehmensengagement betreiben. Demgegenüber reicht das Engagement der eher lokal verankerten Einzelhandelsunternehmen relativ selten bis auf die nationale Ebene (1 %) oder die internationale Ebene (5 %).

(4) Reaktives Engagement
Die Auswahl entsprechender Maßnahmen und Projekte erfolgt dabei zumeist als Reaktion auf Anfragen aus dem gesellschaftlichen Umfeld, bei denen vor allem darauf geachtet wird, dass die Anfragen thematisch zu dem jeweiligen Unternehmen passen. Die Mehrzahl der von Braun (2008 und 2009c) untersuchten Unternehmen engagiert sich dann, wenn entsprechende Anliegen an die Unter-

nehmen herangetragen werden. Insofern sucht auch nur eine Minderheit von 38% selbst aktiv nach Möglichkeiten, sich zu engagieren und mit selbst initiierten Konzepten und Projekten in das Gemeinwesen zu investieren. Aber auch in diesem Punkt ist der Einfluss der Unternehmensgröße unübersehbar: Je größer das Unternehmen ist, desto strategischer und aktiver werden die Maßnahmen des unternehmerischen Engagements offenbar geplant und umgesetzt.

	Total	bis 49	50-499	500 und mehr
Das gesellschaftliche Engagement gehört zum Selbstverständnis unseres Unternehmens, für das eigens Geld, Arbeitszeit und Sachmittel bereitgestellt werden.	78,2	78,5	76,7	84,2
Wir achten darauf, dass entsprechende Anfragen zu unserem Unternehmen passen.	77,2	75,2	78,6	75,2
Bei der Planung und Umsetzung unseres gesellschaftlichen Engagements folgen wir unserem Unternehmensleitbild.	68,5	64,1	74,4	84,2
Wir suchen selbst aktiv nach Möglichkeiten, uns zu engagieren.	37,5	33,3	42,1	63,2
Unser gesellschaftliches Engagement folgt klaren, messbaren Zielsetzungen.	31,5	33,2	27,7	31,6
Für unser gesellschaftliches Engagement gibt es einen festgelegten Aktionsplan.	12,9	11,4	14,5	21,1
Wir setzen Instrumente zur Bewertung unserer Engagementmaßnahmen ein.	12,3	13,1	9,4	26,3

Tabelle 8: Strategischer Umgang mit dem freiwilligen gesellschaftlichen Engagement der engagierten Unternehmen in Deutschland, differenziert nach der Zahl der Unternehmensmitarbeiter. Prozentwerte. Mehrfachantworten (Braun 2009c).

Dass ein augenscheinlicher Zusammenhang zwischen der Unternehmensgröße und der aktiven Auseinandersetzung mit dem freiwilligen Unternehmensengagement besteht, bestätigt auch die Untersuchung der Bertelsmann Stiftung (2005): Es sind vor allem die Großunternehmen, die proaktiv zu handeln suchen und sich auf dem Gebiet des freiwilligen Unternehmensengagements als Vorreiter sehen, indem sie Trends und Standards zu setzen versuchen. In diesen Kontext lässt sich auch der Befund einordnen, dass die großen Unternehmen tendenziell mehr Wert auf eine Evaluierung legen, indem Instrumente zur Bewertung des Engagements eingesetzt werden.

Allerdings macht Maaß (2008) in diesem Kontext und mit Blick auf die KMU auf einen bemerkenswerten empirischen Trend aufmerksam, wenn er konstatiert: „Die `klassische´ Philanthropie, repräsentiert durch das Instrument Corporate Giving, weicht demnach immer mehr einem proaktiven Handeln im Sinne eines CC-Engagements" (Maaß 2008: 25). Zwar ist im Betrachtungszeitraum die Quote der engagierten KMU weitgehend konstant geblieben, jedoch ist innerhalb der Gruppe der engagierten Unternehmen eindeutig ein Trend von der reinen Spende hin zu anderen Formen eines Engagements im Sinne von Corporate Citizenship erkennbar.

(5) Kooperationen

Als eine spezifische und zugleich besonders bedeutsame Engagementform von Unternehmen gelten in der laufenden Corporate Citizenship-Debatte Kooperationen (Partnerschaften) zwischen engagierten Unternehmen und insbesondere zivilgesellschaftlichen Akteuren wie Non-Profit-Organisationen, aber auch staatlichen Akteuren wie Schulen (vgl. Braun 2007a, Habisch 2003, Maaß 2005 und 2008). In diesem Kontext weist Seitz (2002) darauf hin, dass Führungskräfte deutscher Unternehmen eine im internationalen Kontext hohe Bereitschaft hätten, eine partnerschaftliche Rolle bei gesellschaftlichen Aktivitäten einzunehmen. In dieser Hinsicht geben die empirischen Unternehmensbefragungen allerdings ein uneinheitliches Bild: Während die Bertelsmann Stiftung (2005) bei der Frage nach der Zusammenarbeit mit Dritten eine geringe Bedeutung zivilgesellschaftlicher Gruppen herausarbeitet, gehen nach den Befunden von Braun (2008 und 2009c) rund 60% der Unternehmen Kooperationen mit anderen Organisationen ein – und zwar insbesondere mit dem lokal und regional agierenden Vereinswesen: 70% der Unternehmen, die auf solche Kooperationen verweisen, arbeiten mit lokalen freiwilligen Vereinigungen zusammen. Erst mit deutlichem Abstand folgen Bildungseinrichtungen wie Kindergärten und Schulen (43,7%), Wohlfahrtsverbände (37,8%) oder Kommunalverwaltungen (35,6%).

Ob eine Partnerschaft mit einer anderen Organisation eingegangen wird oder nicht, variiert mit der Unternehmensgröße: Drei von vier der mittleren und vier von fünf der großen Unternehmen, die von Braun (2008 und 2009c) untersucht werden, geben an, eine Partnerschaft im Zusammenhang mit ihrem freiwilligen gesellschaftlichen Engagements eingegangen zu sein, während die engagierten kleinen Unternehmen etwas seltener mit Partnern kooperieren. Etwa die Hälfte der kleinen Unternehmen verzichtet bei der Ausführung des gesellschaftlichen Engagements auf Kooperationsbeziehungen. Vermutlich wird sich das unternehmerische Engagement der kleinen Unternehmen vielfach auf der Ebene kleinerer Spendenbeiträge und Maßnahmen vollziehen, die ohne Unterstützung von externen Partnern durchgeführt werden können.

Eine differenziertere Betrachtung nach Branchen macht deutlich: Während die meisten Branchen im Bereich des Durchschnitts anzusiedeln sind, stechen die Einzelhandelsunternehmen hervor. Denn 78 Prozent der Einzelhandelsunternehmen interagieren in Bezug auf ihr unternehmerisches Engagement mit mindestens einem Partner.

(6) Engagementbereiche

Von besonderer Bedeutung für das unternehmerische Engagement sind nach den Befunden von Braun (2008 und 2009c) die Bereiche „Sport" und „Freizeit", die für die Unternehmen die interessantesten Handlungsfelder ihres Engagements darstellen. Dieses Engagement konzentriert sich in erster Linie auf die Förderung von z.B. Sport- und Freizeitaktivitäten. Darüber spielen sowohl die Bereiche „Erziehung und Bildung", „Kommune und Gemeinwesen" und „Soziales" als Engagementfelder für die befragten Unternehmen eine Rolle.

Die verschiedenen Bereiche werden durch die verschiedenen Engagementformen der Unternehmen in unterschiedlicher Weise unterstützt: Geht es um Geld- und Sachspenden, wird am häufigsten der Sport- und Freizeitbereich als Empfänger der Spenden genannt. Die Daten lassen allerdings keine Rückschlüsse darauf zu, in welchem Umfang Unterstützungsleistungen in diesen und andere Engagementbereiche fließen. Vom Corporate Volunteering profitiert an erster Stelle der Bereich „Kommune und Gemeinwesen", gefolgt von „Sport und Freizeit" und „Soziales". Bei der Rangfolge der Themenfelder, die sich im Hinblick auf eine Zusammenarbeit mit gemeinnützigen Organisationen zeigt, liegt der Engagementbereich „Soziales" ganz vorne, der an den Plätzen zwei und drei von den Bereichen „Sport und Freizeit" sowie „Erziehung und Bildung" gefolgt wird.

Zwischenfazit

Fasst man die skizzierten Befunde zusammen, dann erhält man ein Bild von einem freiwilligen gesellschaftlichen Unternehmensengagement in Deutschland, wonach dieses Engagement als ein selbstverständlicher Bestandteil unternehmerischer Aktivitäten in der lokalen Zivilgesellschaft der Betriebsstandorte beschrieben werden kann und sich dabei vorrangig durch die Bereitstellung materieller Unternehmensressourcen zugunsten von sport- und freizeitorientierten Projekten des lokalen Vereinswesens auszeichnet. Diese Befunde weisen darauf hin, dass das freiwillige gesellschaftliche Engagement von Unternehmen in Deutschland offenkundig keine „Erfindung" einer erst aufkommenden gesellschaftspolitischen Diskussion ist, die sich vor dem Hintergrund einer europäischen und internationalen Debatte zu entfalten sucht. Vielmehr scheint dieses Engagement in Traditionen der unternehmerischen Partizipation im Gemeinwesen eingebettet zu sein. Für diese Interpretation sprechen nicht nur die dargestellten Befunde von Braun (2008 und 2009c), sondern auch die Selbsteinschätzungen der von ihnen befragten engagierten Unternehmen: In vier von fünf Unternehmen gehört nach Auskunft der Befragten das gesellschaftliche Engagement zum Selbstverständnis und bei fast zwei Dritteln zu den Traditionen und Werten des Unternehmens.

Für eine solche Verankerung des Engagements in der Unternehmenskultur sprechen auch die Befunde in der Studie der Bertelsmann Stiftung (2005: 14). Sie zeigen, dass sich die gesellschaftlich engagierten Unternehmen durchschnittlich 30 Jahre (Westdeutschland) bzw. 20 Jahre (Ostdeutschland) gesellschaftlich engagieren. Für diese Interpretation sprechen insbesondere aber auch die empirischen Befunde über die KMU; denn eine Engagementquote des Mittelstands von rund einem Fünftel bereits in 2001 ist ein Indiz dafür, dass „längst bevor der Corporate Citizenship-Begriff Eingang in die öffentliche Diskussion fand, diese Politik bereits in zahlreichen Unternehmen gängige Praxis war" (Maaß 2008: 24).

In diesem Kontext scheinen die Unternehmen in Deutschland bevorzugt solche Handlungsfelder zu wählen, die eher zu den Randbereichen staatlichen Handelns zählen und die ihnen insofern ein vergleichsweise wenig reglementiertes, frei gewähltes und selbst bestimmtes Handeln eröffnen dürften. Exemplarisch dafür stehen die quantitativ eindeutig dominierenden Bereiche Sport und Freizeit, die einerseits als vermeintlich „unpolitische" Handlungsfelder gelten und relativ „staatsfern" organisiert sind, die andererseits aber auch in der Öffentlichkeit positiv konnotiert sind und die insofern Imagegewinne oder zumindest keine Imageverluste zu garantieren scheinen.[10]

5.2.2 Die „Ambivalenz-These": Gesellschaftliches Unternehmensengagement im Spannungsfeld zwischen Mäzenatentum und Verwertung

Das freiwillige gesellschaftliche Engagement der Unternehmen in Deutschland unterliegt offenbar nur sehr begrenzt dem erwerbswirtschaftlichen Prinzip im Sinne des Strebens nach Gewinnmaximierung wie auch der Effektivität und

---

[10] Dass diese öffentliche Wahrnehmung bekanntlich nicht mit der realen Politisierung von Sport und Freizeit korrespondiert, zeigt die deutsche Geschichte (z.B. im Hinblick auf die Olympischen Spiele von 1936 und den „Diplomaten im Traininsanzug" der DDR) ebenso anschaulich wie die Gegenwart (etwa im Hinblick auf das Doping im Spitzensport bis hinunter zum Breitensport oder die durch eine expandierende Sportstätteninfrastruktur bedingte Umweltzerstörung).

Effizienz von Maßnahmen und Aktivitäten als maßgeblichen unternehmerischen Bezugspunkten. Diese Ambivalenz zwischen einer originären unternehmerischen Handlungslogik und eines gesellschaftlichen Engagements, das dieser Handlungslogik nur sehr begrenzt untergeordnet wird, wird an der unternehmensstrategischen und -organisatorischen Bearbeitung dieses Themas exemplarisch deutlich.

(1) Geschäftsstrategische Einbettung
Sowohl Seitz (2002) als auch die Bertelsmann Stiftung (2005) betonen in ihren Studien die geringe strukturelle Verankerung von Corporate Citizenship in Unternehmen in Deutschland. Nach den Befunden von Braun (2008 und 2009c) gibt weniger als ein Drittel jener Unternehmen, die sich gesellschaftlich engagieren (96%), an, dass das Engagement Bestandteil der Geschäftstrategie sei, also in eine längerfristig ausgerichtete Konstellation unternehmerischer Gewinnmaximierung eingebettet ist (vgl. Abbildung 5). Insofern überrascht es auch nicht, dass ein relativ geringer Anteil der Unternehmen mit seinem gesellschaftlichen Engagement das Ziel verfolgt, die Bilanz des Unternehmens oder die eigene Wettbewerbsposition zu verbessern (11,9% bzw. 24,1%). Diese Ergebnisse korrespondieren wiederum mit dem Befund, dass weniger als ein Drittel der befragten Unternehmen seinem Engagement klare, messbare Zielsetzungen und Nutzenerwägungen zugrunde legt. Noch geringer fällt der Anteil derjenigen Unternehmen aus, die für ihr Engagement einen festgelegten Aktionsplan haben (12,9%) oder Instrumente zur Bewertung der Engagementmaßnahmen einsetzen (12,3%).

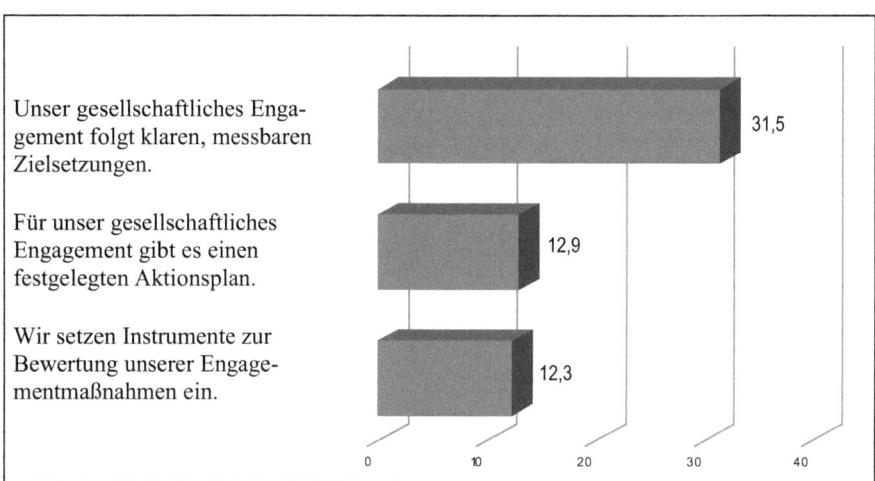

Unser gesellschaftliches Engagement folgt klaren, messbaren Zielsetzungen. — 31,5

Für unser gesellschaftliches Engagement gibt es einen festgelegten Aktionsplan. — 12,9

Wir setzen Instrumente zur Bewertung unserer Engagementmaßnahmen ein. — 12,3

0   10   20   30   40

Abbildung 5: Strategien zur Durchführung eines freiwilligen gesellschaftlichen Engagements der engagierten Unternehmen in Deutschland (ausgewählte Items). Prozentwerte (Braun 2008 und 2009c).

(2) Unternehmensinterne Bearbeitung
Spiegelbildlich dazu verhält es sich nach Braun (2008 und 2009c) mit der unternehmensinternen Bearbeitung des Themas. Nur 1,5% der engagierten Unternehmen haben eine Personalstelle oder eine Abteilung eingerichtet; aber auch die Bewältigung dieser Herausforderung als übergreifende Querschnittsaufgabe, an der verschiedene Unternehmensbereiche mitwirken, ist die Ausnahme (1,9%) (vgl. Tabelle 9). Zu durchaus ähnlichen Ergebnissen kommen Seitz (2002) und die Bertelsmann Stiftung (2005).

Verantwortlichkeit/Zuständigkeit	Total	bis 49	50-499	500 und mehr
Inhaber/ Geschäftsführung	90,2	93,6	86,9	65,0
Vorstand	7,7	5,0	11,3	21,1
Presse-/PR-Abteilung	6,9	3,7	10,0	31,6
keine besondere Zuständigkeit/alle sind zuständig	1,9	0,7	3,8	5,3
Querschnittseinheit aus verschiedenen Bereichen	1,9	0,7	3,1	10,5
eigens dafür eingerichtete Abteilung/Stelle für gesellschaftliches Engagement	1,5	0,7	2,5	5,3
sonstige Abteilungen/Mitarbeiter	6,9	5,0	8,8	21,1

Tabelle 9: Verantwortlichkeiten und Zuständigkeiten für gesellschaftliches Engagement in engagierten Unternehmen in Deutschland, differenziert nach Anzahl der Beschäftigten. Prozentwerte (Braun 2009c).

Maßnahmen des freiwilligen gesellschaftlichen Engagements scheinen innerhalb der Unternehmen überwiegend personalisiert zu sein, indem Führungs- und Leitungskräfte in unterschiedlichen Abteilungen und Stäben Aktivitäten des unternehmerischen Engagements fördern, ohne dass letztere in ein kohärentes Gesamtkonzept des Unternehmens eingebettet sind. Dafür scheint nicht zuletzt das Ergebnis zu sprechen, dass rund jeder Zehnte der von Braun (2008 und 2009c) Interviewten keine Auskunft darüber geben kann, in welchem finanziellen Umfang das Unternehmen Maßnahmen des unternehmerischen Engagements fördert (bei den Großunternehmen trifft dieses sogar auf fast jeden dritten Befragten zu) (vgl. Tabelle 10).

Beträge in Euro (2005)	Total	Mitarbeiter			Jahresumsatz		
		< 50	< 499	500 +	< 10 Mio	< 50 Mio	≤ 50 Mio
< 5.000	29,1	37,9	15,6	5,3	38,0	13,9	-
< 10.000	17,2	19,5	13,8	10,5	19,3	15,6	7,1
< 50.000	30,5	28,9	36,3	10,5	28,5	37,7	32,1
< 100.000	5,2	4,0	6,9	10,5	2,6	9,8	14,3
≤ 100.000	6,5	1,7	12,5	31,6	2,0	11,5	32,1
weiß nicht	11,5	8,1	15,0	31,6	9,5	11,4	38,9

Tabelle 10: Investitionen für das freiwillige Unternehmensengagement der Unternehmen in Deutschland, differenziert nach Anzahl der Beschäftigten und Jahresumsatz im Jahr 2005. Prozentwerte (Braun 2009c).

Zwischenfazit

Bilanziert man die Ergebnisse, dann kann man sagen, dass das freiwillige gesellschaftliche Engagement in Deutschland selten in eine übergeordnete Konzeption und Strategie von Unternehmen eingebettet ist, überwiegend spontan, zufällig und unkoordiniert erfolgt und darüber hinaus eher personalisiert und informell als standardisiert und zentralisiert bewerkstelligt wird. Neben dem Sponsoring als einem weit verbreiteten, strategisch ausgerichteten kommunikationspolitischen Instrument im Marketing-Mix von Unternehmen scheint das unternehmerische Engagement die Züge eines philanthropischen Handelns zu tragen und als eine freiwillige Selbstverpflichtung verstanden zu werden, zu der eine Gemeinwohlorientierung im Sinne eines Interesses an der Mehrung nicht nur privater, sondern auch öffentlicher Güter gehört und die insofern auch nur sehr begrenzt den strategischen Bewertungsmaßstäben aus dem Instrumentenkoffer der Betriebswirtschaftslehre untergeordnet werden kann.

Diese These spiegelt sich nach den Befunden von Braun (2008 und 2009c) auch in der Einschätzung der Befragten selbst: Zwei Drittel von ihnen sind der Ansicht, das freiwillige Unternehmensengagement besitze bei vielen Unternehmen zwar eine hohe Bedeutung, werde aber nicht mit betriebswirtschaftlichen Instrumenten und Verfahren in die Praxis umgesetzt. Stattdessen scheint dem gesellschaftlichen Engagement offenbar ein Freiraum des Experimentierens und

Erprobens zugestanden zu werden, der den Eigensinn bürgerschaftlichen Engagements mit den charakteristischen Merkmalen der Freiwilligkeit, Autonomie und bedarfswirtschaftlichen Ausrichtung zu reflektieren scheint. Diese Befunde lassen sich aus einer anderen Blickrichtung aber auch im Sinne von Seitz (2002: 32) interpretieren, der argumentiert, dass die „Defizite deutscher Unternehmen nicht auf kollektiver oder sozialer Ebene liegen, denn ihre partnerschaftliche bzw. kooperative Orientierung ist sehr stark ausgeprägt. Defizite liegen vielmehr im Verfolgen internationaler Strategien und im autonomen Handeln, im tatsächlichen Verändern der eigenen, globalen Unternehmenspraxis, im eigenständigen Einwirken sozialer Innovationen, im professionellen Setzen und Verfolgen operativer und internationaler Citizenship-Ziele und in der inneren Selbstständigkeit, hinsichtlich der Lösung sozialer Probleme eine Führungsrolle übernehmen zu wollen".

Insofern scheinen die Bestimmungskriterien von Corporate Citizenship und Corporate Social Responsibility, die vielfach als Maßstab für ein „modernes" und „zeitgemäßes" unternehmerisches Engagement in der Gesellschaft herangezogen werden, nicht oder zumindest nur tendenziell mit der unternehmerischen Wirklichkeit in Deutschland zu korrespondieren. Vor allem die immer wieder geforderte Balance zwischen „business case" und „social case" scheint in der hiesigen Unternehmenslandschaft einen deutlich untergeordneten Bezugspunkt bei der Ausgestaltung des freiwilligen unternehmerischen Engagements zu spielen.

5.2.3   Die „Dualismus-These": Gesellschaftliches Unternehmensengagement unter dem Eindruck internationaler Debatten

Bei einer differenzierten Betrachtung geben die Untersuchungen allerdings auch erste Hinweise darauf, dass die internationale Diskussion über Corporate Citizenship zumindest für Segmente des privatgewerblichen Sektors in Deutschland an Bedeutung zu gewinnen scheint.

„Zweiteilung" des gesellschaftlichen Unternehmensengagements
Diese empirischen Hinweise lassen sich zu der These verdichten, dass der privatgewerbliche Sektor in Deutschland im Hinblick auf das freiwillige gesellschaftliche Engagement eine tendenzielle Zweiteilung erfahren könnte. Dabei stehen auf der einen Seite die kleineren und mittelgroßen Unternehmen, bei denen das gesellschaftliche Engagement in besonders ausgeprägter Art und Weise die skizzierten Merkmale eines lokalen, zivilgesellschaftlich eingebetteten Engagements aufweist, das überwiegend philanthropische Züge „jenseits" einer wirt-

schaftlichen Verwertungslogik aufweist. Auf der anderen Seite scheinen die Großunternehmen zunehmend die Ideen und Metaphern der Corporate Citizenship-Debatten zu rezipieren und sich vor diesem Hintergrund zumindest tendenziell an den entsprechenden Vorstellungen und Deutungsmustern von gesellschaftlichem Engagement zu orientieren und in das unternehmensinterne Selbstverständnis zu integrieren.

Exemplarisch dafür stehen die Ziele des freiwilligen Engagements von Großunternehmen, die Braun (2008 und 2009c) ermittelt haben. In diesem Kontext spielen die in der internationalen Debatte zentralen Begriffe der „gesellschaftlichen Verantwortungsübernahme" und der „Investition in das Human- und Sozialkapital des Gemeinwesens" als Voraussetzung für eigenen wirtschaftlichen Erfolg eine weitaus größere Rolle als bei mittleren und kleineren Unternehmen: Rund 95% der engagierten Großunternehmen geben an, durch ihr Engagement gesellschaftliche Verantwortung übernehmen zu wollen, rund drei Viertel von ihnen verfolgen das Ziel, durch das unternehmerische Engagement zum Erhalt oder zur Verbesserung des Lebensumfeldes am Unternehmens- bzw. Betriebsstandort beitragen zu wollen, und rund die Hälfte der Großunternehmen begreifen Investitionen in die Gesellschaft als Voraussetzung für den wirtschaftlichen Erfolg des Unternehmens. Diese drei Zielsetzungen bilden nicht nur die maßgeblichen Intentionen, die das gesellschaftliche Engagement der Großunternehmen begründen; sie werden auch statistisch signifikant höher bewertet als von den mittleren und kleineren Unternehmen.

Proaktivität

Um diese Ziele in die soziale Praxis umzusetzen, zeigen sich – so Braun (2008 und 2009c) – die Großunternehmen offensichtlich auch wesentlich proaktiver als die mittleren und kleineren Unternehmen: Fast zwei Drittel der Großunternehmen suchen nach eigener Auskunft selbst aktiv nach Möglichkeiten, sich gesellschaftlich zu engagieren (vgl. Abbildung 6). Dementsprechend orientieren sie sich bei ihren Maßnahmen häufiger an einem definierten Aktionsplan und bewerten ihre Maßnahmen wesentlich häufiger mit Hilfe spezifischer Evaluationsinstrumente. Dass ein Zusammenhang zwischen der Unternehmensgröße und der aktiven Auseinandersetzung mit dem gesellschaftlichen Engagement zu bestehen scheint, zeigt auch die Untersuchung der Bertelsmann Stiftung (2005). Demnach versuchen vor allem die Großunternehmen proaktiv zu handeln und sich auf dem Gebiet des gesellschaftlichen Engagements als Vorreiter zu profilieren, indem sie Trends und Standards zu setzen suchen.

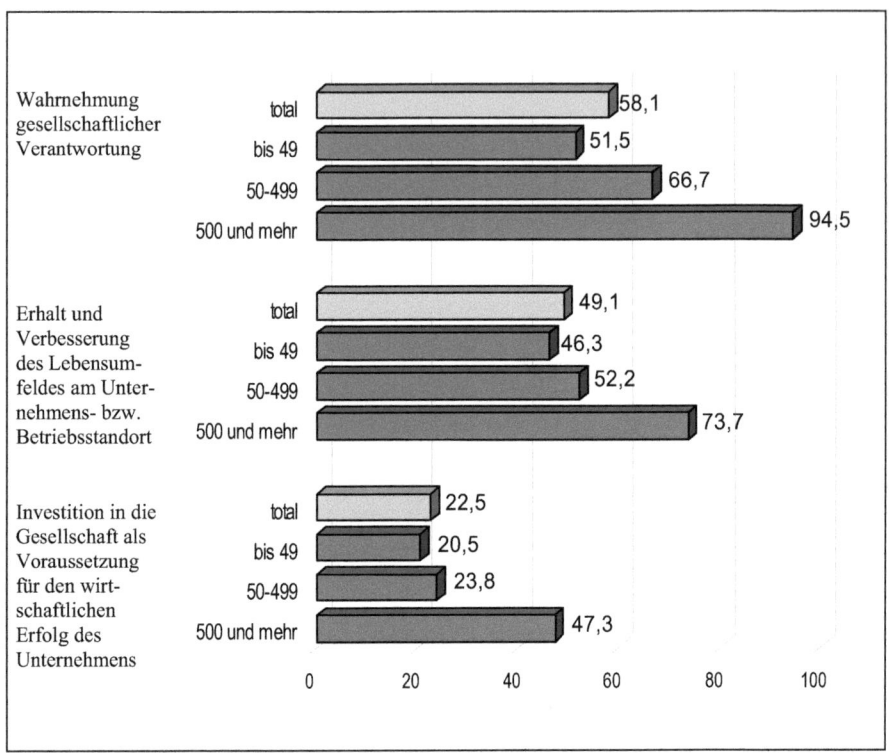

Abbildung 6: Ziele des gesellschaftlichen Engagements der engagierten Unternehmen, differenziert nach Anzahl der Beschäftigten (ausgewählte Items). Prozentwerte (Braun 2009c).

Diese Ergebnisse und Interpretationen werden durch die Zeitreihenvergleiche über die KMU in Deutschland in hohem Maße bestätigt. So konstatiert Maaß (2008: 25) auf der Grundlage seiner Zeitreihenvergleiche: „Mit zunehmender Unternehmensgröße, gemessen an der Beschäftigtenzahl, steigt die Bereitschaft zur Corporate Citizenship-Beteiligung unter den MIND-Unternehmen. […] In der bivariaten Analyse erweisen sich diese Differenzen als statistisch signifikant. Im Laufe des Betrachtungszeitraums haben sich diese Unterschiede sogar noch verstärkt: Es sind vor allem die größeren KMU, die Corporate Citizenship mittelfristig für sich entdecken. Augenfällig sind die relativ niedrigen Corporate Citizenship-Anteilswerte in der Gruppe der kleinen Unternehmen mit bis zu 9 Beschäftigten".

Dabei bauen die gesellschaftlich engagierten Großunternehmen – so die Befunde von Braun (2008 und 2009c) – vielfach Kooperationen mit anderen Organisationen auf, insbesondere mit lokal und regional agierenden Vereinen und Verbänden. Immerhin vier von fünf Großunternehmen verweisen bei der konkreten Umsetzung ihres unternehmerischen Engagements auf Kooperationen mit anderen Organisationen. Und dieses Engagement wird offenkundig auch offensiv öffentlich kommuniziert: Fast 90% der Großunternehmen berichten in Form regelmäßiger Presseberichterstattungen, Internetdarstellungen, Kundenzeitschriften oder öffentlicher Veranstaltungen über ihre Aktivitäten.

Zwischenfazit

Versucht man diese empirischen Befunde zu resümieren, dann findet man bei den Großunternehmen Ansätze eines gesellschaftlichen Engagements, das erste Konturen dessen anzunehmen scheint, was in der internationalen Corporate Citizenship-Debatte als essenziell für gesellschaftliches Engagement angenommen wird: die Bereitschaft zur Wahrnehmung gesellschaftlicher Verantwortung durch Investitionen in das Human- und Sozialkapital eines Gemeinwesens, dessen Funktionstüchtigkeit wiederum als Voraussetzung für das eigene erfolgreiche wirtschaftliche Handeln betrachtet wird; eine aktive Rolle bei der Suche nach entsprechenden Projekten im Gemeinwesen, die in Kooperation mit Organisationen insbesondere aus dem Non-Profit-Sektor umgesetzt werden; eine öffentliche Berichterstattung über die gemeinwohlbezogenen Projekte, um eine Transparenz der Aktivitäten herzustellen und zugleich Imagegewinne zu erzielen.

Diese Befunde kann man – mit aller Vorsicht – als tendenzielle Suchbewegungen von Großunternehmen in Deutschland interpretieren, im Kontext einer korporatistisch verfassten Marktwirtschaft in Deutschland Elemente der internationalen Debatte über Corporate Citizenship in das Selbstverständnis des gesellschaftlichen Engagements von Unternehmen einzubinden und u.a. die traditionellen philanthropischen Aktivitäten um Aspekte betrieblicher Rationalität und Rentabilität zu ergänzen. Gleichwohl sollte diese These nicht darüber hinwegtäuschen, dass die daraus resultierenden Suchbewegungen und Sozialexperimente kein konturiertes Bild eines freiwilligen Engagements von Großunternehmen abgeben, das die viel beschworene „Win-Win-Konstellation" im Sinne eines messbaren Mehrwerts für das Unternehmen und die Gesellschaft beschreibt (vgl. Braun 2007a). Vielmehr dürfte sich darin auch der Zwang zur gesellschaftlichen Mitgestaltung in Zeiten globalisierten unternehmerischen Handelns und dem Bedeutungsverlust korporativer Strukturen in der Sozialen Marktwirtschaft der Bundesrepublik Deutschland widerspiegeln.

5.3 Nutzen und Nutzenerwartungen aus der Perspektive der unternehmerischen Außen- und Binnenwelt

Die skizzierten empirischen Ergebnisse und insbesondere die „Ambivalenz-These" verweisen auf eine eher lose Koppelung von unternehmerischem und gesellschaftlichem Nutzen, den Unternehmen in Deutschland mit ihrem gesellschaftlichen Engagement verfolgen. Gleichwohl lassen sich auch und insbesondere bei den Großunternehmen Hinweise darauf finden, dass betriebliche Rentabilitätserwägungen im Rahmen eines Unternehmensengagements aufgegriffen werden.

Vor diesem Hintergrund stellt sich die Frage, welchen Nutzen oder zumindest welche Nutzenerwartungen Unternehmen mit einem freiwilligen gesellschaftlichen Engagement verbinden. Zwar mangelt es vielfach an systematischen empirischen Studien zu dieser Thematik, was einerseits dem Fehlen einer elaborierten Wirkungsforschung geschuldet ist und was andererseits mit den sich erst zögerlich entwickelnden unternehmensinternen Evaluationsverfahren zu erklären sein dürfte, die eher im englischsprachigen Raum vorzufinden sind (vgl. Hansen 2004). Gleichwohl gehen die Studien, die auch den unternehmerischen Nutzen eines freiwilligen gesellschaftlichen Engagements thematisieren von positiven betriebswirtschaftlichen Effekten eines solchen Engagements aus.

Versucht man diese Befunde zu bilanzieren, dann können zwar nicht alle der – in Abschnitt 4.8 angesprochenen – potenziellen Nutzendimensionen eines freiwilligen Unternehmensengagements berücksichtigt werden, da entsprechende empirische Studien noch ausstehen. Und die Analysen geben bislang auch noch keine empirischen Hinweise auf den komparativen Vorteil bestimmter Engagementinstrumente auf den unternehmerischen Nutzen (vgl. dazu bereits Abschnitt 4.7) wie auch auf die Erreichbarkeit bestimmter „Nutzenhöhen" durch ein spezifisches Engagement (vgl. dazu Abschnitt 4.6). Auf der Basis der verstreut vorliegenden empirischen Befunde lassen sich aber zumindest entsprechende Nutzenerwartungen von Unternehmen aus der Perspektive der unternehmerischen Außenwelt und der unternehmerischen Binnenwelt einer ersten Bilanz unterziehen.

5.3.1 *Nutzen und Nutzenerwartungen aus der Perspektive der unternehmerischen Außenwelt*

Nutzenperspektive I: Aufbau und Verbesserung der Unternehmensreputation
Reputationsaufbau ist eine der am häufigsten genannten Vorteile, die ein Unternehmen aus einem freiwilligen gesellschaftlichen Engagement ziehen kann (vgl.

Fombrun 1997, Maaß 2008, Marsden/Andriof 1998, Fombrun/Gardberg/Barnett 2000, Schrader 2003, Westebbe/Logan 1995). Zentrale Untersuchungsergebnisse zu dieser Thematik lassen sich wie folgt zusammenfassen:

- King/Mackinnon (2001) betonen in ihrer empirischen Untersuchung, dass sich die Wirkung einer wahrgenommenen unternehmerischen Verantwortung in einer höheren Reputation zeigt. Sie können insofern einen positiven Imagetransfer unternehmerischen Engagements auf die Unternehmensreputation herausarbeiten. Andere Untersuchungen machen darauf aufmerksam, dass Imagebildung und Reputationsgewinne für die Unternehmen eine erhebliche Bedeutung haben, um gesellschaftliches Engagement zu initiieren und durchzuführen.

Items	Total		bis 49	50-499	500 und mehr
	%	M (SD)*			
Es verbessert unser Image.	49,6	2,7 (1,3)	45,8	54,4	73,7
Es erleichtert die Mitarbeitergewinnung und -bindung.	14,7	4,0 (1,2)	12,4	14,0	50,0
Es ist wichtig für unsere Kunden.	24,2	3,6 (1,3)	21,1	28,3	36,8
Es ist eine Reaktion auf gesetzliche Aufgaben und/oder politische Vorgaben.	3,1	4,7 (0,7)	3,7	1,2	5,3
*Fünfer-Skala: von 1 = wirkt sich sehr stark positiv verstärkend aus bis 5 = wirkt sich überhaupt nicht positiv verstärkend aus.					

Tabelle 11: Verstärkende Faktoren für ein gesellschaftliches Engagement der Unternehmen in Deutschland, differenziert nach Anzahl der Beschäftigten (ausgewählte Items). Zusammengefasst wurden die Top-Zwei-Werte: wirkt sich sehr stark positiv verstärkend aus und wirkt sich stark positiv verstärkend aus. Prozentwerte, Mittelwerte und Standardabweichungen (Braun 2009c).

- Die Bertelsmann Stiftung (2005: 12f.) befragte Entscheidungsträger aus der deutschen Wirtschaft zu den Motiven ihrer Corporate Citizenship-

Aktivitäten: Zwei Drittel der Befragten betonten dabei die Verbesserung der Außenwahrnehmung als handlungsleitendes Motiv.

- Die repräsentative Unternehmensbefragung in Deutschland von Braun (2009c) zeigt darüber hinaus, dass rund die Hälfte Unternehmen, die sich freiwillig gesellschaftlich engagieren, ihr Engagement mit der Erwartung verbinden, dass es ihr Image verbessere (vgl. Tabelle 11). Vor allem die Großunternehmen betonen diesen Aspekt: Fast drei Viertel der befragten Großunternehmen sehen in der Imageverbesserung einen verstärkenden Faktor für ihr Engagement.

- In einer Analyse der Bewerber zum Handwerks-Preis 2005 „Führung mit Perspektive: im Betrieb – am Markt – in der Gesellschaft" ist für 89,7% der befragten kleinen und mittelständischen Handwerksunternehmen die Verbesserung des Firmenimages ausschlaggebend für das Unternehmensengagement (vgl. Backes-Gellner/Maaß 2006).

- Maaß/Clemens (2002: 81) kommen auf der Datengrundlage des Instituts für Mittelstandsforschung Bonn sogar zu einem Wert von 92,1% der kleinen und mittelständischen Unternehmen, die Imageverbesserung als Motiv für ihr unternehmerisches Engagement hervorheben.

- Fabisch (2004) betont auf der Basis ihrer schriftlichen Befragung der 150 größten deutschen Universalbanken, dass 50,6% der Banken der Auffassung sind, dass über unternehmerisches Engagement in der Gesellschaft das Firmenimage am wirkungsvollsten verbessert werden kann.

- Nach Seitz (2002) erreichen 71% der untersuchten Unternehmen durch unternehmerisches Engagement eine positive Reputation bei Medien und Überwachungsbehörden.

Bemerkenswert sind in diesem Kontext auch die Ergebnisse von Untersuchungen in anderen europäischen Ländern:

- Im Rahmen einer qualitativen Befragung von 72 Arbeitgebern bzw. Personalverantwortlichen Schweizer Unternehmen erklären mehr als 70% der Befragten, dass Akzeptanz, Image der Firma, Bekanntheitsgrad und Verankerung in der regionalen Kultur durch das unternehmerische Engagement in der Gesellschaft gestärkt worden seien (Schaller/Bachmann 2004).

- Die Untersuchung von CSR Austria (2003) zeigt darüber hinaus, dass 61% der österreichischen Unternehmen der Aussage zustimmen, mit der Imageverbesserung des Unternehmens durch ein entsprechendes Engagement „sehr zufrieden" bzw. „zufrieden" zu sein.

Bemerkenswert ist darüber hinaus der Befund von Steinert/Klein (2002: 12), die den Reputationsgewinn in einen engen Zusammenhang mit der Art der Kommunikation des Unternehmensengagements bringen. In dieser Perspektive bewertet die Öffentlichkeit das freiwillige gesellschaftliche

Engagement vor allem dann als glaubwürdig, wenn das Unternehmen die eigenen Vorteile aus diesem Engagement nicht verschweigt, sondern neben dem gesellschaftlichen auch den betriebswirtschaftlichen Nutzen offen und transparent kommuniziert.

Gleichwohl wird von den Unternehmen das eigene Engagement kaum als kommunikationspolitisches PR-Instrument verstanden, wie die bundesweit repräsentative Unternehmensbefragung von Braun (2008 und 2009c) zeigt:

- Nur 16% der großen Unternehmen nutzen ihr Engagement offensiv zum Werbetreiben in Presse und Fernsehen. Für kleinere und mittlere Unternehmen ist es als PR-Instrument sogar belanglos.

- Das Motto „Tue Gutes und sprich darüber" betrifft in deutlich höherem Maße die engagierten Großunternehmen: 89% von ihnen kommunizieren mit Hilfe verschiedener Medien (Geschäftsbericht, Pressemitteilungen und -berichte, Homepage etc.) über ihr gesellschaftliches Engagement und versuchen es auf glaubwürdige Weise öffentlich zu machen. Im Gegensatz zu den großen Unternehmen beschäftigen sich kleinere und mittlere Unternehmen nicht intensiv mit der Veröffentlichung ihres Engagements. Die Hälfte der kleinen und 43% der mittleren Unternehmen, die sich engagieren, geben sogar an, gar nicht über ihr gesellschaftliches Engagement zu berichten.

Nutzenperspektive II: Kundengewinnung und -bindung

Kunden sind Akteure, die Interesse an den Produkten oder Dienstleistungen eines Unternehmens oder an deren potenzieller Nutzung haben – sei es im Hinblick auf den Erwerb bzw. Kauf, sei es im Hinblick auf die Vermarktung. Neben Individuen kann jede andere Organisation (Unternehmen, gemeinnützige oder staatliche Organisationen) als Kunde auftreten. Kaufentscheidungen begründen Geschäftsbeziehungen, deren Qualität maßgeblich vom Vertrauen beeinflusst wird, dass die Geschäftspartner einem Unternehmen entgegen bringen (vgl. Morgan/Hunt 1994, Hennig-Thurau/Langer/Hansen 2001). Infolge der wirtschaftlichen Globalisierung und einer Verdichtung der Märkte sind Konkurrenzkonstellationen zwischen den Unternehmen und Entscheidungsoptionen der Kunden gestiegen. Zum Erhalt oder zur Verbesserung der Wettbewerbsfähigkeit bedarf es aus Unternehmenssicht einer Besserstellung des eigenen Produkts gegenüber den Produkten konkurrierender Anbieter.

Das unternehmerische Engagement spielt dabei offenbar eine zunehmend wichtigere Rolle (vgl. Habisch 2003). Darauf weist nicht nur der Befund hin, dass 86% der Deutschen meinen, dass Unternehmen, die sich aktiv um ihre soziale Verantwortung bemühen, langfristig erfolgreicher sind als Unternehmen, die Fragen der sozialen Verantwortung vernachlässigen (vgl. Lunau/Wettstein

2004). Diese Interpretation legen auch die Ergebnisse von Unternehmensbefragungen nahe, die Folgendes erkennen lassen:

- 86,9% der mittelständischen Unternehmen in Deutschland sind nach Maaß/Clemens (2002) „sehr zufrieden" bzw. „zufrieden" mit der Erreichung kundenbezogener Ziele durch unternehmerisches Engagement.
- Maaß (2005) kann darüber hinaus zeigen, dass 68,3% der von ihm untersuchten Handwerksbetriebe der Auffassung sind, neue Kundenkreise durch ihr unternehmerisches Engagement gewonnen zu haben. 60,7% von ihnen betonen zudem, die Kundenbindung gestärkt zu haben.
- Seitz (2002) kommt in seiner international vergleichend angelegten Studie sogar zu dem Ergebnis, dass 80% der befragten deutschen Unternehmen durch gesellschaftliches Engagement eine verbesserte Reputation bei den Kunden erzielen.
- Auch deutsche Banken verstehen ihr unternehmerisches Engagement vielfach als Instrument der Kundenbindung: Fabisch (2004) ermittelt einen Wert von 39,7% der Banken, die soziales Engagement als beste Möglichkeit zur Optimierung der Kundenbindung wahrnehmen.
- Eine repräsentative Befragung 1.000 deutschsprachiger Personen, die vom Institut für Markt-Umwelt-Gesellschaft (imug) an der Universität Hannover befragt wurden, zeigt, dass bei sonst gleichen Produktbedingungen (z.B. Preis und Qualität) mehr als die Hälfte der Befragten solche Produkte bevorzugen würden, die von gesellschaftlich engagierten Unternehmen stammen (vgl. imug 2003).
- Eine von Ipsos durchgeführte repräsentative Befragung ermittelte in diesem Kontext einen noch höheren Anteil: 77% der befragten Deutschen nannten das freiwillige Engagement von Unternehmen als relevant für ihre Kaufentscheidung (vgl. Financial Times Deutschland vom 04.04.2006). Generell zeigt sich dabei, dass die kaufkräftigen und einkommensstarken Gruppen ihre Kaufentscheidung stärker als einkommensschwache Gruppen am unternehmerischen Engagement ausrichten. Vor allem die Gruppe der Rentner (86%), Beamten (89%) und Selbstständigen (84%) sind dabei hervorzuheben.

Nutzenperspektive III: Beziehung zu Banken und Investoren

Die Beziehung zu Banken und Investoren bildet für die wirtschaftliche Leistungsfähigkeit eines Unternehmens eine zentrale Bezugsgröße. Als Antriebsfeder globaler Finanz- und Warenströme bildet der Kapitalmarkt den Finanzmarkt für mittel- und langfristige Kapitalbeschaffung, der den Unternehmen dazu dient, Investitionen und andere Ausgaben zu finanzieren. Der Kapitalmarkt, der sich gegenüber dem Geldmarkt in der Langfristigkeit der Kapitalüberlassung auszeichnet, besteht aus der Gesamtheit aller Institutionen und Transaktionen, die Angebot und Nachfrage nach mittel- und langfristigem (Finanz-) Kapital zusammenführen sollen. Dazu zählt z.b. der Markt für langfristige Kredite (Rentenmarkt) und der Aktienmarkt (Beteiligungskapital).

Gesellschaftliches Engagement von Unternehmen gilt als eine Möglichkeit zur Verbesserung von Geschäftsbeziehungen zu Banken und Investoren, um als vertrauenswürdigerer Kreditnehmer wahrgenommen zu werden. Habisch (2003) geht davon aus, dass vor allem an solche Unternehmen Kredite vergeben werden, die über ein soziales Netzwerk verfügen, da „deren Vertrauenswürdigkeit und Rückzahlungsfähigkeit bereits durch das Soziale Kapital verbürgt ist" (S. 76). Gesellschaftliches Unternehmensengagement wird in dieser Perspektive als nachhaltiges Wirtschaften eines Unternehmens interpretiert, aus dem Finanzmarktakteure Risikofaktoren herauslesen können (vgl. Weiser/Zadek 2000).

Interessant sind in diesem Zusammenhang erste empirische Beobachtungen, die Folgendes zeigen.

- Unternehmen, die bislang in die Nachhaltigkeits-Indizes aufgenommen wurden, stehen unter finanziellen Gesichtspunkten zumindest nicht schlechter da als ihre Konkurrenten. Insofern kann man sagen, dass „Nachhaltigkeit kein Kostenfaktor (ist), der sich negativ auf die Unternehmensperformance auswirkt" (Hiß 2005: 101).
- Das Institut für Markt-Umwelt-Gesellschaft (imug) weist darüber hinaus im Bereich des ethischen Fondsinvestments ein Wachstum von 0,3 Mrd. Euro im Jahre 1998 auf 2,5 Mrd. Euro bis Ende 2002 nach (vgl. imug 2003: 7). Allerdings ist auch hervorzuheben, dass die Investitionen in diesem Segment mit einem Anteil von knapp 2% am Gesamtmarkt für Investmentprodukte vergleichsweise gering ausfallen und nach wie vor weite Teile der Börse vor allem am kurzfristigen Gewinn orientiert sind (vgl. Schrader 2003).
- Gleichwohl ist ein Wachstumspotenzial ethischer Fondsinvestitionen zu konstatieren: Eine Privatanlegerbefragung ermittelte bei 44% der Befragungspersonen Interesse an entsprechenden Fonds. Allerdings wurden nur 3% von ihnen entsprechende Fonds angeboten, während lediglich 0,7% in solche Fonds bereits investiert hatten (vgl. muk/imug 2001).

5.3.2 Nutzen und Nutzenerwartungen aus der Perspektive der unternehmerischen Binnenwelt

Neben dem unternehmerischen Nutzen eines freiwilligen gesellschaftlichen Engagements in der Außenwelt der Unternehmen werden auch positive Erwartungen an ein solches Engagement in der unternehmerischen Binnenwelt vermutet.

Im Zentrum steht dabei das Unternehmenspersonal, das in Unternehmen einge-setzt und bezahlt wird, um eine Leistung in arbeitsteiligen Geschäftsprozessen zu erbringen. Der Begriff Personal deutet auf überindividuelle Ordnungen hin, in denen Menschen nicht beliebig handeln, sondern für übergeordnete Ziele von Organisationen Leistungen erbringen. Das maßgebliche Instrument, um die Ar-beitsleistung eines Beschäftigten einzufordern, ist der Arbeitsvertrag, der aber stets Unbestimmtheitslücken aufweist. Inwieweit sich das Personal in die jewei-ligen Arbeitsprozesse einbringt, lässt sich nicht im Detail im Arbeitsvertrag re-geln. Dazu muss stets gesondert motiviert werden.

Nutzenperspektive IV: Personalrekrutierung und -motivation
Gesellschaftliches Engagement gilt als eine Möglichkeit, die Motivation des Personals zu erhöhen oder sogar potenzielle Arbeitskräfte zu motivieren, einem Unternehmen seine Arbeitskraft zur Verfügung zu stellen. In diesem Sinne gel-ten zivilgesellschaftlich engagierte Unternehmen als attraktivere Arbeitgeber im Vergleich zu gesellschaftlich nicht engagierten Unternehmen. Gesellschaftliches Unternehmensengagement verspricht Identifikationsmöglichkeiten für den Ein-zelnen mit der Organisation, die bei der Arbeitsplatzwahl entscheidend sein können (Marsden/Andriof 1998, Browne 2000, Schöffmann 2001, Wieland 2002).

Aufschlussreich sind in diesem Kontext erste empirische Befunde, die sich folgendermaßen bündeln lassen:

- Nach Maaß/Clemens (2002) sind 82% der untersuchten mittelständischen Unternehmen in Deutschland der Auffassung, verbesserte Rekrutierungs-chancen von Mitarbeitern durch ihr unternehmerisches Engagement erreicht zu haben. Zu geringeren Werten (38,6%) kommt Maaß (2005) im Rahmen der Befragung von Handwerksbetrieben.
- In diesem Kontext ist aber offensichtlich vor allem für die Großunterneh-men die Erleichterung der Mitarbeitergewinnung ein verstärkender Faktor, um sich gesellschaftlich zu engagieren: Während die Hälfte der engagierten Großunternehmen angibt, dass dies auf sie zutrifft, gilt dies gerade einmal für 14% bzw. 12,7% der mittleren und kleineren Unternehmen (vgl. Braun 2009c).
Gesellschaftliches Engagement hat als Instrument der Personalrekrutierung also offenkundig einen nicht zu unterschätzenden Nutzen für die Unterneh-men. Darüber hinaus bringt ein solches Engagement offenkundig auch im Hinblick auf die Mitarbeitermotivation einen Nutzen für das Unternehmen:
- Schaller und Bachmann (2004) arbeiten in ihrer empirischen Unterneh-mensbefragung heraus, dass über 80% der befragten Unternehmen, die sich freiwillig gesellschaftlich engagieren, positive Wirkungen im Hinblick auf

Zufriedenheit, Motivation, Loyalität und Verantwortungsbewusstsein des Personals beobachten können.

- Maaß und Clemens (2002) nennen einen Wert von 91,3% der befragten mittelständischen Unternehmen, die mit der Wirkung ihres freiwilligen gesellschaftlichen Engagements im Hinblick auf die Mitarbeitermotivation „sehr zufrieden" bzw. „zufrieden" sind.
- 91,4% der von ihnen untersuchten Unternehmen sind in diesem Kontext auch mit der Mitarbeiterbindung durch ihr gesellschaftliches Engagement „sehr zufrieden" bzw. „zufrieden".[11]

Nutzenperspektive V: Personalentwicklung und -arbeit
Nicht nur im Hinblick auf Aspekte der Bindung und Motivation scheint das freiwillige gesellschaftliche Engagement einen Nutzen für Unternehmen zu haben, sondern speziell auch in der Personalentwicklung und Personalarbeit. Besonders aussagekräftig sind in diesem Kontext die Ergebnisse einer im Jahr 2005 durchgeführten Befragung der rund 1.500 Beschäftigten der E.ON Westfalen Weser AG über deren freiwilliges, bürgerschaftliches bzw. ehrenamtliches Engagement in Vereinen, Projekten und Initiativen (vgl. Braun 2006a). Die Befunde lassen sich wie folgt zusammenfassen:

- Rund 30% der freiwillig engagierten Mitarbeiter fühlen sich durch ihr Engagement in hohem oder sehr hohem Maße in ihrer Fähigkeit gefordert, mit anderen Menschen gut umgehen zu können, tolerant gegenüber anderen Ideen zu sein sowie umfangreiche Organisationsfähigkeiten und Einsatzbereitschaft zeigen zu müssen.
- Darüber hinaus betonen jeweils rund 70 % der Engagierten die hohen Anforderungen im Hinblick auf die persönliche Belastbarkeit, das Fachwissen zur sachgerechten Aufgabenbewältigung und die Fähigkeit, uneigennützig zugunsten von Dritten zu handeln.
- Schließlich heben zwei Drittel der Engagierten hervor, im Bereich von Führungsqualitäten stark gefordert zu werden.

Die Anforderungen durch das freiwillige Engagement verlangen also insbesondere Schlüsselkompetenzen im Sinne von „Soft skills". Dies lässt sich damit erklären, dass die meisten Aufgaben in Vereinen, Projekten und Initiativen keine klare fachliche Aufgabenbeschreibung beinhalten, sondern vielfach über Kommunikation, Teamarbeit, Kompromissbildung, Flexibilität und kreative Problemlösung bewältigt werden.

---

[11] Im europäischen Kontext ermittelte CSR Austria (2003) einen geringen Wert von 48% der befragten österreichischen Unternehmen, die mit der Verbesserung der Mitarbeitermotivation und -bindung durch freiwilliges gesellschaftliches Engagement „sehr zufrieden" bzw. „zufrieden" sind.

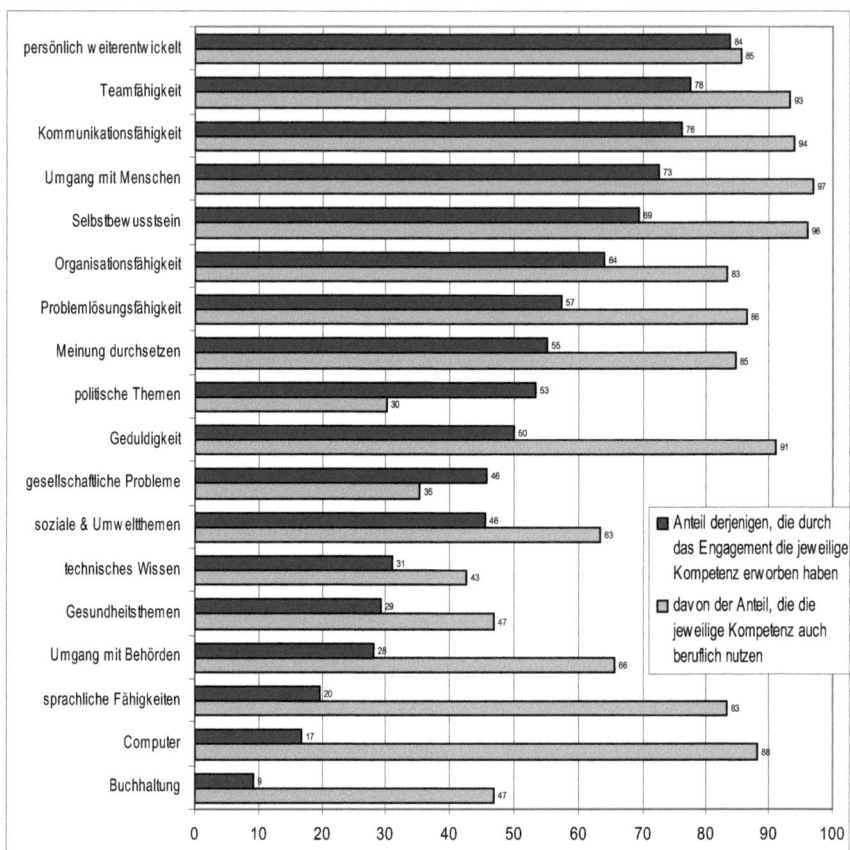

Abbildung 7: Kompetenzentwicklung durch freiwilliges Engagement und Nutzung der entwickelten Kompetenzen in der Berufstätigkeit bei der E.ON Westfalen Weser AG, Differenzierung nach Kompetenzbereichen (Mehrfachantworten möglich). Angaben in Prozent (gerundet) (Lesehilfe: 78 % der freiwillig engagierten Mitarbeiter haben durch ihr Engagement ihre Teamfähigkeit verbessert. Von diesen 78 % nutzen 93 % die erworbene Kompetenz auch in der beruflichen Tätigkeit bei E.ON Westfalen Weser) (Braun 2006a).

▪ Diese typische Arbeitsweise in Vereinen, Projekten und Initiativen trägt dazu bei, dass die engagierten Mitarbeiter ihre Fähigkeiten vor allem in fünf Kompetenzbereichen verbessern, die sich folgendermaßen bezeichnen lassen: „Persönlichkeitsentwicklung", „Verbesserung der Teamfähigkeit", der „Kommunikationsfähigkeit" und des „Umgangs mit Menschen" sowie „Zugewinn an Selbstbewusstsein". Bei diesen fünf Kompetenzbereichen geben jeweils zwischen 70 % und 80 % der engagierten Mitarbeiter an, durch ihr freiwilliges Engagement dazu gelernt zu haben. Und noch mehr: Von den Mitarbeitern, die auf diese Weise ihre Soft Skills weiterentwickelt haben, geben je nach Kompetenzbereich zwischen 85 % und 97 % an, diese Fähigkeiten auch in ihrer beruflichen Arbeit nutzen zu können (vgl. Abbildung 7).

- Aber auch andere Kompetenzbereiche sind nicht zu vernachlässigen. So betonen zwischen 50 % und knapp 60 % der Engagierten, dass sie ihre Problemlösungsfähigkeit verbessert haben, ihre Meinung besser durchsetzen können, insgesamt geduldiger geworden sind und neue Einblicke in politische Themen gewonnen haben. Abgesehen vom zuletzt genannten Kompetenzbereich werden auch diese Fähigkeiten von der großen Mehrheit in die berufliche Arbeit eingebracht.

- Bemerkenswert ist in diesem Diskussionszusammenhang, dass in der Befragung von Maaß (2005) 51,7% der untersuchten klein- und mittelständischen Handwerksbetriebe in Deutschland angeben, durch ihre Maßnahmen des freiwilligen gesellschaftlichen Engagements eine Qualifikationssteigerung des Personals erreicht zu haben.

- Darauf verweisen auch die empirischen Arbeiten von Korfmacher/Mutz (2003), die betonen, dass ein „Lernen im sozialen Umfeld" stattfindet, wenngleich der Transfer des Erlernten in die berufliche Tätigkeit differenziert betrachtet werden muss, da er von der Konstellation des Wissenserwerbs und der Anwendung dieses Wissens in der beruflichen Tätigkeit abhängt.

In Kenntnis der dargelegten empirischen Befunde werden im folgenden Kapitel die Selbstpräsentationen und -verortungen relevanter kollektiver Akteure im Themenfeld „gesellschaftliches Engagement von Unternehmen" herausgearbeitet und interpretiert.

6 Gesellschaftliches Engagement von Unternehmen – Akteure und Positionen

Die Rolle von Unternehmen in der Gesellschaft und ihr Verständnis von gesellschaftlichem Engagement unterliegen einem ständigen Wandel. Diese Veränderungen lassen sich anhand empirischer Beobachtungen (vgl. Kapitel 4) oder auch mit Hilfe von Selbstbeschreibungen und -verortungen relevanter gesellschaftlicher Akteure in diesem Themenfeld rekonstruieren.

Die folgenden Ausführungen sind das Ergebnis einer eigens im Rahmen dieser Sekundäranalyse durchgeführten explorativen Untersuchung, die die themenbezogenen Selbstpräsentationen relevanter Akteure herausarbeiten und vergleichend analysieren sollte (vgl. die zugrunde liegende Expertise von Friedrich/Hadasch 2008). Die Recherche, die in Abschnitt 3.2 ausführlich dargestellt ist, erfolgt dabei nicht anhand einzelner Spezialbegriffe, sondern unter dem weit gefassten Thema „gesellschaftliches Engagement von Unternehmen", das sowohl ökonomische und kulturelle als auch ökologische und soziale Dimensionen beinhaltet. Diese Vorgehensweise ermöglicht es, ein breites Spektrum von Deutungen und Vorstellungen zum Thema gesellschaftliches Unternehmensengagement in den Blick zu nehmen. Die Facetten reichen dabei von Vorstellungen über gesellschaftliche Verantwortung und freiwilliges Engagement bis hin zu Forderungen nach verbindlichen Standardisierungen und gesetzlichen Regulierungen.

Die Auswahl der als relevant erachteten Akteure, die zu Akteursgruppen in den Bereichen Staat, Gewerkschaften, Arbeitgeber- und Unternehmerverbände (Wirtschaftsverbände), Unternehmen, Non-Profit-Organisationen (NPO) und Beratungsorganisationen zusammengefasst wurden, erhebt keinerlei Anspruch auf Vollständigkeit (vgl. die detaillierte Darstellung in Kapitel 2.3). Die Akteure umfassen aus methodischen und forschungsökonomischen Gründen primär solche Organisationen, die bundesweit agieren und sich in öffentlich zugänglichen Dokumenten zum Thema gesellschaftliches Engagement von Unternehmen „verhalten". In einem ersten Schritt wurden im Rahmen einer Dokumentenrecherche der thematisch einschlägigen gesellschaftspolitischen Publikationen der relevanten Akteursgruppen identifiziert. In einem zweiten Schritt wurde im Internet gezielt nach Einzelorganisationen innerhalb dieser Akteursgruppen gesucht, die sich im hier interessierenden Themenfeld öffentlich positionieren.

Die vorliegende Recherche leistet damit eine erste explorative Bestandsaufnahme der Selbstbeschreibungen und -verortungen relevanter Akteursgruppen im Themenfeld gesellschaftliches Engagement von Unternehmen in Deutschland. Die Befunde lassen sich in vier Schwerpunkte untergliedern: In Abschnitt 6.1 wird die Selbstpositionierung der untersuchten Akteure im Themenfeld gesellschaftliches Engagement von Unternehmen herausgearbeitet. Anschließend wird in Abschnitt 6.2 das akteursspezifische Engagementverständnis eingehender analysiert. In Abschnitt 6.3 werden die Varianten des Engagementverständnisses akteursübergreifend verglichen und in Abschnitt 6.4 die von den untersuchten Akteuren präferierten Begrifflichkeiten auf ihren spezifischen Gehalt hin befragt.

6.1 Unternehmen und ihre Rolle in der Gesellschaft

Das gesellschaftliche Engagement von Unternehmen lediglich als Variante eines traditionell philanthropischen Handels zu diskutieren oder gar als Modethema voreilig abzuwerten, würde eine nicht zutreffende Vereinfachung der gesellschaftspolitischen Relevanz dieses Themas in Deutschland bedeuten. Vielmehr ist davon auszugehen, dass das gesellschaftliche Engagement von Unternehmen bisherige korporatistisch geprägte Konstellationen von gesellschaftlichen Akteuren in Frage stellt bzw. dass „Aufgaben und Verantwortung von Staat und Gesellschaft neu bestimmt werden" (BKAmt 2001).

6.1.1 Akteursgruppen und Bedeutungswandel

Ein Großteil der untersuchten NPO vertritt die Position, dass Unternehmen diejenigen gesellschaftlichen Akteure sind, die am stärksten auf die Umwelt- und Lebensbedingungen einwirken und dabei über ein hohes Machtpotenzial verfügen (vgl. BUND 2008, ATTAC 2007, Germanwatch 2005). Vereinzelt konstatieren die untersuchten NPO darüber hinaus einen wachsenden Einfluss von Unternehmen auf nationale Regierungen und sehen in Unternehmen die „heimlichen Herrscher der heutigen Welt" (ATTAC 2007). An dieser Stelle wird eine Engführung des Unternehmensbegriffs auf international agierende Konzerne deutlich.

Aus staatlicher Perspektive wird ebenfalls – wenn auch nicht so radikal – ein gesellschaftlicher Bedeutungszuwachs von Unternehmen konstatiert und zugleich auch eingefordert. Diese Einschätzung geht einher mit einer allgemeinen – und auch an sich selbst gerichteten – Forderung nach einer Reduktion der „Dominanz des Staates" (vgl. BRD 2002, BMU 2006, BKAmt 2001). Oder zugespitzt: „Es kommt darauf an, zu bestimmen, wo der Staat schwach und wo er stark sein muss" (BKAmt 2005). Begründet wird diese Position mit der einge-schränkten Macht und Lösungskompetenz des Staates: „weil nicht für jedes ge-sellschaftliche Problem ein Gesetz her muss und immer weniger soziale Proble-me über weitere Umverteilung zu lösen sind" (BKAmt 2001). Oder anders for-muliert: Gesetze und eine staatlich administrierte Umverteilung haben immer weniger das Potenzial, die bestehenden gesellschaftlichen Probleme zu lösen.

Der Bedeutungsverlust des Staates ist in den analysierten Dokumenten of-fensichtlich und wird von staatlichen Akteuren selbst benannt (vgl. BKAmt 2005, BMU 2006). Diese Position wird ebenfalls von NPO geteilt. So kommen NPO zu dem Ergebnis, dass staatliche Steuerungskapazitäten gegenüber einem globalen Markt schwinden und dass insbesondere in Entwicklungsländern Bei-spiele von misslungenen staatlichen Einflussnahmen zu beobachten sind (vgl. Germanwatch 2005, BUND 2008, ATTAC 2007, Transparency International 2006).

Dennoch hebt ein Großteil der untersuchten NPO und Gewerkschaften so-wie staatlicher Akteure die Bedeutung des Staates für das gesellschaftliche En-gagement von Unternehmen hervor (vgl. Greenpeace 2006, EKD 2007, Ge-rmanwatch 2005, BUND 2008, ATTAC 2007, DGB 2007, DGB 2001, BKAmt 2001). Germanwatch begründet dieses insbesondere mit der demokratischen Legitimation des Staates (vgl. Germanwatch 2005). Daran anknüpfend fordern NPO und Gewerkschaften verbindliche Regelungen und Gesetze als wichtigste Instrumente zur Förderung und Sicherstellung des gesellschaftlichen Engage-ments von Unternehmen, die aber mit wirksamen Sanktionsmöglichkeiten ver-bunden sein müssen. Entsprechend werden von einem Großteil der untersuchten NPO und Gewerkschaften die Forderung an Staat und Politik adressiert, Rah-menbedingungen und verbindliche Regelungen für das gesellschaftliche Enga-gement von Unternehmen zu schaffen (vgl. Germanwatch 2005, BUND 2008, DGB 2007).

Insofern kristallisiert sich in den Selbstverortungen und Positionierungen eine gewisse Widersprüchlichkeit im Staatsverständnis zwischen Steuerungs-und Interventionshoffnungen einerseits und einem beobachteten Bedeutungsver-lust des Staates andererseits heraus; die Tradition korporatistischer Interessen-vermittlung zeigt hier im Sinne einer freiwilligen Selbstbeschränkung von Selbststeuerungspotenzialen ihre spürbaren Nachwirkungen (vgl. BMWI 2000).

Folgt man den Einschätzungen zur abnehmenden Bedeutung des Staates, so steht dessen prägende und gestaltende Rolle zukünftig zur Disposition. Der Standortwettbewerb zwischen Wirtschaftssystemen stellt die Steuerbarkeit von Nationalstaaten mittels korporatistischer Strukturen der Interessenvermittlung in Frage (vgl. Beyer 2006, Schief 2006). Im Prozess der Globalisierung verlieren

Nationalstaaten an Bedeutung für Wirtschaft und Zivilgesellschaft. Gleichzeitig aber scheinen sich die Beteiligten nach wie vor an Vorstellungen und Strukturen korporatistischer Interessenvermittlung zu orientieren. Die Chance zur Selbststeuerung scheint – so die nahe liegende Interpretation - zunächst Unsicherheiten zu generieren.

6.1.2 Verbindlichkeit und Freiwilligkeit

Mit der Selbstbeschreibungen und -verortungen im Themenfeld gesellschaftliches Engagement von Unternehmen in Deutschland werden auch ordnungspolitische Grundsatzfragen thematisiert. So ist einerseits eine Akteursgruppe identifizierbar, die eine Neuaushandlung und Erweiterung von Regeln und Standards für unternehmerisches Handeln sowie deren Kontrolle einfordert. Zu diesen Akteuren zählen ein Großteil der untersuchten NPO sowie Gewerkschaften (vgl. Germanwatch 2005, BUND 2008, ATTAC 2007, Greenpeace 2006, DGB 2001, VERDI 2007). Ihnen geht es primär darum, die (gesetzliche) Verbindlichkeit bestehender Standards durchzusetzen, die durch veränderte Rahmenbedingungen – zu denen auch der relative Steuerungsverlust des Staates gezählt wird – zunehmend an Verbindlichkeit zu verlieren scheinen (vgl. ATTAC 2007, Germanwatch 2005).

Demgegenüber weisen einige der untersuchten Wirtschaftsverbände die Forderungen nach neuen verbindlichen (gesetzlichen) Regeln und Standards für unternehmerisches Handeln unter Verweis auf unternehmerische Selbstverpflichtungen ausdrücklich zurück (vgl. BDI/BDA 2001). Dabei scheinen die untersuchten Wirtschaftsverbände die ordnungspolitische Maxime der Freiwilligkeit des Engagements als Grundbedingung zu setzen, ohne aber die spezifischen Bedingungen verschiedener Engagementformen differenziert zu betrachten (vgl. HDE 2007, BDI/BDA 2002, DIHK/ZDH 2006).

Anhand des untersuchten Materials wird deutlich, dass Wirtschaftsverbände und Beratungsorganisationen über ein freiwilliges, zusätzliches Engagement von Unternehmen und dessen unternehmensstrategische Nutzung diskutieren, das vorrangig als außerbetriebliches Engagement beschrieben wird, (vgl. HDE 2007, DIHK/ZDH 2006, EY 2007b). Im Gegensatz dazu rücken die untersuchten NPO und Gewerkschaften „neue" Grundregeln des wirtschaftlichen Handelns im Sinne einer auf die betriebliche Binnenwelt des Unternehmens bezogenen Dimension in den Mittelpunkt ihres Interesses (vgl. ATTAC 2007, Greenpeace 2006, DGB 2001, VERDI 2007).

Es ist festzustellen, dass sich die untersuchten Akteure zum gleichen Thema und mit den gleichen Begriffen sachlich, aber grundlegend anders positionieren.

Der den Themen und Begriffen unterliegende Sinn ist bisweilen völlig unterschiedlich. So werden von Wirtschaftsverbänden und Beratungsorganisationen unter dem Titel gesellschaftliches Engagement von Unternehmen Aktivitäten verstanden, die die Einhaltung von vorhanden (gesetzlichen) Regeln und Standards implizieren und über die Unternehmen gegebenenfalls freiwillig „hinausgehen können". Dagegen werden von NPO und Gewerkschaften unter dem Thema gesellschaftliches Engagement von Unternehmen die bestehenden (gesetzlichen) Regeln und Standards als im Kern richtig aber für eine globalisierte Welt unzureichend eingestuft. Insofern kristallisieren sich zwei unterschiedliche Diskussionsstränge heraus: eine Position, wonach das Handeln von Unternehmen über das wirtschaftlich Kerngeschäfts hinaus nicht (verbindlich) zu regulieren ist sowie eine zweite Position, wonach alles gesellschaftliche Handeln von Unternehmen in einer globalisierten Gesellschaft der gesetzlichen Regulierung bedarf.

6.2 Akteure und Sichtweisen

6.2.1 Rhetorische Selbstreferenz von Gewerkschaften, NPO und Staat

Auf Grundlage des untersuchten Materials wird deutlich, dass die einzelnen Akteure das Thema gesellschaftliches Engagement von Unternehmen aus unterschiedlichen Perspektiven betrachten, die weitgehend ihren gewohnten Orientierungen entsprechen. Vor diesem Hintergrund werden von den einzelnen Organisationen jeweils nur bestimmte Facetten des Themas diskutiert. Somit lässt sich von einem spezifischen Fokus mit einem (mehr oder weniger stark ausgeprägten) allenfalls punktuellen Bezug zur deutschen Debatte über das gesellschaftliche Engagement von Unternehmen sprechen.

Dieser Fokus wird z.b. bei den untersuchten Gewerkschaften deutlich. Sie betonen primär die zentrale Bedeutung der Interessen von Arbeitnehmern als Bezugspunkt für das gesellschaftliche Engagement von Unternehmen. Dieser Engagementbereich reicht den Gewerkschaften zufolge von der Unveräußerlichkeit der Menschenrechte über gesetzlich geregelte Arbeitsschutzbedingungen von Arbeitnehmern bis hin zu Fragen der betrieblichen Mitbestimmung und der Vereinbarkeit von Beruf und Familie (vgl. VERDI 2004, DGB 2001). Das untersuchte Material verweist demnach auf eine ausgeprägte inhaltliche Fokussierung auf gewerkschaftliche Aspekte, wie z.B. Arbeitnehmerinteressen und betriebliche Mitbestimmung. Weitergehende Facetten und Aspekte des gesellschaftlichen Engagements werden allenfalls angedeutet, aber nicht weiter vertieft (vgl. VERDI 2004).

Darüber hinaus zeigt sich auch bei der Frage nach der Regulierung des gesellschaftlichen Engagements von Unternehmen ein konventioneller akteursspezifischer Zugang zum Thema. So adressieren die untersuchten Gewerkschaften die Forderung an den Staat, gesellschaftliches Engagement von Unternehmen zu regulieren (vgl. VERDI 2007, DGB 2007). Beispiele hierfür sind verbindliche Leitlinien für die Einhaltung gesetzlicher Standards und eine verschärfte Reglementierung von Unternehmen bei der Vergabe öffentlicher Aufträge und Kredite (vgl. DGB 2007). Der thematische Fokus der untersuchten Gewerkschaften liegt nicht auf gesellschaftlichen Aspekten des freiwilligen gesellschaftlichen Engagements von Unternehmen, sondern vielmehr auf der Erfüllung verbindlicher Vereinbarungen im Bereich von Arbeitsbedingungen und Arbeitnehmerinteressen, d.h. auf klassischen Gewerkschaftsthemen.

Auch NPO sprechen sich in dem untersuchten Material für klare und verbindliche Regelungen des gesellschaftlichen Engagements von Unternehmen aus, wobei auch hier zu beachten ist, dass NPO damit nur einen bestimmten Bereich dieses Engagements thematisieren. So wird in den untersuchten Texten von Attac (Deutschland) und Greenpeace (Deutschland) deutlich, dass gesellschaftliches Unternehmensengagement als Teil des unternehmerischen Kerngeschäfts angesehen wird und es außerhalb von Betrieben für diese NPO nicht von besonderem Interesse ist (vgl. ATTAC 2007, Greenpeace 2006). Zugespitzt formuliert Greenpeace (Deutschland): „Die meisten Probleme bedürfen längerer und verlässlicherer Unterstützung als einer Laune unter dem Motto `Wir könnten uns doch mal in XY engagieren´. Das spricht überhaupt nicht dagegen, dass Unternehmen ihre Mitarbeiter zu ehrenamtlichem Engagement anregen und sie dabei unterstützen oder dass Unternehmer ihr Privatvermögen für karitative Zwecke ausgeben" (Greenpeace 2006). Gesellschaftliches Engagement von Unternehmen über die wirtschaftliche Tätigkeit hinaus wird befürwortet, ist aber für Greenpeace Deutschland kein primäres Anliegen. Der Einschätzung des BUND zufolge ist gesellschaftliches Engagement von Unternehmen kein Beitrag zur Lösung gesellschaftlicher Probleme, wird aber durchaus als ein „Lückenfüller" (BUND 2008) gewürdigt, der solange notwendig sein kann, bis verbindliche Regelungen im Sinne einer Corporate Accountability geschaffen sind (vgl. Germanwatch 2005).

NPO und Gewerkschaften thematisieren im untersuchten Material demzufolge nicht primär das gesellschaftliche Engagement von Unternehmen, sondern nutzen das Thema als Folie, um eigene Fragen der (gesetzlichen) Verbindlichkeit und Regulierung von unternehmerischem Handeln in der Gesellschaft zu thematisieren. Somit ist die Perspektive von NPO und speziell von Gewerkschaften durch Vorstellungen und Forderungen nach einer Regulierung wirtschaftlichen Handelns geprägt. Andere Alternativen wie z.B. eine Zusammenarbeit mit Unternehmen in gesellschaftlichen Angelegenheiten werden nur am Rande und allenfalls in Ausnahmefällen in Erwägung gezogen. Zu nennen sind hier etwa Projekte zur wirtschaftlichen Selbststeuerung und die Vereinbarung freiwilliger Standards für proaktiv gesellschaftlich engagierte Unternehmen unter Mitwirkung von NPO (vgl. Transparency International 2006, Germanwatch 2005). Im Gegensatz dazu lehnt Greenpeace (Deutschland) Kooperationen mit Unternehmen grundsätzlich ab (vgl. Greenpeace 2006). Insofern scheint in der Diskussion über das gesellschaftliche Engagement von Unternehmen seitens der untersuchten NPO und Gewerkschaften ein stereotypes Bild von Unternehmen vorzuherrschen, dem zufolge Unternehmen als Verursacher gesellschaftlicher Probleme angesehen werden, deren Handeln unbedingt zu regulieren sei. Damit geraten Unternehmen als Partner zur kooperativen Bearbeitung gesellschaftlicher Herausforderungen nicht in den Blick (vgl. ATTAC 2007, BUND 2008).

Im Unterschied zu den skizzierten Positionsbeschreibungen zeichnen sich die untersuchten Wirtschaftsverbände durch eine Betonung der Freiwilligkeit des gesellschaftlichen Engagements von Unternehmen aus. Dabei scheint bei den untersuchten Wirtschaftsverbänden Konsens darüber zu bestehen, dass dem Staat die Rolle eines Unterstützers zukommt. Oder wie pointiert formuliert wird: „Stimulierung statt Regulierung" (ZDH 2006) bzw.: „[…] dass die Unternehmer keiner staatlichen Anleitung zur Wohltätigkeit bedürfen […]" (ZDH 2002). Daraus leitet sich für die untersuchten Wirtschaftsverbände eine grundsätzliche Ablehnung staatlicher Eingriffe in Form von (gesetzlichen) Regulierungen oder Standardisierungen des Unternehmensengagements ab. Stattdessen wird eine Steuerung des gesellschaftlichen Engagements von Unternehmen durch den Markt präferiert (vgl. DIHK/ZDH 2006, BDI 2005).

Allerdings ist diese Argumentation nicht schlüssig, wenn beispielsweise einzelne Wirtschaftsverbände den Staat auffordern: „In Bereichen, in denen die rechtliche Situation unklar ist, ist es originäre Aufgabe der Staaten, entsprechende Gesetze zu erlassen und diese konsequent anzuwenden" (DIHK/ZDH 2007). An dieser Stelle entsteht der Eindruck einer rhetorischen Aufforderung gegenüber dem Staat, seiner „originärer Aufgabe", Rechtssicherheit zu schaffen, nachzukommen und gleichzeitig in speziellen Bereichen – wie dem gesellschaftlichen Engagement von Unternehmen – genau dieses zu vermeiden. Es stellt sich zugleich die Frage, inwieweit die rechtliche Situation in Bezug auf das gesellschaftliche Engagement von Unternehmen überhaupt als klar geregelt angesehen werden kann, da – wie bereits am Beispiel von Gewerkschaften und NPO dargestellt – die jeweiligen Akteure unterschiedliche Vorstellungen vom Unternehmensengagement haben. Des Weiteren wird der Staat von Wirtschaftsverbänden aufgefordert, das gesellschaftliche Engagement von Unternehmen in Deutschland durch günstige wirtschaftliche Rahmenbedingungen zu unterstützen, da eine wirtschaftliche Prosperität Voraussetzung für ein gesellschaftliches Engagement von Unternehmen sei (vgl. DIHK/ZDH 2007, BDI 2005). Wirtschaftsverbände thematisieren das gesellschaftliche Engagement von Unternehmen mit der deutlichen Absicht, im Interesse ihrer Mitgliedsunternehmen jegliche verbindliche Regelung abzulehnen. Vielmehr nutzen sie das Themenfeld gesellschaftliches Unternehmensengagement, um ihre konventionellen Vorstellungen von der Freiheit wirtschaftlichen Handelns und entsprechender Rahmenbedingungen zu präsentieren (vgl. BDI 2005, ZDH 2006).

Auch die Selbstverortung staatlicher Akteure in diesem Themenfeld ist deutlich selbstreferentiell verengt: So versteht das Bundesumweltministerium unter Corporate Social Responsibility gemäß dem Grünbuch der EU-Kommission[12] ein „freiwilliges, über gesetzliche Normen hinausgehendes gesellschaftliches Engagement von Unternehmen" (BMU 2008) und hebt in diesem Zusammenhang explizit die ökologische Komponente des Themas hervor (vgl. BMU 2006). Im Vergleich dazu verweist das Bundesministerium für wirtschaftliche Zusammenarbeit und Entwicklung für sein Verständnis von Corporate Social Responsibility auf internationale Bezüge, wie die „Implementierung von `codes of conduct´ der Unternehmen" (BMZ 2008) sowie internationale Vereinbarungen und Regelungen als Mittel zur Förderung von Corporate Social Responsibility (vgl. BMZ 2008). Das Bundesministerium für Ernährung, Landwirtschaft und Verbraucherschutz nutzt wiederum zur Erläuterung ihres Verständnisses von Corporate Social Responsibility den Begriff der Nachhaltigkeit (BMZ 2008).

Das ministerielle Verständnis des gesellschaftlichen Engagements von Unternehmen ist in allen Fällen deutlich ressortspezifisch geprägt, während darüber hinausgehende gesellschaftliche Bezüge in der Regel nicht erkennbar sind. Bemerkenswert kleinteilig ist vor diesem Hintergrund – und angesichts der politischen Führungsaufgabe – das Begriffsverständnis des Bundeskanzleramts, das unter Corporate Social Responsibility ausschließlich die „Kulturelle Vielfalt in der Arbeitswelt" (BKAmt 2008) versteht. Damit ist es fraglich, ob auf Seiten der Bundesregierung von einem kollektiv geteilten Verständnis des gesellschaftlichen Engagements von Unternehmen ausgegangen werden kann, das zugleich

---

[12] „Die soziale Verantwortung der Unternehmen ist im Wesentlichen eine freiwillige Verpflichtung der Unternehmen, auf eine bessere Gesellschaft und eine sauberere Umwelt hinzuwirken. In einer Zeit, in der die Europäische Union sich bemüht, gemeinsame Werte festzulegen durch Verabschiedung einer Charta der Grundrechte, bekennt sich eine zunehmende Zahl europäischer Unternehmen immer deutlicher zu ihrer sozialen Verantwortung, die sie als Teil ihrer Identität betrachten. Diese Verantwortung praktizieren sie gegenüber den Arbeitnehmern und generell gegenüber allen von ihrer Geschäftstätigkeit beeinflussten Stakeholdern, die ihrerseits Einfluss nehmen können auf den Unternehmenserfolg" (EU-Kommission 2001: 5).

gesellschaftspolitisch mehr ist als nur die Summe ressortspezifischer Zugänge und Vorstellungen.

Während sich der Staat unter Verweis auf die Freiwilligkeit des gesellschaftlichen Engagements von Unternehmen in seinen politisch-gestalterischen Möglichkeiten zurückhält (vgl. BKAmt 2001, BRD 2002, BMU 2006), verweisen Beratungsorganisationen auf das nicht strategische Handeln vieler Unternehmen in diesem Themenfeld und identifizieren einen erheblichen Beratungsbedarf auf Seiten von Unternehmen (vgl. EY 2007b, NBC 2005a).

6.2.2 Unternehmer- und Unternehmensengagement

Anhand des untersuchten Materials wird ersichtlich, dass Klein-, Mittel- und Großunternehmen sich in unterschiedlicher Art und Weise im Themenfeld verorten. Vor allem große Unternehmen bekennen sich unter Verwendung einschlägiger Begriffe zur „Rolle als Good Corporate Citizen" (Bayer 2006b) oder zur Nachhaltigkeit, der man sich „verpflichtet" (3m 2006a) fühlt, sowie zum gesellschaftlichem Engagement, das „ein wesentlicher Bestandteil unserer Unternehmensgeschichte" (Bayer 2006b) und ein „integraler Bestandteil der Geschäftsstrategie" (Daimler 2007b) ist.

Im Unterschied dazu wird seitens der untersuchten Klein- und Mittelunternehmen das Thema verstärkt durch Unternehmenspersönlichkeiten initiiert und geprägt, bei denen – so die Selbstpräsentation – gesellschaftliches Engagement mit eigenen Erlebnissen und Präferenzen einher geht (vgl. Nissen 2007, Schulten/Weyland 2007, LR 2005). Sowohl Klein- als auch Mittelunternehmen wie auch Großunternehmen konkretisieren ihre Vorstellungen von einem gesellschaftlichen Engagement anhand eigener Projekte. Dabei verweisen große Unternehmen auf Kooperationen mit NPO sowie die Beteiligung an globalen politischen Initiativen (beispielsweise Global Reporting, UNEP, UN Global Compact) (vgl. Bayer 2006b, Bayer 2006a, Daimler 2007b).

Im Bezug auf ihre eigene gesellschaftliche Rolle betont ein Teil der untersuchten Unternehmen „gesellschaftliche Werte [zu] respektieren" (3m 2006a). Demzufolge sehen sie sich gefordert, soziale, wirtschaftliche und ökologische Probleme anzugehen und sich zu engagieren (vgl. Schulten/Weyland 2005). Dabei weisen insbesondere Großunternehmen wie beispielsweise die Bayer AG mehrfach darauf hin, dass ihre Aktivitäten – vor allem ihre Zusammenarbeit mit NPO und ihre Beteiligung an globalen Initiativen zur Bekämpfung von Sozial- und Umweltproblemen – ein proaktives gesellschaftliches Engagement darstellen würden, wodurch sie verpflichtenden Regelungen zuvorkommen würden (vgl. Bayer 2004). Bemerkenswert ist dabei, dass in diesen thematischen Selbstverortungen von Unternehmen die kritischen Einwände von NPO zum wirtschaftlichen Handeln des jeweiligen Unternehmens nicht aufgenommen werden und keinerlei Erwähnung finden (vgl. EKD 2007).

Es bleibt festzuhalten, dass sowohl die untersuchten Klein- und Mittelunternehmen, als auch Großunternehmen die Möglichkeiten des gesellschaftlichen Engagements mit eigen initiierten Projekten erschließen, über die sie in der Außendarstellung als Best Practice-Beispiele unternehmerischen Handeln kommunizieren, ohne sich dabei aber im weitesten Sinne gesellschaftspolitisch zu äußern bzw. zu positionieren.

6.3 Vom Altruismus zum (unternehmens-) strategischen Engagement

Die Bewertung des gesellschaftlichen Engagements von Unternehmen in Deutschland fällt auf den ersten Blick ambivalent aus. Einerseits verweist ein Teil der untersuchten Wirtschaftsverbände und staatlichen Akteure auf eine lange Tradition gesellschaftlichen Engagements von Unternehmen in Deutschland (vgl. BRD 2006, DIHK/ZDH 2006, WJ 2007b). Diese Tradition wird anhand der bestehenden und relativ hohen Umwelt- und Sozialstandards deutlich, die durch gesetzliche Regelungen wirtschaftspolitisch auf Dauer gestellt sind. Hierin kommt eine institutionalisierte und nationalstaatlich geprägte Tradition von Verantwortung zum Ausdruck. Die Tradition des gesellschaftlichen Engagements wird zudem als eine soziakulturelle Selbstverständlichkeit beschrieben, die im Sinne altruistisch philanthropischen Handelns zu verstehen ist. Ein Beispiel hierfür ist das persönliche und ehrenamtliche Engagement von Unternehmerinnen und Unternehmern (vgl. BMU 2006, BKAmt 2005).

Andererseits verweist ein Teil der untersuchten Akteure auf eine noch „junge Tradition" (BKAmt 2001) des gesellschaftlichen Engagements von Unternehmen in Deutschland und identifiziert damit ein „neues" Engagementverständnis (vgl. BMWI 2007, EY 2008, NBC 2005b, Schlange 2006). Als charakteristisch für dieses „neue" gesellschaftliche Engagement von Unternehmen wird vor allem ein strategischer und betrieblicher Unternehmensbezug genannt, der unter anderem als Wettbewerbsvorteil für gesellschaftlich engagierte Unternehmen angesehen wird (vgl. EY 2007b).

6.3.1 Engagement aus Tradition

Eine Besonderheit im Kontext des traditionellen gesellschaftlichen Engagements von Unternehmen stellen institutionalisierte Sozial- und Umweltstandards dar.

Diese Standards speisen sich in der Regel aus eigenen Überlegungen und Erfahrungen von Unternehmen. Vereinzelt weisen auch NPO auf diese eigeninitiative und freiwillige Tradition des gesellschaftlichen Engagements von Unternehmen in Deutschland hin. So betont die Evangelische Kirche Deutschlands: „In der deutschen Tradition sind Unternehmen nie nur den Shareholdern, sondern auch den Mitarbeitenden verpflichtet und tragen Verantwortung für das Gemeinwohl. Statt den Standort Deutschland in dieser Hinsicht schlecht zu reden, sollten wir würdigen und festhalten, dass es hier in der Sozialpolitik – und nicht zu vergessen auch in Traditionen des Arbeitsrechts – immer schon eine Option für die Schwächeren und Armen gegeben hat" (EKD 2007).

Das gesellschaftliche Engagement von Unternehmen wird als integraler Bestandteil der Sozialen Marktwirtschaft angesehen und als fester Bestandteil des Selbstverständnisses von (kleinen und mittleren) Unternehmen (ZDH 2006). Damit stellt sich die Frage, inwieweit das Thema gesellschaftliches Engagement von Unternehmen „alter Wein in neuen Schläuchen" (ZDH 2006) ist und ob die aktuelle Thematisierung des gesellschaftlichen Engagements von Unternehmen nicht vielmehr ein „Mode"-Thema darstellt, dessen sachlicher Gehalt in Deutschland per se realisiert wird. In dieser Perspektive hätte die aktuelle Diskussion über das gesellschaftliche Engagement von Unternehmen keinen Neuigkeitswert, sondern würde allenfalls eine Tradition des unternehmerischen Handelns fortsetzen (vgl. Backhaus-Maul 2006).

In dieser Perspektive argumentiert etwa die Evangelische Kirche Deutschlands, die bezogen auf inhabergeführte Unternehmen hervorhebt, dass „die Bindung der Unternehmensführung nicht nur an die eigenen Gewinninteressen, sondern ebenso an das Wohl der Belegschaft besonders zu spüren" (EKD 2007) ist. Ähnlich äußert sich neben Verdi und den Wirtschaftsjunioren Deutschland auch der Zentralverband des Deutschen Handwerks (ZDH): „Von herausragender Bedeutung für das soziale Engagement von Handwerksbetrieben ist die Unternehmerpersönlichkeit […]. Der Unternehmer selbst übernimmt Verantwortung. […] Für das soziale Engagement von Handwerksbetrieben ist deshalb die persönliche Einstellung des Unternehmers, seine Motivation und sein Verständnis von Corporate Social Responsibility von größter Wichtigkeit" (ZDH 2006, vgl. VERDI 2007, WJ 2007a).

6.3.2 Das „neue" Engagement

Grundlegend anders positionieren sich die untersuchten Beratungsorganisationen und einige staatliche Akteure. So wird dem gesellschaftlichen Engagement von Unternehmen in Deutschland eine noch „junge Tradition" (BKAmt 2001) bescheinigt (vgl. BMWI 2007). Ähnlich argumentiert die Mehrheit der untersuchten Beratungsorganisationen. Sie betonen die deutliche Differenz zwischen „neuem" und traditionellem bzw. klassischem Unternehmensengagement (vgl. EY 2008, NBC 2005b, Schlange 2006). Diese Unterscheidung wird anhand des Unternehmensbezugs des Engagements verdeutlicht. Die Betonung des „neuen" Engagements von Unternehmen rückt eine Engagementperspektive in den Mittelpunkt, die in erster Linie Wettbewerbsvorteile für Unternehmen („business case") thematisiert und gesamtgesellschaftliche Aspekte („social case") allenfalls als Rahmenbedingungen hierfür ansieht.

Für die untersuchten Beratungsorganisationen bilden betriebliche Faktoren, wie beispielsweise „Kostenreduktion, und Effizienzsteigerung [...] durch Entwicklung oder Einsatz von Umwelttechnologien, die Material- und Energieverbrauch oder Abfallvorkommen reduzieren" (EY 2007b) den wesentlichen Referenzrahmen für die Thematisierung des gesellschaftlichen Engagements von Unternehmen. Des Weiteren wird angeführt, dass ein solches Engagement Geschäftsrisiken minimieren würde, „indem aufgrund einer verbesserten Umwelt- oder Sozialperformance eine geringere Haftbarkeit entsteht oder eine Absicherung gegenüber nicht-versicherbaren Risiken" realisiert werden kann (vgl. EY 2007b). Von den untersuchten Beratungsorganisationen wird als ein weiterer wirtschaftlicher Aspekt die Orientierung an Stakeholderinteressen und ihren gegenüber Unternehmen artikulierten Erwartungen benannt. Diese Erwartungen von Stakeholdern umfassen auch die Forderung nach einem gesellschaftlichen Engagement von Unternehmen. Die Erfüllung dieser Forderung verspricht Wettbewerbsvorteile während die Missachtung Sanktionen der Stakeholder zur Folge haben kann (vgl. Schlange 2006).

Eine Besonderheit dieser Perspektive stellt die deutliche Betonung des Unternehmensbezugs dar, die die gesellschaftliche Dimension des Engagements von Unternehmen weitgehend „abdunkelt". Im untersuchten Material der Beratungsorganisationen wird zwar allgemein auf die Notwendigkeit der „Lösung gesellschaftlicher Probleme" verwiesen, jedoch wird darauf nicht weiter eingegangen. Stattdessen bilden Unternehmen, ihre Wettbewerbssituation und ihr Image den Referenzrahmen für die Diskussion über das „neue" gesellschaftliche Engagement von Unternehmen.

Vor dem Hintergrund dieses Verständnisses von gesellschaftlichem Engagement von Unternehmen deutet sich auf Seiten der untersuchten Bundesministerien, Wirtschaftsverbände und Beratungsorganisationen eine grundlegende Bedeutungsverschiebung im Engagementverständnis von einem altruistisch geprägten traditionellen Engagement hin zu einem neuen unternehmensorientierten Engagement an. Dieser Wandel lässt sich besonders anhand der Selbstpräsentationen von Großunternehmen illustrieren, da deren gesellschaftliches Engagement – im Unterschied zum Engagement von Klein- und Mittelunternehmen – einen strategisch akzentuierten Unternehmensbezug aufweist (vgl. WJ 2007a). Das gesellschaftliche Engagement von Klein- und Mittelunternehmen hingegen wird als spontan, unsystematisch und teilweise ethisch-religiös motiviert beschrieben (vgl. DIHK/ZDH 2006).

Offen bleibt dabei, wie der Zusatz „strategisch" gedeutet wird. Die untersuchten Akteure nutzen diesen Begriff mehrheitlich im Sinne eines gezielten Unternehmensvorteils (vgl. EY 2007b, ZDH 2006). So wird neben dem (diffus bleibenden) Mehrwert für die Gesellschaft eine strategische und langfristige Ausrichtung des gesellschaftlichen Engagements von Unternehmen – im Sinne eines Wettbewerbsvorteils für das Unternehmen („business case") – als ein entscheidendes und bedeutsamer werdendes Kriterium für das Engagement von Unternehmen beschrieben (vgl. EY 2008, NBC 2005b, Schlange 2006, BMELV 2008, BRD 2006, BMU 2006, BMAS 2006, Schlange 2006, NBC 2005a, HDE 2007, DGB 2001, Germanwatch 2005, ATTAC 2007).

Demgegenüber findet man im untersuchten Material nur in Einzelfällen und andeutungsweise einen Gesellschaftsbezug, in dem auf die Notwendigkeit zur Bewältigung gesellschaftlicher Probleme hingewiesen wird (vgl. BKAmt 2001, 3m 2006a). Die Vorstellung, dass gesellschaftliches Engagement von Unternehmen einen sinnvoller Beitrag zur Bearbeitung gesellschaftlicher Probleme („social case) leisten könnte, wird zwar oftmals angeführt, nicht aber weiter ausgeführt (vgl. BDI 2005, EY 2007b).

Vor diesem Hintergrund überrascht es nicht, dass ein Großteil der untersuchten NPO das Thema gesellschaftliches Engagement von Unternehmen kritisch kommentiert. Seitens der untersuchten NPO wird das Engagement von Unternehmen mit Begriffen, wie „Ruhigstellen der interessierten Öffentlichkeit" (BUND 2008), „Greenwashing" (ATTAC 2007) oder „Feigenblatt" (Greenpeace 2006) kommentiert. Analog zu diesen kritischen Bewertungen der untersuchten NPO argumentieren die Wirtschaftsjunioren Deutschland in Bezug auf ein „neues" strategisches Engagement von Großunternehmen im oben beschriebenen Sinne: „Da sich bisher in erster Linie international aufgestellte Konzerne mit dem Thema befassen und ihr Engagement unter dem Begriff Corporate Social Responsibility zusammenfassen, wird es häufig als bloßes Mittel gesehen, das eigene Image zu verbessern – also als ein Marketinginstrument, bei dem eher als Nebenprodukt Projekte entstehen oder nachhaltiger gewirtschaftet wird" (WJ 2007b). Letztlich aber werden in der Diskussion über das gesellschaftliche Engagement von Unternehmen die gesellschaftlichen Dimensionen des Themas weitgehend ausgeblendet.

6.3.3 Funktionen des gesellschaftlichen Engagements von Unternehmen

Anhand der Untersuchungsbefunde lassen sich zwei Varianten des gesellschaftlichen Engagements von Unternehmen herausarbeiten: Erstens Vorstellungen von einem „neuen" Engagement von Unternehmen, das vor allem nachprüfbare oder sogar messbare wirtschaftliche Effekte für das jeweilige Unternehmen erzielen soll. Diese Position wird insbesondere von Beratungsorganisationen vertreten (vgl. EY 2008, NBC 2005b, Schlange 2006). Zweitens eine Vorstellung von gesellschaftlichem Unternehmensengagement, die durch Traditionen und Institutionalisierungsprozesse sowie persönliches Engagement von Unternehmerinnen und Unternehmern geprägt ist (vgl. ZDH 2006, WJ 2007a). Die letztgenannte Position betont den „persönlichen" Beitrag von Unternehmen für die Gesellschaft und beurteilt eine vermeintlich unternehmensstrategische Ausrichtung überwiegend kritisch.

Beide Positionen erfassen das gesellschaftliche Engagement von Unternehmen in seiner thematischen Breite nicht. Die Frage, was das traditionelle oder das „neue" unternehmensorientierte Engagement in einer sich wandelnden Gesellschaft bewirken können – der „social case" – wird, wie beschrieben, weitgehend ausgeblendet. Allenfalls ist eine einseitige Thematisierung des gesellschaftlichen Engagements von Unternehmen als „business case" zu beobachten. In dieser Perspektive wird das „neue" Engagement von Unternehmen als Wettbewerbsvorteil oder Imageverbesserung angesehen; die gesellschaftlichen Dimensionen des Themas werden nicht erfasst. Ähnlich ist die zweite Variante mit ihrer gesellschaftspolitisch defensiven Argumentation vom „alten Wein in neuen Schläuchen" (ZDH 2006) zu interpretieren, da sie an der überlieferten korporatistischen Rollenverteilung in der Gesellschaft festhält, die sich durch eine dominante Stellung des Staates auszeichnet. Insofern bleibt offen, inwieweit die untersuchten Akteure in absehbarer Zeit gesellschaftliche Handlungs- und Gestaltungspotenziale entfalten oder ob sie in ihren selbstbezüglichen und genügsamen Deutungsmustern verhaftet bleiben.

6.4 Corporate Social Responsibility als deutungsoffene Metapher

In den Selbstbeschreibungen und -verortungen der untersuchten Akteure wird – bei einer insgesamt erheblichen Begriffsvielfalt – dem angelsächsischen Begriff der Corporate Social Responsibility (CSR) eine deutlich Priorität gegeben, während etwa dem Begriff Corporate Citizenship (CC) eine relativ geringe Bedeutung zugeschrieben wird.[13] Des Weiteren wird von einigen untersuchten Akteuren der Verantwortungsbegriff in unterschiedlichen Ausprägungen genutzt. Die verwendeten Begriffsvarianten sind beispielsweise gesellschaftliche Verantwortung sowie soziale und ökologische Verantwortung von Unternehmen (vgl. BRD 2002, BDI 2005, DGB 2001, BUND 2008, Daimler 2007b, EY 2007b). Dabei gibt es begriffliche Varianten, die sich konkret auf die Unternehmensleitung beziehen, wie verantwortliche Unternehmensführung oder verantwortliches Unternehmensmanagement (vgl. BUND 2008, EKD 2007), oder eine begriffliche Ausrichtung auf Finanzmärkte im Sinne eines sozial verantwortlichen Investierens (vgl. BRD 2002, DGB 2001). Darüber hinaus wird im untersuchten Material der Begriff der Nachhaltigkeit in der Diskussion über gesellschaftliches Engagement von Unternehmen aufgegriffen (vgl. BRD 2002, BDI 2005, Bayer 2006a, BUND 2008, Germanwatch 2005, EY 2007a). Dieser wird vereinzelt wiederum mit anderen Begriffen verknüpft, wie beispielsweise „nachhaltiges CSR" (Transparency International 2006) oder auch „sozial nachhaltige Unternehmenspolitik" (EKD 2001).

6.4.1 Diffuses Begriffsverständnis

Das den Engagementbegriffen zugrunde liegende inhaltliche Verständnis von einem gesellschaftlichen Unternehmensengagement ist relativ beliebig. So werden bisweilen identische Begriffe von den Akteuren und selbst innerhalb von Akteursgruppen mit unterschiedlichen Inhalten unterlegt (vgl. beispielsweise BKAmt 2008, BMWI 2008, BMAS 2008). Die Bedeutung der Begriffe scheint nicht in spezifischen Inhalten, sondern in ihren vielfältigen kommunikativen Anschlussmöglichkeiten begründet zu sein. So wird deutlich, dass die in den Selbstpositionierungen verwendeten Begriffe vorwiegend Metaphern sind, anhand derer über das gesellschaftliche Engagement von Unternehmen diskutiert wird: „Die Betonung der Selbststeuerung in der Gestaltung der Rahmenordnung ist Übernahme von gesellschaftlicher Verantwortung – echte Corporate Citizenship oder nachhaltige CSR – Corporate Social Responsibility" (Transparency International 2006). Die Diffusität der Begriffe zeigt sich insbesondere bei einigen der untersuchten Beratungsorganisationen. Beispielsweise werden Begriffe wie Corporate Citizenship und Corporate Social Responsibility von Beratungs-

---

[13] Für staatliche Akteure vgl. BMU 2008, BKAmt 2001 und BMWI 2007, für Gewerkschaften vgl. DGB 2007, IGM 2005 und Verdi 2007, für Wirtschaftsverbände vgl. BDI/BDA 2002, DIHK/ZDH 2006, ZDH 2006 und WJ 2007b, für NPO vgl. BUND 2008, TI 2006 und ATTAC 2007, für Beratungsorganisationen vgl. EY 2007a und NBC 2005a und für Unternehmen vgl. Schulten/Weyland 2005, Daimler 2007b und Bayer 2004.

organisationen teilweise synonym verwendet (vgl. EY 2007a, NBC 2005a). Hier deutet sich ein „strategisch" gewählter Begriffspluralismus an, um eine weitgehende kommunikative Anschlussfähigkeit für unterschiedliche potenzielle Kundengruppen zu eröffnen. Ernst and Young betonen beispielsweise, dass sie sich „[...] nicht an Definitionen und Festlegungen darüber beteiligen [wollen], welcher Begriff nun eigentlich den Spezialfall bzw. Überbegriff des anderen bildet" (EY 2007a).

Die potenziellen Kundengruppen – in diesem Fall primär Unternehmen – zeichnen sich ebenfalls durch eine beliebige Begriffswahl und ein diffuses Begriffsverständnis aus (vgl. Bayer 2004-ber-04, Daimler 2007b). So beschreibt beispielsweise Bayer Corporate Social Responsibility als das persönliche Engagement von Mitarbeitern (vgl. Bayer 2006b), während Daimler sachlich vergleichbare Themen unter dem Begriff der Philanthropie zusammenfasst (vgl. Daimler 2007b).

Auch das untersuchte Material der Wirtschaftsverbände zeichnet sich durch begriffliche Beliebigkeit und Ungenauigkeit aus. Gleichzeitig entsteht der Eindruck, dass die unterschiedlichen Begrifflichkeiten weitgehend synonym verwandt werden. Dabei bleibt beispielsweise völlig unklar, inwieweit der im untersuchten Material häufig genannte Engagementbegriff soziale, kulturelle und ökologische Dimensionen umfasst (vgl. beispielsweise BDI/BDA 2001). Begriffliche Präzisierungsversuche beschränken sich allenfalls auf die pauschale Ablehnung englischsprachiger Begriffen (vgl. DIHK/ZDH 2006). Zudem wird im untersuchten Material immer wieder auf Unterschiede im Engagement zwischen Großunternehmen einerseits sowie Klein- und Mittelunternehmen andererseits hingewiesen: „Das [...] gesellschaftliche Engagement handwerklicher und mittelständischer Unternehmen zeichnet sich durch eine Reihe eigener charakteristischer Merkmale aus. In vielerlei Hinsicht unterscheidet es sich deutlich von dem gesellschaftlichen Engagement anderer Akteure – insbesondere von den mittlerweile zahlreichen CSR-Initiativen vieler Großunternehmen" (ZDH 2006), das wiederum als „Marketinginstrument" eingestuft wird (vgl. WJ 2007b). Zudem verweisen Wirtschaftsverbände darauf, dass das gesellschaftliche Engagement von Klein- und Mittelunternehmen durch die persönliche Motivation von Unternehmern und einen dezidiert lokalen Bezug geprägt sei (vgl. DIHK/ZDH 2006).

6.4.2 Präferierte Begrifflichkeit

Der Corporate Social Responsibility-Begriff wird in den Selbstpositionierungen der untersuchten Akteure am häufigsten verwendet; demgegenüber ist auch der Begriff Corporate Citizenship nachrangig. So ist zu beobachten, dass – trotz einer scheinbaren Begriffsbeliebigkeit – unterschiedlichste Akteure sehr ähnliche Begrifflichkeiten nutzen. Ein wesentlicher Bezugspunkt des Corporate Social Responsibility-Begriffs ist das Grünbuch der EU-Kommission (vgl. EU-Kommission 2001). Zahlreiche der untersuchten Akteure setzen sich mit den Positionen der EU-Kommission auseinander oder beziehen sich in ihren Veröffentlichungen auf die von der EU-Kommission (2001) eingeführte Definition von Corporate Social Responsibility. Zu nennen sind hier Gewerkschaften und NPO sowie teilweise auch Wirtschaftsverbände (vgl. DGB 2001, VERDI 2007, IGM 2005, ATTAC 2007, EKD 2001, BDI/BDA 2002, ZDH 2002). Es lässt sich hieraus jedoch nicht schließen, dass mit dem Corporate Social Responsibility-Begriff auch dessen Verständnis im Sinne der EU-Kommission übernommen und akzeptiert wird. Vielmehr dient der Corporate Social Responsibility-Begriff der EU-Kommission den untersuchten Akteuren als Referenzpunkt für eigene Positionierungsversuche.

So wird von einem Großteil der untersuchten Gewerkschaften und NPO der Aspekt der Freiwilligkeit von Corporate Social Responsibility deutlich abgelehnt. Freiwilligkeit, so heißt es, ist „der größte Mangel von CSR" (VERDI 2007, vgl. EKD 2007, Germanwatch 2005, BUND 2008, Greenpeace 2006, Transparency International 2006). Kritisiert wird, dass sich bei Aktivitäten im Rahmen eines freiwilligen gesellschaftlichen Engagements „der Einsatz oft auf wenige Aspekte beschränkt" (IGM 2005). Des Weiteren wird kritisch angemerkt, dass einige Unternehmen durch Engagement in bestimmten Bereichen, z.B. Geldspenden an Entwicklungshilfeprojekte, andere vermeintlich problematische Bereiche „abdunkeln" und Corporate Social Responsibility somit für Unternehmens-Public-Relations nutzen würden, mit der lediglich versucht wird, das eigene Unternehmensimage zu verbessern (vgl. IGM 2005, VERDI 2007, ATTAC 2007).

Der Corporate Social Responsibility-Begriff wird von den untersuchten NPO quasi als plakative Formel zur eigenen Abgrenzung und zur Entwicklung eines eigenen Verständnisses des gesellschaftlichen Engagements von Unternehmen genutzt (vgl. Transparency International 2006, EKD 2001, Germanwatch 2005: 54, BUND 2008, Greenpeace 2006, ATTAC 2007). Besondere Bedeutung kommt hierbei dem von NPO geprägten Begriff der Corporate Accountability (CA) zu (vgl. BUND 2008, ATTAC 2007, Germanwatch 2005). Der Darstellung des BUND folgend wird unter CA die Verantwortlichkeit von Unternehmen im Sinne einer „Rechenschaftspflicht für die sozialen und ökologischen Folgen unternehmerischen Handelns" (BUND 2008) verstanden. Diese Rechenschaftspflicht zeichnet sich durch einklagbare Verbindlichkeiten aus, denen weltweite Gültigkeit zukommen soll (vgl. BUND 2008, Greenpeace 2006). Somit beschreiben die untersuchten NPO und Gewerkschaften ein Verständnis von gesellschaftlichem Unternehmensengagement, das das gesamte wirtschaftliche Handeln von Unternehmen einschließt und international geregelt werden soll; es soll grundsätzliche Regeln für wirtschaftliches Handeln in einer globalisierten Gesellschaft liefern. Im Gegensatz dazu präferieren die untersuchten Wirtschaftsverbände eine eher unverbindliche Vorstellung von Corporate Social Responsibility (vgl. BDI/BDA 2001, BDI/BDA 2002, DIHK/ZDH 2006, ZDH 2006, HDE 2007).

Anhand des untersuchten Materials wird deutlich, dass auch seitens der Bundesministerien ein inhaltlich unbestimmter Corporate Social Responsibility-Begriff favorisiert wird. Es zeigt sich dabei, dass fast alle Ministerien über unterschiedliche Begriffsverständnisse von Corporate Social Responsibility verfügen. So definiert das Bundesumweltministerium Corporate Social Responsibility in Anlehnung an die EU-Kommission als ein „freiwilliges, über gesetzliche Normen hinausgehendes gesellschaftliches Engagement von Unternehmen" (BMU 2008) und hebt in diesem Zusammenhang explizit die ökologische Komponente des Themas hervor (vgl. BMU 2006). Dagegen fasst das Bundeskanzleramt – wie bereits angedeutet – unter Corporate Social Responsibility die „Kulturelle Vielfalt in der Arbeitswelt" (BKAmt 2008). Das Bundesministerium für wirtschaftliche Zusammenarbeit und Entwicklung verweist bei seinem Verständnis von Corporate Social Responsibility auf internationale Bezüge, wie die „Implementierung von 'codes of conduct' für Unternehmen" (BMZ 2008) sowie internationale Vereinbarungen und Regelungen als Instrumente zur Förderung von Corporate Social Responsibility (vgl. BMZ 2008). Und das Bundesministerium für Ernährung, Landwirtschaft und Verbraucherschutz macht es sich einfach und übersetzt Corporate Social Responsibility als Nachhaltigkeit (vgl. BMELV 2008).

6.4.3 Corporate Social Responsibility als deutungsoffene Metapher

Zusammenfassend lässt sich feststellen, dass trotz einer Präferenz für den Corporate Social Responsibility-Begriff nach wie vor nicht einmal die Konturen eines kollektiv geteilten Verständnisses von gesellschaftlichem Unternehmensengagement in den untersuchten Akteursgruppen erkennbar sind. Vielmehr scheint der Corporate Social Responsibility-Begriff als deutungsoffene Metapher zu dienen, um kommunikative Anschlussfähigkeit zu ermöglichen und zugleich grundsätzliche inhaltliche Besonderheiten und Selbstbezüglichkeit von Akteuren in den Hintergrund treten zu lassen. Gerade bei der Betrachtung von NPO und Gewerkschaften einerseits sowie von Wirtschaftsverbänden andererseits wird deutlich, dass unter dieser Metapher unterschiedlichste Vorstellungen über das gesellschaftliche Engagement von Unternehmen existieren. Während NPO und Gewerkschaften Grundregeln des wirtschaftlichen Handelns in einer globalisierten Gesellschaft in den Blick nehmen, umfasst der Begriff Corporate Social Responsibility für die untersuchten Wirtschaftsverbände ein zusätzliches, über die aktuell bestehenden Regeln wirtschaftlichen Handelns hinausgehendes und nicht regelungsbedürftiges Engagement. Letztlich sichert der Corporate Social Responsibility-Begriff allen Beteiligten eine weitgehende Anschlussfähigkeit ihrer akteursspezifischen Kommunikation und der ihnen zugrunde liegen Interessen und Vorstellungen.

7 Gesellschaftliches Engagement von Unternehmen in Deutschland – Bilanz, Herausforderungen und Perspektiven

Gegenstand der vorliegenden Untersuchung war die facettenreiche und vielschichtige Diskussion über das gesellschaftliche Engagement von privatgewerblichen Unternehmen in Deutschland. Diese Diskussion ist in den vergangenen Jahren durch Begriffe und Konzepte wie Corporate Social Responsibility (CSR) und Corporate Citizenship (CC) maßgeblich beeinflusst und auch geprägt worden. Diese Begriffe und Konzepte sind insbesondere im sozial-kulturellen Kontext liberaler Gesellschaften wie denen der USA oder Großbritanniens eingebettet und mehr oder minder „bruchlos" in den deutschen Diskussionshorizont eingeführt worden. Während der Corporate Social Responsibility-Begriff vor allem auf betriebliche und wirtschaftliche Entscheidungen und Verfahren vor dem Hintergrund globaler Herausforderungen abhebt, thematisiert der Corporate Citizenship-Begriff das freiwillige gesellschaftliche Engagement von Unternehmen in der Gesellschaft.

Vor diesem Hintergrund scheint die Debatte über das gesellschaftliche Engagement von Unternehmen in Deutschland bemerkenswert ahistorisch und ohne Kontextbezug geführt zu werden. Das besondere und zugleich traditionsreiche institutionelle Setting der gesellschaftlichen Mitwirkung und Beteiligung von Unternehmen in Deutschland werden weitgehend vernachlässigt. Dieses fachliche und wissenschaftliche Manko bildet den Ausgangspunkt der vorliegenden Studie, um die Konturen eines sich dynamisch entwickelnden engagementpolitischen Selbstverständnisses von Unternehmen zu untersuchen und anhand vorliegender theoretisch-konzeptioneller Arbeiten, empirischer Untersuchungen sowie thematisch einschlägiger Dokumente und Materialien sekundäranalytisch zu rekonstruieren.

7.1 Institutionalisierung des gesellschaftlichen Engagements von Unternehmen in der Sozialen Marktwirtschaft

Ein Kernelement der deutschen Spielart des Kapitalismus der Nachkriegszeit bestand darin, das Prinzip der Freiheit auf dem Markt mit dem Prinzip des sozialen Ausgleichs zu verbinden. Dieser ordnungspolitische Grundgedanke bildete die Basis für ein enges und konsensorientiertes Zusammenspiel von Staat und Wirtschaft, auf dessen Grundlage sich die Vorstellung von einer „sozialen Marktwirtschaft" entfaltete, die zu einer „Zähmung" des Kapitalismus in der Bundesrepublik Deutschland beitrug (vgl. Beckert 2006, Streeck 1999).

Integraler Bestandteil dieser Variante des Kapitalismus war eine spezifische Form der staatlichen Inkorporierung von Unternehmensverbänden und deren Mitgliedern über Beteiligungsregeln und Leistungspflichten, die den Konflikt zwischen Kapital und Arbeit abfedern sollten. In diesem Kontext wurden im Schatten staatlicher Hierarchie Rechte und Pflichten von Unternehmen gegenüber Arbeitnehmern, Gewerkschaften und der Gesellschaft insgesamt in Verhandlungen vereinbart und gesetzlich geregelt. Gesetzliche Mitbestimmung, Tarifverträge, das System der dualen Berufsausbildung sowie die gesetzlichen Pflichtversicherungen im Rahmen der Sozialversicherung sind Kernbereiche, die die gesellschaftliche Mitwirkung von Unternehmen in der Sozialen Marktwirtschaft in seiner gesetzlich kodifizierten Form widerspiegeln und institutionalisieren (vgl. Bäcker/Naegele/Bispinck/Hofemann/Neubauer 2008, Brandl 2006).

Maßgeblich für diesen Institutionalisierungsprozess waren zwei Steuerungsinstrumente: einerseits der „Korporatismus" als politisches Steuerungsinstrument, der die verbandliche Organisation von Unternehmen im Rahmen eigener Interessenvertretungen förderte und die Unternehmen in sektorale Repräsentanzen mit einem hohen Verbindlichkeitscharakter einband; andererseits die „Deutschland AG" im Sinne eines Verflechtungsnetzwerks zwischen Banken, Versicherungen und Unternehmen als ökonomisches Steuerungsinstrument, das über Beteiligungen und Kredite den Bestand deutscher Unternehmen – zumindest weitgehend – gegenüber dem „freien Spiel der Kräfte des Marktes" absicherte. Während der Korporatismus Kompromisse entlang der Konfliktlinie zwischen Arbeit und Kapital ermöglichte, ohne dass daraus Nachteile für einzelne Unternehmen resultierten, wurde im Rahmen der „Deutschland AG" ein Tausch initiiert, der Unternehmen wirtschaftliche Sicherheit bot und sie im Gegenzug zur Einhaltung gesellschaftlicher Mitwirkung verpflichtete. Die Einbindung von Unternehmen in die Wirtschafts- und Sozialordnung der Bundesrepublik Deutschland folgt insofern einer ausgeprägten sozialstaatlichen Tradition. Vor diesem Hintergrund weist die gesellschaftliche Rolle von Unternehmen in Deutschland einen ausgeprägten Verpflichtungscharakter auf und ist im Sinne gesellschaftlicher Verantwortung institutionalisiert (vgl. Heidbrinck/Hirsch 2008).

Gerade mit Blick auf die globale und vor allem transatlantische Debatte über das gesellschaftliche Engagement von Unternehmen ist dieser Hinweis von Bedeutung; denn insbesondere in Deutschland sind mit der Herausbildung von Sozialstaatlichkeit, Demokratie und Rechtsstaat im internationalen Kontext vergleichsweise weit reichende sozial-, arbeits- und umweltrechtliche Standards in die betrieblichen Wirtschaftsprozesse und -strukturen implementiert worden. Insofern trägt Deutschland mit seinen grundlegenden rechtlichen Regulierungen des Wirtschaftens der vor allem in wirtschaftsliberalen Gesellschaften geforderten gesellschaftlichen Verantwortung von Unternehmen – im Sinne von Corporate Social Responsibility – bereits seit Jahrzehnten in hohem Maße Rechnung (vgl. Backhaus-Maul 2008).

Diese These von der Institutionalisierung des gesellschaftlichen Engagements von Unternehmen in Deutschland lässt sich noch weiter zuspitzen: Die Bedeutung des in wirtschaftsliberalen Gesellschaften immer wieder betonten gesellschaftlichen Engagements von Unternehmen im Sinne einer Corporate Social Responsibility lässt sich erst dann angemessen verstehen, wenn die institutionalisierte, gesetzlich kodifizierte und verpflichtende gesellschaftliche Mitwirkung von Unternehmen in Deutschland angemessen mit in die Gesamtbilanz des gesellschaftlichen Engagement von Unternehmen und Wirtschaft einbezogen wird.

Angesichts globaler wirtschaftlicher Prozesse und entsprechend tätiger Unternehmen erodieren die Handlungsspielräume von Nationalstaaten und die staatlichen Regulierungskompetenzen gegenüber Unternehmen. Während staatliche Akteure staatliche Entscheidungs- und Steuerungsfähigkeit abgeben oder verlieren, beauftragen oder beteiligen sie zunehmend private Organisationen (Unternehmen oder Non-Profit-Organisationen) mit der Erbringung öffentlicher Aufgaben und der entsprechenden Leistungserstellung. Vor diesem Hintergrund stehen auch die Sozialpartnerschaft und die Soziale Marktwirtschaft als kostenträchtige, Löhne und Unternehmensgewinne belastende Faktoren in der Diskussion, ohne dass aber damit zu rechnen ist, dass sie grundsätzlich zur Disposition stehen (vgl. Kaufmann 1997). Während etwa die klassischen sozial- und arbeitsrechtlichen Regelungen in Deutschland gegenwärtig noch als relativ bestandssicher gelten, könnte sich die Einführung verpflichtender internationaler Corporate Social Resonsibility-Standards als problematisch erweisen.

In Kenntnis dessen versuchen einige vorausschauende staatliche Akteure in Deutschland im Schatten der Hierarchie punktuell auf staatliche Regulierungen in Teilbereichen zu verzichten, um quasi im Gegenzug Unternehmen zu eigeninitiativem unternehmerischem Engagement aufzufordern. Diese spezifische Form der „Freisetzung" von Unternehmen aus korporatistischen Strukturen und Regelungen eröffnet Einzelakteuren einerseits Handlungsoptionen und Gestaltungsspielräume im Hinblick auf ihr gesellschaftliches Engagement. Andererseits schafft der tendenzielle Verlust des nationalstaatlichen Schutzes und des damit verbundenen Handlungsrahmens gegenüber definierbaren Anspruchsgruppen auch Handlungszwänge, da Unternehmen als Einzelakteure unvermittelt heterogenen Stakeholder- bzw. Anspruchsgruppen gegenüberstehen, auf deren Ansprüche sie sachlich angemessenen und zeitlich schnell reagieren müssen.

In dieser Konstellation einer „Entzauberung des Korporatismus" kann das freiwillige gesellschaftliche Engagement eine Möglichkeit sein, um sich in einer Gesellschaft oder zumindest im Gemeinwesen „einzubetten". In diesem Sinne erscheint es geradezu typisch für die skizzierten gesellschaftlichen Veränderungen und Umbruchsituationen zu sein, dass man ausgesprochen unterschiedliche, bisweilen experimentelle und riskante aber auch eher konventionell wirkende gesellschaftliche Suchbewegungen deutscher Unternehmen beobachten kann. Dabei reicht die Vielfalt des freiwilligen Unternehmensengagements von Sach- und Geldspenden und Sponsoring über die Gründung und Profilierung von Unternehmensstiftungen bis hin zur Förderung des freiwilligen und ehrenamtlichen Engagements der Beschäftigten im gesellschaftlichen Umfeld des Unternehmens.

7.2 Gesellschaftliches Unternehmensengagement zwischen Tradition und Neuorientierung

Dieses gesellschaftliche Engagement von Unternehmen tritt zunehmend in den Mittelpunkt der öffentlichen, politischen und fachwissenschaftlichen Diskussionen. Speziell in Deutschland verbinden sich diese Veränderungen im globalen Maßstab mit Fragen einer Neujustierung der Aufgabenteilung zwischen Staat, Markt, Zivilgesellschaft und Privathaushalten vor dem Hintergrund eines sich wandelnden Staatsverständnisses wie auch der Erosion der Bindungs- und Steuerungsfähigkeit traditioneller verbandlicher Wirtschaftsstrukturen.

Im Zentrum der aktuellen Debatte steht allerdings nicht die historisch gewachsene, philanthropisch und mäzenisch geprägte freiwillige Beteiligung von Unternehmern in der Gesellschaft. Vielmehr geht es um jenes gemeinnützig und kontinuierlich erbrachte Engagement von Unternehmen als Corporate Citizen, das zwar über den engen Unternehmenszweck hinausgeht, aber gleichwohl nicht den Bezug zur wirtschaftlichen Tätigkeit des Unternehmens verliert. In pronon-cierter Abgrenzung gegenüber dem Mäzenatentum auf der einen und dem Sponsoring auf der anderen Seite geht es also in der laufenden Corporate Citizenship-Debatte über das gesellschaftliche Engagement von Unternehmen um den unternehmensstrategisch verankerten Nexus von „business case" und „social case" im Sinne eines dezidiert freiwilligen Engagements, um zur Lösung gesellschaftlicher Herausforderungen beizutragen (vgl. Braun 2007b und 2009a, Nährlich 2008, Polterauer 2009). Zu diesem Zweck können unterschiedliche Unternehmensressourcen bereit gestellt werden, wozu neben materiellen Aufwendungen im Sinne eines Transfers von Geld- oder Sachmitteln („Corporate Giving") der aktive Einbezug von Beschäftigten im Sinne eines Transfers von Zeit und Wissen („Corporate Volunteering") gehören.

Auffällig an der laufenden Diskussion ist, dass die besondere Hervorhebung des „unternehmerischen Nutzens", der aus einem gesellschaftlichen Engagement von Unternehmen resultieren kann, zum gegenwärtigen Zeitpunkt nicht die sozialkulturell verankerte und institutionalisierte Form unternehmerischer Verantwortungswahrnehmung in der deutschen Gesellschaft ersetzen, sondern allenfalls ergänzen kann, wie die Ergebnisse der empirischen Forschung erkennen lassen.

Die Ergebnisse dieser Untersuchungen, die sich im Hinblick auf Begriffsdefinitionen, Methodik und Operationalisierung erheblich unterscheiden und die das Bild eines noch stark defizitären Forschungsstandes widerspiegeln, lassen sich in drei Thesen bündeln. Diese drei Thesen sind allerdings mit einem „methodischen Vorbehalt" zu versehen; denn die – den drei Thesen immanente – Argumentationsfigur im Hinblick auf Konstanz und Wandel des freiwilligen gesellschaftlichen Engagements in Deutschland wird nur durch die Arbeiten von Maaß (2008) durch Zeitreihenvergleiche gestützt; bei den übrigen Studien handelt es sich um Querschnittsanalysen, die grundsätzlich keine Aussagen über Entwicklungstendenzen erlauben. Insofern sind diese drei Thesen auch nicht als längsschnittlich fundierte empirische Konstatierungen zu verstehen, sondern als Interpretationsfiguren mit erfahrungsgesättigtem Plausibilitätsanspruch. Diese Thesen lassen sich mit Bezug auf die empirischen Befunde wie folgt zusammenfassen:

Persistenz-These. Die Persistenz-These verweist auf die Einbettung des gesellschaftlichen Unternehmensengagements in spezifische sozialkulturelle und sozialstaatliche Traditionen in Deutschland. Diese These wird einerseits dadurch gestützt, dass sich ein sehr hoher Anteil der Unternehmen freiwillig gesellschaftlich engagiert. Andererseits trägt dieses weit verbreitete Engagement die Züge einer in den Unternehmenswerten verankerten „Selbstverständlichkeit", die sich vor allem auf die materielle Unterstützung des Gemeinwesens an den Betriebsstandorten und dabei überdurchschnittlich häufig im Vereinswesen in den Bereichen Sport und Freizeit bezieht.

Bei der Auswahl der Engagementfelder, -formen und -orte orientieren sich die engagierten Unternehmen also offenbar an gesellschaftspolitisch akzeptierten und selten kontrovers diskutierten Themen und beschränken sich dabei überwiegend auf das Bereitstellen von Geld- und Sachleistungen vor Ort. In dieser Perspektive scheint die deutliche Mehrheit der Unternehmen insofern tradierten „Pfaden" zu folgen, als dass sie im Rahmen ihres gesellschaftlichen Engagements eine gesellschaftspolitisch eher passive Rolle wahrnehmen, die ihnen korporatistisch verfassten deutschen Marktwirtschaft zugewiesen wurde.

Ambivalenz-These. Die Ambivalenz-These hebt insbesondere darauf ab, dass das gesellschaftliche Engagement von Unternehmen offenbar kaum der unternehmerischen Verwertungslogik von Rentabilität und Gewinnmaximierung – dem erwerbswirtschaftlichen Prinzip – untergeordnet wird. Dieser Befund verweist ebenfalls auf das Fortwirken spezifischer Engagementtraditionen in Deutschland, insofern als er die mäzenische Akzentsetzung des frei gewählten unternehmerischen Engagements in der Gesellschaft zu betonen scheint: Es geht den Unternehmen in ihrem gesellschaftlichen Engagement vergleichsweise selten um strategische und an Effizienz und Effektivität orientierte „Investitionen" in das Gemeinwesen, mit der mittel- oder langfristige Ziele der Optimierung des Unternehmenserfolgs verbunden werden.

Insofern kann man beim gesellschaftlichen Engagement von Unternehmen – in Betonung von Eigenständigkeit und Eigensinn dieses Engagements – auch nur eine lose Kopplung mit der Wirtschaft im Allgemeinen und dem jeweiligen Unternehmen im Besonderen konstatieren (vgl. Backhaus-Maul/Braun 2007). Diese lose Kopplung zeigt sich darin, dass das unternehmerische Engagement als Aufgabe im Unternehmen in der Regel nicht oder nur rudimentär organisatorisch verankert ist. Das Engagement hat eher einen spontanen, unkoordinierten Charakter, ist eher personalisiert als standardisiert und zeichnet sich insbesondere durch eine bedarfswirtschaftliche Orientierung vor dem Hintergrund von Anfragen aus der gesellschaftlichen Umwelt aus. Diese lose wirtschaftliche und unternehmensbezogene Verkopplung des freiwilligen Unternehmensengagements ist andererseits mit einer relativen Offenheit gegenüber Gesellschaft und Non-Profit-Organisationen sowie deren Anliegen und Vorhaben verbunden.

Dualismus-These. Die Dualismus-These hebt darauf ab, dass dieses eher als „traditionell" zu charakterisierende Unternehmensengagement in bestimmten Segmenten des privatgewerblichen Sektors unter dem Eindruck der Globalisierung wirtschaftlichen Handelns und der Veränderungen des Staatsverständnisses in Deutschland zumindest partiell durch eine neue, von den internationalen Debatten zu dieser Thematik beeinflusste Sichtweise auf ein solches Engagement überlagert zu werden scheint.

Darauf verweisen insbesondere die markanten Unterschiede zwischen proaktiven Großunternehmen, die im Hinblick auf Verständnis von gesellschaftlichem Engagement offenbar zunehmend Ideen und Metaphern der internationalen Corporate Citizenship-Debatte rezipieren, und Mittel- und Kleinunternehmen, die eher dem Pfad des skizzierten Verständnisses eines philanthropischen Engagements folgen. Gleichwohl weisen erste Befunde darauf hin, dass auch im Mittelstand die Corporate Citizenship-Debatte mit ihrer lockeren wirtschaftlichen und unternehmensbezogenen Ausrichtung sukzessiv ihre Wirkung zu entfalten scheint.

7.3 Unternehmerische Nutzenerwartungen

Vermutlich würde dem gesellschaftlichen Engagement von Unternehmen in Deutschland mitunter etwas Profanes und Biederes anhaften, wenn es nicht proaktive Großunternehmen geben würde, die die internationale Corporate Citizenship-Diskussion rezipieren und das Engagement für sich als ein gesellschaftliches Experimentierfeld in Deutschland begreifen würden. Für das Engagement dieser Unternehmen scheint sich ein zweiseitiger Außenweltbezug gegenüber Wirtschaft und Gesellschaft herauszukristallisieren: Im Engagement werden sowohl betriebliche als auch gesellschaftliche Bezüge deutlich, wenn etwa bei der Auswahl, Durchführung und Bewertung des eigenen Engagements der wirtschaftliche Wert (im Sinne einer Investition in das Gemeinwesen als Voraussetzung für eigenen wirtschaftlichen Erfolg) und die gesellschaftliche Bedeutung des Engagements (im Sinne der Bereitschaft zur Übernahme gesellschaftlicher Verantwortung) berücksichtigt werden.

Vor diesem Hintergrund sind zum gegenwärtigen Zeitpunkt die bislang noch wenigen empirischen Hinweise von besonderer Bedeutung, dass sich gesellschaftliches Unternehmensengagement nicht nur als ein mäzenisches und philanthropisches Engagement zugunsten der Gesellschaft darstellt, das Kosten für die Unternehmen verursacht. Vielmehr kann es auch – und darauf macht die laufende CC-Diskussion besonders nachdrücklich aufmerksam – mit dem erwerbswirtschaftlichen Prinzip der unternehmerischen Gewinnmaximierung verbunden werden und Vorteile im Leistungswettbewerb bringen – und zwar im Hinblick auf so genannte vorökonomische Dimensionen in der unternehmerischen Außen- und Binnenwelt. Im Unterschied zu den ökonomischen Effekten, wie z.B. die Steigerung des Aktienkurses oder des Umsatzes, kann gesellschaftliches Engagement von Unternehmen mit dazu beitragen, die sozialkulturellen Grundlagen wirtschaftlichen Handelns zu „kultivieren".

Auf der Basis der bislang eher wenigen und verstreut vorliegenden empirischen Befunde lassen sich fünf dieser Dimensionen benennen, die sich wie folgt zusammenfassen lassen:

Aufbau und Verbesserung der Unternehmensreputation. Reputationsgewinne bei Kunden, Medien, Investoren und auch Aufsichtsbehörden sind eine der maßgeblichen Nutzenerwartungen, die Unternehmen mit ihrem gesellschaftlichen Engagement verbinden. Die Ergebnisse verweisen dabei aber auch auf das besondere Spannungsfeld zwischen unternehmerischen Nutzenerwartungen und dem unternehmensstrategischen Einsatz dieses Engagements als Kommunikationsinstrument: Obwohl sich engagierte Groß- und auch mittelständische Unternehmen mit ihrem gesellschaftlichen Engagement als Möglichkeit zur Imageverbesserung überwiegend zufrieden zeigen, werden die Kommunikationspotenziale über ein solches Engagement im Sinne einer systematischen und differenzierten Berichterstattung vergleichsweise wenig und – wenn überhaupt – von Großunternehmen genutzt (vgl. Biedermann 2008).

Dieser Befund überrascht, da das gesellschaftliche Engagement von Unternehmen aus Sicht der Öffentlichkeit nicht nur als eine glaubwürdige Variante unternehmensbezogener Imagebildung betrachtet wird. Vielmehr zeigen Befragungen auch, dass es vor allem dann als glaubwürdig betrachtet wird, wenn auch die unternehmerischen Nutzenerwartungen deutlich gemacht werden. Der Eindruck ist nicht von der Hand zu weisen, dass sich in diesem Kontext traditionelle Formen der Nicht-Kommunikation über philanthropisches und mäzenisches Handeln („Tue Gutes und rede nicht darüber") fortsetzen.

Gleichwohl lassen erste empirische Hinweise die kommunikativen Wirkungen gesellschaftlichen Unternehmensengagements erkennen: die Transfereffekte positiver Attribute des Engagements für das Unternehmen (z.B. Sportlichkeit, Umweltfreundlichkeit, Hilfsbereitschaft, Bildungsorientierung oder Innovationskraft) und die damit verbundene positive Beeinflussung der Zielgruppen, insbesondere von Kunden.

Kundengewinnung und -bindung. Mit den Kunden ist eine zweite Nutzendimension angesprochen; denn durch ihr Engagement versuchen Unternehmen ein einzigartiges Verkaufsversprechen („Unique Selling Proposition") zu machen und eigene Produkte gegenüber konkurrierenden Produkten hervorzuheben. Die empirischen Befunde lassen erkennen, dass nicht nur erhebliche Teile der Bevölkerung in Deutschland meinen, dass sozial verantwortlich agierende Unternehmen langfristig erfolgreicher sind als andere Unternehmen. Sie zeigen auch, dass diese Bevölkerungsgruppen – und vor allem die einkommensstärkeren und bildungsnahen Gruppen – ihre Kaufentscheidung bei einem vergleichbaren Preis-Leistungsverhältnis auch am gesellschaftlichen Engagement des jeweiligen Unternehmens orientieren würde (vgl. Lamla 2008).

Dieser Befund ist insofern bedeutsam, als Kunden in zahlreichen Branchen Produkte kaum noch nach qualitativen Kriterien unterscheiden können (Energie, Generika, Telekommunikation) und insofern für Kauf- und Konsumentscheidungen andere Kriterien heranziehen müssen. Man darf also von der Annahme ausgehen, dass gesellschaftliche Unternehmensengagement auf diese Weise einen längerfristig orientierten Wettbewerbsvorteil in Form von Absatzeffekten begründen kann. Darüber hinaus wird auch aus der Perspektive gesellschaftlich engagierter Unternehmen das eigene Engagement überwiegend als ein erfolgreiches Instrument der Kundengewinnung und -bindung eingestuft. Betont wird dabei die Gewinnung neuer Kundenkreise als auch die identifikatorische Bindung von Kunden an eine Marke aufgrund der Wertschätzung von gesellschaftlichem Unternehmensengagement.

Beziehung zu Banken und Investoren. Angesichts globaler Finanzmärkte ist zu erwarten, dass der Kapitalmarkt stärker als bisher eine nachhaltige Unternehmenspolitik honorieren wird. Diese Unternehmenspolitik kann sich nicht zuletzt am gesellschaftlichen Engagement als vertrauensbildender Maßnahme zur Verbesserung der Geschäftsbeziehungen zu Banken und Investoren manifestieren. Umgekehrt können Banken und Investoren durch ein solches Engagement Vertrauen bei Unternehmen als Kredit nehmenden Geschäftspartnern (zurück-)gewinnen (vgl. Schäfer 2004 und 2008).

Erste empirische Befunde weisen darauf hin, dass Unternehmen, die in Nachhaltigkeits-Indizes an der Börse gelistet sind, in finanzieller Hinsicht nicht schlechter dastehen als andere Unternehmen. Offenbar ist nachhaltiges Wirtschaften nicht notwendiger Weise ein Kostenfaktor, der die Unternehmensperformance negativ beeinflusst. Darüber hinaus ist zu beobachten, dass ethische Fonds zunehmend auf Interesse bei Privatanlegern stoßen; gleichwohl ist das Potenzial der öffentlichen Bewerbung solcher Fonds offenbar bislang bestenfalls ansatzweise ausgeschöpft.

Personalrekrutierung und -motivation. Das freiwillige gesellschaftliche Engagement ist für Unternehmen offenkundig ein Instrument, das zur Motivationssteigerung der Beschäftigten und bei der Personalrekrutierung sinn- und zweckmäßig eingesetzt werden kann. Dabei betonen speziell mittelständische Unternehmen, dass ihr unternehmerisches Engagement die Rekrutierungschancen qualifizierten Personals verbessert. Zugleich wirkt diese personalpolitische Erwartung offensichtlich gerade für Großunternehmen als verstärkender Faktor, sich gesellschaftlich zu engagieren).

Ähnliche Ergebnisse lassen sich im Hinblick auf die Mitarbeitermotivation bilanzieren: Die große Mehrheit gesellschaftlich engagierter Unternehmen betont, dass ihr Engagement den Beschäftigten Identifikationsmöglichkeiten bietet, die sich in Dimensionen wie Zufriedenheit, Motivation, Loyalität und Verantwortungsbewusstsein gegenüber der Tätigkeit und dem Arbeitgeber manifestiert. In diesem Kontext lässt sich auch zeigen, dass sich Unternehmen mit der Wirkung ihres gesellschaftlichen Engagements auf die Mitarbeitermotivation zufrieden zeigen.

Personalentwicklung und -arbeit. Einen besonderen Stellenwert gewinnen in diesem Kontext die potenziellen Nutzungsmöglichkeiten des gesellschaftlichen Unternehmensengagements in der Personalentwicklung und -arbeit. Damit sind nicht nur die medial immer wieder dargestellten Best-Practice-Beispiele angesprochen (z.B. das Konzept „switch" der Siemens AG). Bemerkenswert sind vor allem auch die empirischen Befunde, wonach Beschäftigte im Kontext bürgerschaftlichen, ehrenamtlichen bzw. freiwilligen Engagements Kompetenzen erwerben, die sie auch in der Erwerbsarbeit nutzen können. Im Zentrum stehen dabei insbesondere „Schlüsselkompetenzen" wie Belastbarkeit, Zuverlässigkeit, Geduld oder auch Kommunikations- und Organisationsfähigkeiten. Diese Eigenschaften gelten als hoch angesehene Dispositionen in der Arbeitswelt, als Symbole für hohe Arbeitsqualität und sozialen Aufstieg (Braun, im Druck b).

Vor diesem Hintergrund ermöglichen und fördern Unternehmen zunehmend auch das bürgerschaftliche, ehrenamtliche bzw. freiwillige Engagement von Beschäftigten in Vereinen, Projekten und Initiativen, um Kompetenzen des Personals weiterzuentwickeln, die sie zumeist auch in der beruflichen Arbeit nutzen können. Denn offensichtlich haben die persönlichen Anforderungen in einem solchen Engagement einen hohen Aufforderungscharakter, sich gezielt Kompetenzen zur Aufgabenbewältigung anzueignen. Die unmittelbare Sichtbarkeit von Erfolgen oder Misserfolgen des eigenen Handelns in einem als wichtig empfundenen Alltagsbereich erscheint ausgesprochen lernförderlich.

In einer breiter gefassten Perspektive ist allerdings anzumerken, dass im Zusammenhang mit den Erwartungen an den potenziellen Nutzen eines gesellschaftlichen Unternehmensengagements wirtschaftliche Effektivitäts- und Effizienzkriterien an ihre Grenzen stoßen dürften. Dieses ist z.b. dann der Fall, wenn eher spontane und unkoordinierte Engagementaktivitäten von den Beteiligten retrospektiv anhand von Nutzenkalkülen, strategischen Überlegungen und Rationalitätsfiktionen legitimiert werden. Eine solche nachträgliche Legitimation erscheint nicht zuletzt deshalb denkbar, weil die Corporate Citizenship-Debatte in hohem Maße die scheinbar notwendige Verbindung von „business case" und „social case" einfordert.

Darüber hinaus wird die empirische Realität des gesellschaftlichen Unternehmensengagements dadurch verzerrt, dass einige bekannte Großunternehmen ihr Engagement als Marketing- und Public-Relations-Kampagnen verstehen und ihre Aktivitäten die öffentliche Wahrnehmung prägen während engagementpolitisch „authentische" und innovative Klein- und Mittelunternehmen aus dem Blick geraten. Insofern ist in den nächsten Jahren – bei einer erwartbar hohen Adaptations- und Entwicklungsfähigkeit unter dynamischen Umweltbedingungen – mit Ambivalenzen und Dissonanzen im heterogenen Feld von Klein-, Mittel- und Großunternehmen im Hinblick auf das freiwillige gesellschaftliche Unternehmensengagement zu rechnen.

7.4 Sichtweisen und Positionen gesellschaftlicher und staatlicher Akteure

Die Rolle von Unternehmen in der Gesellschaft und ihr Verständnis des gesellschaftlichen Engagements unterliegen einem ständigen Wandel. Im Rahmen der Sekundäranalyse wurde eine explorative Untersuchung durchgeführt, die die themenbezogenen Selbstbeschreibungen und -verortungen relevanter gesell-schaftlicher Akteure in diesem Themenfeld herausgearbeitet und vergleichend analysiert hat.

Das gesellschaftliche Engagement von Unternehmen gründet in Deutsch-land in einer mehr als hundertjährigen Tradition, die treffend im Konstrukt der Sozialen Marktwirtschaft zum Ausdruck kommt (vgl. Kapitel 3). Die aktuelle, seit Ende der 1990er Jahre auch in Deutschland wieder geführte öffentliche Dis-kussion über das gesellschaftliche Engagement von Unternehmen blendet diesen reichhaltigen und traditionsreichen deutschen Entwicklungspfad weitgehend aus; stattdessen bilden international und global gebräuchliche Begriffe – wie insbe-sondere Corporate Social Responsibility (CSR) und auch Corporate Citizenship (CC) neben einer Vielzahl weiterer Begriffe – die Referenzpunkte für die deutsche Diskussion.

Die analysierten Selbstbeschreibungen und -verortungen relevanter gesell-schaftlicher Akteure verdeutlichen zunächst auf Seiten der untersuchten Akteure eine gewisse Beliebigkeit bei der Begriffsverwendung, wobei spätestens bei Großunternehmen eine starke Präferenz zugunsten des deutungsoffenen und global etablierten Begriffs der Corporate Social Responsibility zu Tage tritt. Im Sinne einer sozialwissenschaftlichen Sekundäranalyse würde sich damit gerade-zu die Schlussfolgerung aufdrängen, dass nach einem Jahrzehnt der Diskussion nicht einmal die Konturen eines kollektiv geteilten Verständnisses von gesell-schaftlichem Unternehmensengagement erkennbar sind. In organisationssoziolo-gischer Perspektive hingegen können der Begriffspluralismus sowie die Unbes-timmtheit des verwendeten CSR-Begriffs so interpretiert werden, dass deutungs-offene Metaphern hinreichende Möglichkeiten bieten, um kommunikative An-schlussfähigkeit für heterogene Akteure zu ermöglichen und zugleich grundsätz-liche inhaltliche Besonderheiten und Selbstbezüglichkeiten der jeweiligen Ein-zelakteure zunächst in den Hintergrund treten zu lassen.

Und tatsächlich ist das Verständnis des gesellschaftlichen Engagements von Unternehmen bei etablierten Akteuren, d.h. Staat, Gewerkschaften und Unter-nehmensverbänden sowie auch namhaften NPO in erster Linie Ausdruck einer rhetorisch kultivierten Selbstreferenz: Das vermeintlich neue Thema wird im Kontext öffentlicher Themenkonjunkturen entsprechend des Weltverständnisses der jeweiligen Organisation interpretiert und (um-) gedeutet. So wird aus der gesellschaftspolitischen Neuigkeit des Unternehmensengagements etwa ein be-kannter Aspekt von Tarifverhandlungen, Arbeitszeitregelungen, Menschen-rechtsstandards und Produktionsbedingungen. Letztlich sind die Selbstbeschrei-bungen und -verortungen eines Großteils der untersuchten Akteure im Hinblick auf das gesellschaftliche Engagement von Unternehmen Ausdruck inkrementa-listischer, konventioneller und routinebasierter Deutungsmuster.

Bemerkenswert ist dabei, dass das Adjektiv „gesellschaftlich" weitgehend ausgeblendet wird. Engagement scheint in dieser Perspektive ohne erkennbare gesellschaftliche Bezüge zu einem sinnentleerten Instrument und reinem Selbstzweck deformiert zu werden, würde man nur die schriftlichen Selbstpräsentationen der untersuchten Akteure analysieren. Dabei würde aber aus dem Blick geraten, dass Unternehmer/innen und Unternehmen tatsächlich versuchen, sich gesellschaftlich zu engagieren. Es sind gerade diese Suchbewegungen, Sozialexperimente und Risikoerfahrungen, die die „Konjunktur" des gesellschaftlichen Engagements von Unternehmen in Deutschland im vergangenen Jahrzehnt ausgemacht haben. Dabei deutet sich im gesellschaftlichen Engagement von Unternehmen eine grundlegende Akzentverschiebung im Engagementverständnis an: von einer sozialkulturellen Selbstverständlichkeit hin zu wirtschaftlichen und unternehmensbezogenen Nutzenerwägungen. Diese betriebliche und – zumindest in Ansätzen – strategische Ausrichtung des unternehmerischen Engagements trägt wiederum mit dazu bei, dass der Gesellschaftsbezug des Unternehmensengagements bisher unterentwickelt ist.

Die deutsche Diskussion über das gesellschaftliche Engagement von Unternehmen ist aber nicht nur eine „Engagementdebatte", sondern in ihr deutet sich eine grundlegende Neuausrichtung in der Aufgaben- und Rollenverteilung von Wirtschaft, Staat und Zivilgesellschaft sowie den damit verbundenen „Spielregeln" in einer sich wandelnden Gesellschaft an. Der Übergang vom „alten" zum „neuen" gesellschaftlichen Engagement von Unternehmen markiert zugleich den Übergang vom (sozial-) staatlich geprägten Korporatismus, der Verbände (Unternehmensverbände und Gewerkschaften) in staatliche Entscheidungsprozesse inkorporiert hat, hin zu einer polyzentrischen Gesellschaft, in der sich Wirtschaft und Zivilgesellschaft in starkem Maße an der Miteinscheidung und Mitgestaltung von Gesellschaft beteiligen.

Und welche Rolle wird der Staat zukünftig „spielen"? In den themenbezogenen Selbstbeschreibungen und -verortungen der untersuchten staatlichen Akteure wird zwar ihre begrenzte gesellschaftliche Koordinations- und Steuerungsfähigkeit deutlich, aber nach wie vor gibt es eben staatliche Koordinations- und Steuerungspotenziale. Und mit seiner demokratischen Legitimation verfügt der Staat über ein besonderes Güte- und anerkanntes Alleinstellungsmerkmal. Angesichts der Eigenständigkeit und des Eigensinns von Unternehmen ist es für staatliche Akteure einerseits nicht möglich, das gesellschaftliche Engagement von Unternehmen hierarchisch und zentralistisch zu steuern, andererseits sind Unternehmen und Zivilgesellschaft angesichts ihrer begrenzten Legitimation sowie ihrer unzureichenden gesellschaftlichen Koordinations- und Steuerungsfähigkeit auf die „Supervision" des Staates und den „Schutzschirm staatlicher Hierarchie" für ihre wirtschaftlichen Entscheidungen und ihr Handeln sowie eben auch ihr gesellschaftliches Engagement angewiesen.

7.5 Engagementpolitische Herausforderungen und Chancen

Prospektiv betrachtet muss offen bleiben, in welcher Art und Weise sich das skizzierte deutsche Muster eines gesellschaftlichen Engagements von Unternehmen im Laufe der nächsten Jahre weiterentwickeln wird. Bei der gesetzlich geregelten gesellschaftlichen Mitwirkung von Unternehmen ist mit einer pfadabhängigen und kontinuitätsverhafteten Entwicklung zu rechnen. Demgegenüber befindet sich das gesellschaftliche Unternehmensengagement angesichts sich rasch wandelnder Umweltbedingungen und eigendynamischer Unternehmen in einem Transformationsprozess. Die Bedeutung, die es zukünftig haben wird, steht dabei in einem engen Zusammenhang mit der Entwicklung des Verständnisses von Staatsfunktionen und -aufgaben und der damit verbundenen Aufgabenverteilung zwischen Staat, Wirtschaft, Zivilgesellschaft und Privathaushalten (vgl. Backhaus-Maul/Braun 2009).

7.5.1 Staat und Politik

Die Diskussion über das gesellschaftliche Engagement von Unternehmen trifft in Deutschland auf einen vielfach hinausgezögerten Wandel der Staatlichkeit. Da sozialstaatliche Veränderungen institutionellen Entwicklungspfaden folgen, ist nicht mit einem abrupten Systemwechsel zu rechnen, sondern mit einer sukzessiven Neuverteilung von Rechten und Pflichten zwischen Staat, Wirtschaft, Zivilgesellschaft und Privathaushalten. Unter den Bedingungen eines globalen Wettbewerbs von Wirtschaftsstandorten ist zu erwarten, dass Unternehmen in Deutschland weniger Steuern zahlen werden und auch bei den Beiträgen zu den Sozialversicherungen mit weiteren Entlastungen rechnen können. Diese finanziellen Entlastungen lassen wiederum einen weiteren Bedeutungsverlust von Staatlichkeit erwarten. Mit dem sukzessiven Bedeutungswandel und Steuerungsverlust des Nationalstaates stehen Unternehmen aber auch unmittelbar vor der Herausforderung, eigene Beiträge zur Human- und Sozialkapitalbildung sowie zur Gestaltung und Steuerung von Gesellschaft zu leisten. So kann das Wirtschaftsystem nicht mit der gleichen Selbstverständlichkeit wie früher davon ausgehen, dass das Bildungs- und das Erziehungssystem in für Unternehmen ausreichender Menge und Qualität zur Human- und Sozialkapitalbildung beitragen werden. Oder noch grundlegender formuliert: Dem Wirtschaftssystem selbst fällt in wachsendem Maße Mitverantwortung für die Reproduktion seiner eigenen sozialkulturellen Grundlagen erfolgreichen wirtschaftlichen Handelns zu.

Gleichzeitig trifft die internationale und US-amerikanisch inspirierte Debatte über das gesellschaftliche Engagement von Unternehmen in Deutschland auf eine entwickelte Sozialstaatlichkeit und eine entsprechend institutionalisierte gesellschaftliche Mitwirkung von Unternehmen, deren Themen, Gütekriterien und Instrumente sich weitgehend dem Corporate Social Responsibility-Begriff zuordnen lassen. Diese gesetzlich geregelte unternehmerische Mitwirkung mit den entsprechenden Arbeits-, Sozial- und Umweltstandards unterliegt den üblichen Möglichkeiten und Grenzen staatlicher Steuerung und Regulierung. Über Art und Umfang der gesetzlich geregelten Mitwirkung von Unternehmen wird in Deutschland auch in Zukunft in korporatistischen Verhandlungsstrukturen zwischen Unternehmensverbänden, Gewerkschaften und Staat diskutiert und entschieden werden. Ein gesellschaftliches – auf die Wertschöpfungskette bezogenes – Engagement von Unternehmen wird durch die deutsche und die europäische Gesetzgebung gesteuert und reguliert werden. Dabei setzt der Erhalt der globalen Wettbewerbsfähigkeit einer nationalen und europäischen Regulierung in diesem Bereich deutliche Grenzen. Gleichwohl wird es auf internationaler Ebene sinnvoll, zweckmäßig und Erfolg versprechend sein, im Schatten der Hierarchie staatlicher und supranationaler Organisationen mit Unternehmen und unter Beteiligung von Non-Governmental-Organizations verbindliche Normen und freiwillige Vereinbarungen über Arbeits-, Sozial- und Umweltstandards in der Produktion und Distribution weiter zu entwickeln.

Das gesellschaftliche Engagement ist unterdessen keine staatliche Aufgabe, sondern unternehmensgesteuert und keiner direkten staatlichen Förderung zugänglich. Es kann staatlicherseits aber durch engagementförderliche Rahmenbedingungen begünstigt werden. Um entsprechende Rahmenbedingungen schaffen zu können, ist es im deutschen Kontext bedeutsam, den Gegenstandsbereich zunächst theoriegeleitet mit anerkannten Methoden der empirischen Sozialforschung grundlegend und umfassend zu erforschen. Darauf aufbauend kann die öffentliche Engagementinfrastruktur weiterentwickelt und gefördert werden. Dabei geht es nicht um neue Varianten direkter staatlicher Steuerung und Förderung des Unternehmensengagements, sondern im Sinne des Subsidiaritätsprinzips um die staatliche und kommunale Unterstützung einer zivilgesellschaftlicher Infrastruktur im Bedarfsfall: In den Fällen, in denen gesellschaftliche Akteure selbst nicht dazu in der Lage sind, ihre Engagementpotenziale hinreichend zu entfalten, kann ergänzend und befristet auf das Repertoire staatlicher und kommunaler Engagementförderung zurückgegriffen werden. In erster Linie ist aber davon auszugehen, dass gesellschaftlich engagierte Unternehmen ihre Aktivitäten mit eigenen Ressourcen selbst leisten können. Die Instrumente und Verfahren einer staatlichen Engagementförderung sind demgegenüber nachrangig sowie zeitlich, sachlich und sozial begrenzt einzusetzen.

Die Sinnhaftigkeit und Zweckmäßigkeit einer staatlichen Zurückhaltung bei der Förderung des gesellschaftlichen Unternehmensengagements wird deutlich, wenn man bedenkt, dass es nicht die klassischen politischen Interessenorganisationen sind, d.h. Parteien und Verbände, die dieses Engagementfeld prägen, sondern Unternehmensstiftungen und Non-Profit-Organisationen sowie Beratungs- und Mittlerorganisationen. In diesem Sinne haben sich als Protagonisten des freiwilligen gesellschaftlichen Engagements von Unternehmen operative Unternehmensstiftungen wie die Robert-Bosch-, die Körber- und die Bertelsmann Stiftung hervorgetan (vgl. Janning/Bartjes 1999, Schöffmann 2002, Bertelsmann Stiftung 2005). Diese Stiftungen verschließen sich nicht nur einer staatlichen Einflussnahme und Förderung, sondern beeinflussen umgekehrt vielmehr staatliche Entscheidungen. Insofern haben Unternehmen selbst den Schlüssel zum Erfolg - oder auch Misserfolg - des gesellschaftlichen Unternehmensengagements in Deutschland in der Hand. Die Förderung dieses Engagements ist in erster Linie eine Unternehmensaufgabe und darüber hinaus keine staatliche, sondern eine (zivil-) gesellschaftliche Angelegenheit.

7.5.2 Unternehmen

Das gesellschaftliche Engagement von Unternehmen eröffnet – jenseits der bekannten Instrumente und Verfahren politischer Einflussnahme und Beteiligung – Unternehmen neuartige gesellschaftliche Möglichkeiten der Mitentscheidung und Mitgestaltung, die zumindest punktuell dazu beitragen können, Steuerungsdefizite des politischen Systems zu kompensieren. Insofern ist davon auszugehen, dass auch die politischen und gesellschaftlichen Anforderungen an Unternehmen – unter gleichzeitig verschärften globalen Wettbewerbsbedingungen – öffentlich wahrnehmbar steigen werden.

Dieses von Unternehmen selbst gewählte Engagement geht einher mit Unsicherheiten und besonderen Herausforderungen (vgl. Baecker 1999), da sich Unternehmen hier außerhalb ihrer eigentlichen Domäne - dem Wirtschaftssystem - in den sozialen, pädagogischen, kulturellen, sportlichen und ökologischen Tätigkeitsbereichen von Non-Profit-Organisationen engagieren. Sie tun dieses quasi als Laien, in Kenntnis des latenten Risikos des Scheiterns und mit der Aussicht auf befremdliche und irritierende Erfahrungen, die – in einem positiven Sinne – wiederum die Grundlage für produktions- und organisationsbezogene Innovationen sein können.

Diese Erfahrungen positiver wie auch negativer Art dürften auch für die Frage von zentraler Bedeutung sein, ob, inwieweit und in welcher Weise unternehmerisches Engagement zunehmend eine wichtige Rolle bei der Bereitstellung öffentlicher Güter und Dienstleistungen in Deutschland spielen wird. Denn im Sinne der Persistenz-These vollzieht sich das unternehmerische Engagement bislang überwiegend in „staatsfernen" Bereichen, wie Sport und Freizeit. Diese aktive Förderung des Sport- und Freizeitbereichs kann durchaus auch als „Investition" von Unternehmen in ihr Gemeinwesen interpretieren werden; denn unterstützt werden auf diese Weise auch infrastrukturelle Rahmenbedingungen zumeist vor Ort, die Mitarbeitern und deren Familien eine aktive Gestaltung ihres außerberuflichen Soziallebens ermöglichen.

Bedeutsamer als die Förderung der Sport- und Freizeit-Infrastruktur dürften aber vermutlich Kooperationen zwischen Unternehmen und gemeinnützigen Organisationen in den Bereichen Soziales, Bildung oder Erziehung sein, da in diese Kooperationen z.B. auch Unterstützungsformen für ältere Menschen oder die Lerninfrastruktur für Kinder und Jugendliche weiterentwickelt werden können. Mit dem Ressourcentransfer in solche Projekte und Maßnahmen betritt das gesellschaftliche Unternehmensengagement in der Bundesrepublik Deutschland aber offenbar weitgehend Neuland, insofern als damit eine aktive gesellschaftliche Beteiligung von Unternehmen in einem klassischen Bereich hoheitlichen Staatshandelns einleitet. Dabei ist zu bedenken, dass die „institutionelle Öffnung" von Schulen mit dem Vordringen von Unternehmen in das bislang staatliche Hoheitsgebiet Bildung überaus kontrovers diskutiert wird. Einerseits gilt diese Entwicklung als defizitbetonte Kompensation von in Deutschland als originär staatlich eingestuften Aufgaben mit Unternehmen in der Rolle von Ausfallbürgen. Andererseits wird durch das Vordringen einzelwirtschaftlicher Interessen in das Schulsystem eine zunehmende Ökonomisierung des öffentlichen Gutes Bildung erwartet. Und drittens würde aufgrund der Selektivität des gesellschaftlichen Unternehmensengagements soziale Ungleichheit verstärken, - eine Entwicklung, die im Widerspruch zum programmatischen Selbstverständnis der Chancengerechtigkeit in der deutschen Gesellschaft steht.

Einerseits erschweren solche Debatten eine freiwillige Beteiligung von Unternehmen in der Gesellschaft; andererseits verweisen sie auf das besondere Potenzial des gesellschaftlichen Engagements von Unternehmen in der Tradition eines zivilgesellschaftlich-kommunitaristischen Verständnisses von Corporate Citizenship: Die Akzentsetzung auf ein gesellschaftspolitisches Engagement, das nicht mit Mildtätigkeit zu assoziieren ist, sondern mit Gesellschaftsgestaltung und politischem Entscheiden (vgl. Backhaus-Maul/Biedermann/Nährlich/ Polterauer 2009, Speth, 2006).

7.5.3 Zivilgesellschaft

Als Adressaten des gesellschaftlichen Unternehmensengagements verdienen gemeinnützige bzw. NPO besondere Aufmerksamkeit. Letztlich entwickeln diese Organisationen vielfach aus dem unternehmerischen Engagement im Sport-, Kultur-, Sozial- und Ökologiebereich konkrete Leistungen für Bürger. Dabei ist zu berücksichtigen, dass die Fähigkeit zur Zusammenarbeit mit Unternehmen für die Mehrzahl der Non-Profit-Organisationen in Deutschland keine kulturelle Selbstverständlichkeit und gepflegte Routine ist. NPO sind in Deutschland als Empfängerinnen staatlicher Subventionen und Zuwendungen sowie aufgrund ihrer politischen Privilegierung unter korporatistischen Bedingungen latent „staatsorientiert" (vgl. Braun 2006b, Priller/Zimmer 2001, Priller/Zimmer/ Anheier 1999).

Erschwerend kommt hinzu, dass der deutsche Non-Profit-Sektor eine überaus geordnete soziale Welt repräsentiert. Fein nach staatlichen Zuständigkeitsmustern in die Sparten Bildung, Soziales, Ökologie, Kultur und Sport aufgeteilt, sind säuberlich voneinander separierte „Schrebergärten" entstanden, die sich mit staatlicher Förderung und Privilegierung jahrzehntelang selbst genügten und sich erst mit der latenten Ressourcenschwäche des öffentlichen Zuwendungsgebers notgedrungen nach neuen Kooperationspartnern umsehen. Staatliche Förderung könnte idealer Weise dazu beitragen, NPO fachlich und sachlich in die Lage zu versetzen, mit Unternehmen verhandeln und kooperieren zu können. Dieser Vorschlag ist zugegebener Maßen anspruchsvoll, da er ein gewandeltes staatliches Selbstverständnis zu Gunsten der Vorstellung eines Gewährleistungsstaates voraussetzt.

Darüber hinaus sind für den Erfolg des gesellschaftlichen Engagements von Unternehmen zumindest in jenen Wirtschaftszweigen, für die Bürger und Konsumenten als Stakeholder relevant sind, gesellschaftliche Akteure wie z.B. Bürgerinitiativen und Interessengruppen von besonderer Bedeutung (vgl. Backhaus-Maul/Schubert, 2005). Diese Gruppen und Organisationen sehen Unternehmungen nicht nur als wirtschaftlichen Geschäftsbetrieb, sondern in einem weiten Sinn als gesellschaftliche Aktivität. Nimmt ein Unternehmen seine gesellschaftliche Rolle nicht oder nur rhetorisch wahr oder verweigert sich dezidiert dem öffentlichen Diskurs, so ist mit einem Imageverlust und Umsatzeinbußen zu rechnen, wie am Beispiel der geplanten Versenkung der Bohrinsel „Brent Spar" durch den Shell-Konzern deutlich wurde. Vor diesem Hintergrund wäre es also eine „kluge", gleichwohl aber nicht risikofreie Unternehmensstrategie, mit gesellschaftlichen Akteursgruppen in Dialog zu treten. Selbstverständlich werden Unternehmen erst einmal Bedenken gegenüber kritischen Fragen und hohen

Erwartungen haben. Gleichwohl eröffnen derartige Dialoge und Interaktionen Unternehmen Innovationspotenziale.

Im Sinne einer Förderung der Konsumentensouveränität und des Verbraucherschutzes bieten sich hier für eine staatliche Förderung besondere Betätigungsmöglichkeiten. Die Spannbreite staatlicher Aktivitäten reicht vom gesetzlichen Konsumentenschutz und der Wettbewerbsförderung über staatliche Interventionen bei der Nichteinhaltung von Sozial-, Arbeits- und Umweltstandards bis hin zu Förderung des öffentlichen Konsumentenschutzes auf Bundes-, Landes- und Kommunalebene. Neben den klassischen staatlichen Instrumenten der Regulierung und Intervention empfiehlt sich auch hier eine Engagementförderung durch Wettbewerb. So könnte der öffentliche Verbraucherschutz intensiver als bisher, das gesellschaftliche Engagement oder die Enthaltsamkeit von Unternehmen transparent machen und „bewerben". Sowohl das gesellschaftliche Unternehmensengagement als auch die Einhaltung und vor allem „Übererfüllung" gesetzlicher Engagementpflichten im Sozial-, Arbeits- und Umweltbereich wären Konsumenten gegenüber als ein besonderes Gütekriterium engagierter Unternehmen zu kommunizieren.

Schließlich kommt für die zukünftige Entwicklung und Dynamisierung des gesellschaftlichen Engagements von Unternehmen Beratungs- und Mittlerorganisationen besondere Bedeutung zu. Im gesellschaftlichen Engagement von Unternehmen sind sie es, die Unternehmen beraten und zwischen For- und Non-Profit-Sektor vermitteln. Waren anfänglich vor allem Non-Profit-Organisationen als Berater und Vermittler tätig, so haben sich mittlerweile auch führende privatgewerbliche Unternehmensberatungen und Kommunikationsagenturen dieses Feld erschlossen. Angesichts dieser Entwicklung wäre es aus der Perspektive staatlicher Engagementförderung allenfalls denkbar, diejenigen gemeinnützigen Mittlerorganisationen im Bereich des gesellschaftlichen Engagements von Unternehmen zu fördern, die das gegenseitige Verstehen und die Bereitschaft zur Kooperation zwischen Unternehmen und Non-Profit-Organisationen forcieren.

Bei diesen Kooperationen müssen sehr unterschiedliche soziale Systeme auf organisationaler Ebene „Passungen" finden, um Aktivitäten des gesellschaftlichen Unternehmensengagements zu entwickeln, zu implementieren und nachhaltig durchzuführen. Allerdings ist die Integration der – immer selbstreferentiell angelegten – Ansprüche eines anderen Systems in den eigenen – ebenfalls selbstreferentiell angelegten – systemischen „Sinnhorizont" nur sehr begrenzt möglich. Die damit vorhandenen Anpassungsprobleme zwischen den Organisationswelten können aber potenzielle „Win-Win-Konstellationen" einer Kooperation auch in das Gegenteil verkehren. Um dieses unerwünschte Ergebnis zu vermeiden, sind in einem ersten Schritt Forschungsarbeiten erforderlich, die das komplexe Problem einer strukturellen Koppelung zwischen den unterschiedlichen gesellschaftlichen Systemen und Organisationen mit ihren jeweils eigenen Handlungslogiken, Sachzwängen, Anforderungsprofilen und Zielsetzungen auf einer sowohl theoretisch-konzeptionell als auch empirisch gehaltvollen Grundlage zu analysieren.

7.5.4 Wissenschaft

Im Anschluss an die weitgehende gesellschaftspolitische Etablierung des Themas ist es dringend geboten, den defizitären Stand der wissenschaftlichen Erforschung des gesellschaftlichen Engagements von Unternehmen in Deutschland zu verbessern. Neben einer weiterzuentwickelnden Begriffsbildung steht die Theorieentwicklung zur Erklärung des gesellschaftlichen Unternehmensengagements noch am Anfang. Auf theoretischer Ebene scheint es zum gegenwärtigen Zeitpunkt von zentraler Bedeutung zu sein, das gesellschaftliche Engagement von Unternehmen als organisationales Handeln zu konzipieren, um der gängigen Metapher vom „Unternehmensbürger" eine inhaltlich anspruchsvolle Theoriefolie zugrunde legen zu können (vgl. Allmendinger/Hinz 2002).

Besondere Bedeutung gewinnt dabei auch die interdisziplinäre Zusammenarbeit. Die Kerndisziplinen bilden sicherlich einerseits die Sozialwissenschaften und dabei insbesondere die Soziologie und Politikwissenschaft und andererseits die Wirtschaftswissenschaften in Gestalt der Betriebs- und Volkswirtschaftslehre. Daneben sind aber auch andere Wissenschaftsdisziplinen von zentraler Bedeutung. Hervorzuheben ist in diesem Kontext die Geschichtswissenschaften mit ihren Forschungen im Bereich der Sozial- und Wirtschaftsgeschichte. Die Erziehungswissenschaft und die Sozialpsychologie dürften darüber hinaus aufschlussreiche Erkenntnisse z.B. im Bereich der Erziehung, der Lernens und der Kooperation beitragen können.

Darüber hinaus ist insbesondere die empirische Analyse mit dem Problem konfrontiert, dass eine entsprechende Forschung noch am Anfang steht, während sich die einzelnen Wissenschaftsdisziplinen bislang primär um Phänomenbeschreibungen, Begriffsabgrenzungen und Verortungen des Phänomens bemühen. Es fehlt eine aussagekräftige Datengrundlage, die sowohl durch die amtliche Statistik als auch andere Vollerhebungen über die deutsche Wirtschaft bereitgestellt werden sollte.

Die Initiierung und vor allem Unterstützung entsprechender Forschungsverbünde kann Aufgabe staatlicher Wissenschafts- und Forschungspolitik sein. In diesem Kontext ist nicht nur an die finanzielle Förderung einzelner Forschungsprojekte zu denken, sondern auch an die infrastrukturelle Unterstützung bei der Selbstorganisation von wissenschaftlichen Einrichtungen, eine breiter angelegte

Forschungsförderung einzuwerben (z.B. Forschergruppen oder Sonderforschungsbereiche bei der Deutschen Forschungsgemeinschaft). Darüber hinaus erscheint es zum gegenwärtigen Zeitpunkt besonders bedeutsam, ein systematisches Wissensmanagement über Erfolg versprechendes Unternehmensengagement zu entwickeln, um das unternehmerische Risiko des Scheiterns zu reduzieren und auf diese Weise das gesellschaftliche Unternehmensengagement qualitativ und quantitativ zu verbessern.

Mit dem Begriff des (organisationalen) Wissensmanagements ist die methodische Einflussnahme auf die Wissensbasis eines Unternehmens angesprochen, indem Daten und Informationen über die vielfältigen betriebsinternen und -externen Aufgaben zur Gestaltung eines gesellschaftlichen Engagements zur Verfügung gestellt werden. Durch ein solches Wissensmanagement, das Theorien der Organisationssoziologie und des organisationalen Lernens in die Praxis überführt, sollen individuelle Wissensbestände zur Entwicklung und Ausgestaltung eines solchen Engagements auf unterschiedlichen Ebenen der Organisationsstruktur verankert werden.

Exemplarisch dafür steht die derzeit immer wieder gestellte Frage nach den betrieblichen Wirkungen und gesellschaftlichen Effekten eines solchen Engagements, die bislang kaum differenzierter in den Blick genommen und untersucht wurden. Umfassendes Wissen über die Wirkungen und Wirkungsmechanismen ist für einen zielgerichteten Ressourceneinsatz und ein inhaltlich fundiertes Management entsprechender Maßnahmen eine entscheidende Voraussetzung und Grundlage für Entscheidungs-, Planungs-, Durchführungs- und Kontrollprozesse. Wesentlich dafür ist die Professionalisierung dieses Managements, um entscheidungsrelevante Aspekte etwa im Hinblick auf folgende Dimensionen differenziert bearbeiten zu können:

- das Wirkungspotenzial des gesellschaftlichen Unternehmensengagements im Allgemeinen (Entscheidungsproblem: Engagement ja oder nein?);
- die optimale Dauer bzw. Mindestdauer des Engagements (Entscheidungsproblem: zeitlicher Umfang des Engagements?);
- das besondere Wirkungspotenzial unterschiedlicher Gegenstandsbereiche des gesellschaftlichen Engagements von Unternehmerischen, wie z.B. Museen, Schulen oder „Tafeln" (Entscheidungsproblem: welches Objekt wird ausgewählt?);
- das Wirkungspotenzial verschiedener kommunikativer Nutzungsmöglichkeiten eines unternehmerischen Engagements etwa im Hinblick auf die Nutzung unterschiedlicher Medien (Entscheidungsproblem: welche konkreten kommunikativen Nutzungen?);

- die Gestaltung einer glaubwürdigen Botschaft zum gesellschaftlichen Engagement (Entscheidungsproblem: wie soll die Botschaft gestaltet und platziert werden?).

Eine theoretisch elaborierte Wirkungsforschung, die das Methodeninventar der empirischen Forschung auszuschöpfen vermag, unterstützt den zielgerichteten Einsatz eines freiwilligen gesellschaftlichen Engagements und trägt zur Verbesserung der Kosten-/Nutzen-Bilanz bei. Staatliche Engagementpolitik als aktivierendes Wissensmanagement über gesellschaftliches Engagement kann einen substanziellen Beitrag leisten, um auf die Wirkung eines solchen Engagements mit vorökonomischen Effekten aufmerksam zu machen, denen ökonomische Wirkungen folgen können.

7.5.5 Erneuerte Tradition: Der deutsche Pfad des gesellschaftlichen Engagements von Unternehmen

Die skizzierten Herausforderungen an Staat, Wirtschaft, Zivilgesellschaft und Wissenschaft reflektieren die Suchbewegungen, die das aktuellen Herausforderungen des gesellschaftlichen Engagements von Unternehmen im Spannungsfeld zwischen Tradition und gesellschaftlichem Wandel charakterisieren. Die Leitvorstellungen von einem gesellschaftlichen Unternehmensengagement in Deutschland reichen traditionell von der sozial engagierten protestantischen Unternehmerpersönlichkeit im Kaiserreich, die sich freiwillig karitativ engagierte und die Grundlagen für eine betriebliche Sozialpolitik geschaffen hat, bis zur Sozialen Marktwirtschaft, d.h. einer sozialstaatlich eingehegten Variante des Kapitalismus, in der Wirtschaftsverbände und Gewerkschaften in staatliche Entscheidungsprozesse inkorporiert werden.

Unter den Bedingungen der Sozialen Marktwirtschaft lässt sich die gesellschaftliche Rolle von Unternehmen in Deutschland einerseits in eine gesetzlich geregelte Verantwortung bzw. rechtliche Verpflichtung und andererseits in ein freiwilliges gesellschaftliches Engagement unterscheiden, das über das wirtschaftliche Kerngeschäft und die Erfüllung gesetzlicher Bestimmungen weit hinausgeht. Für deutsche Unternehmen war es einerseits ein sozialkulturelle Selbstverständlichkeit, sich freiwillig zu engagieren und andererseits in korporatistischen Verhandlungsgremien mitzuwirken. So wurden Unternehmen – unter staatlicher Regie – punktuell an der Erbringung öffentlicher Aufgaben beteiligt; darüber hinaus engagierte sich ein Teil von ihnen freiwillig in eher apolitischen Themen wie Sport und Freizeit oder in den nicht konfliktträchtigen Segmenten der Politikfelder Soziales und Ökologie.

Diese differenzierte gesellschaftliche Rolle von Unternehmen wurde in den 1990er Jahren von einer globalen Diskussion „überrascht und überzogen". Die Anfänge der globalen Debatte über die gesellschaftliche Rolle von Unternehmen reichen bis zur wirtschaftlichen Krise in den USA der 1980er Jahre zurück. Im Zuge tief greifender wirtschaftlicher Umbrüche wurde in der liberalen US-Gesellschaft mit ihrem schwachen Staat auch die grundsätzliche Frage nach der gesellschaftlichen Rolle von Unternehmen und Wirtschaft sowie ihres Beitrags zur gesellschaftlichen Revitalisierung gestellt. Diese „nationale US-amerikanische Debatte" wurden mit Begriffen wie „Corporate Social Responsibility" und „Corporate Citizenship" geführt, die in den 1990er Jahren in Europa zunächst in Großbritannien, Dänemark und den Niederlanden rezipiert wurden, während sich in Deutschland Wirtschaft und Unternehmensverbände im vermeintlich ruhigen Fahrtwasser der Sozialen Marktwirtschaft unter Verweis auf die Erfüllung gesetzlicher Verpflichtungen und ihr freiwilliges Engagement zunächst in Zurückhaltung übten.

Die Globalisierung des Wirtschaftens und der sukzessive Bedeutungsverlust nationalstaatlichen Handelns leisteten aber ihren Beitrag dazu, dass die globale Kommunikation über die neue gesellschaftliche Rolle von Unternehmen nach kurzen Abwehrritualen unvermittelt und frei von spezifischem Kontextwissen Eingang in die deutsche Debatte fand. Im Ergebnis – so der Befund der vorliegenden Sekundäranalyse – hat sich die globale Debatte über das gesellschaftliche Engagement von Unternehmen in Deutschland sowohl auf die Vorstellungen von gesetzlich geregelter Verantwortung wie auch auf die Vorstellungen von einem freiwilligen gesellschaftlichen Engagement von Unternehmen ausgewirkt. Sowohl die Erfüllung einer gesetzlichen Verantwortung als auch das Erbringen eines freiwilligen Engagements werden mit allgemeinen Wirtschaftlichkeitserwägungen und unternehmensbezogenen Nutzenkalkülen verknüpft, die durch Messungen und Bewertungen eingehender bestimmt werden sollen. Das gesellschaftliche Engagement von Unternehmen in Deutschland würde damit – entgegen der hierzulande gepflegten Tradition – einseitig auf eine wirtschaftliche und unternehmensbezogene Dimension verengt werden, während die zivilgesellschaftliche Bedeutung und Wirkung des Engagements von Unternehmen völlig unnötigerweise ausgeblendet werden würde.

Literaturverzeichnis

Abelshauser, W. (2004). Deutsche Wirtschaftsgeschichte seit 1945. München: C. H. Beck.

Abelshauser, W. (1996). Wirtschaftliche Wechsellagen, Wirtschaftsordnung und Staat: Die deutschen Erfahrungen. In: Grimm, D. (Hrsg.), Staatsaufgaben. Baden-Baden: Nomos-Verlag.

Adloff, F./Birsl, U./Schwertmann, P. (Hrsg.) (2005). Wirtschaft und Zivilgesellschaft. Theoretische und empirische Perspektiven. Wiesbaden: VS-Verlag für Sozialwissenschaften.

Aktive Bürgerschaft (Hrsg.) (2004). Aktuelle Beiträge zu Corporate Citizenship. Berlin: Eigenverlag.

Altmeppen, K.-D. (2009). Journalistische Beobachter in der öffentlichen (Verantwortungs-) Kommunikation. Strukturen und Probleme. In: Backhaus-Maul, H./Biedermann, C./ Polterauer, J./Nährlich, S. (Hrsg.), Corporate Citizenship in Deutschland. Gesellschaftliches Engagement von Unternehmen. Bilanz und Perspektiven, 2. Auflage. Wiesbaden: VS-Verlag für Sozialwissenschaften, S. 489-508.

Alemann, U. von (1987). Organisierte Interessen in der Bundesrepublik. Opladen: Leske + Budrich.

Alemann, U. von/Eckert, F. (2006). Lobbyismus als Schattenpolitik. In: Aus Politik und Zeitgeschichte, (15/16), S. 3–10.

Allmendinger, J., Hinz/Thomas (Hrsg.) (2002). Organisationssoziologie. (Kölner Zeitschrift für Soziologie und Sozialpsychologie, Sonderheft 42. Wiesbaden: Westdeutscher Verlag.

Althaus, M. (2007). Public Affairs und Lobbying. In: Piwinger, M./Zerfaß, A. (Hrsg.), Handbuch Unternehmenskommunikation.. Wiesbaden: Gabler, S. 797–816.

American Chamber of Commerce in Germany/F.A.Z.-Institut für Management (Hrsg.) (2005). Unternehmen und Verantwortung: Trends in Corporate Social Responsibility. Frankfurt/M.: FAZ-Verlag.

Ammann, H./Bachmann, R./Schaller, R. (Hrsg.) (2004). Unternehmen unterstützen Freiwilligkeit. Zürich: Seismo.

Amthor, O.G. (2005). Gesellschaftliches Engagement in der Elektrizitätsversorgungsindustrie. Eine Analyse unter besonderer Berücksichtigung seiner Begründung und seiner strukturpolitischen Wirkung. Berlin: Weißensee-Verlag.

Anheier, H. K./Priller, E./Seibel, W./Zimmer, A. (Hrsg.) (1998). Der Dritte Sektor in Deutschland: Organisationen zwischen Staat und Markt im gesellschaftlichen Wandel. Berlin: edition sigma.

Anheier, H. K./Toepler S. (2005). Definition und Phänomenologie der Nonprofit-Organisation. In: Hopt, K. J. (Hrsg.), Nonprofit-Organisationen in Recht, Wirtschaft und Gesellschaft. Theorien - Analysen - Corporate Governance..Tübingen: Mohr Siebeck, S. 17–33.

Ankele, K. (2005). Social Responsibility und Unternehmen. Mit CSR zu mehr gesellschaftlicher Verantwortung? In: Ökologisches Wirtschaften, (3), S. 30–32.

Aßländer, M. S./Ulrich, P. (2009). 60 Jahre Soziale Marktwirtschaft: Illusionen und Reinterpretationen einer ordnungspolitischen Integrationsformel. Bern: Haupt.

Backes-Gellner, U./Maaß, F. (2006). Corporate Citizenship als integrative Führungsaufgabe. Zugriff am 30. März 2009 unter Institut für Mittelstandsforschung Bonn: www.ifm-bonn.org/assets/documents/OSCAR-Trends-4-2005.pdf.

Backhaus-Maul, H. (2003). Engagementförderung durch Unternehmen in den USA. Über die produktive Balance zwischen Erwerbsarbeit, Familienleben und bürgerschaftlichem Engagement. In: Enquete-Kommission „Zukunft des Bürgerschaftlichen Engagements" des Deutschen Bundestages (Hrsg.), Bürgerschaftliches Engagement von Unternehmen. Opladen: Leske + Budrich, S. 85–147.

Backhaus-Maul, H. (2004). Corporate Citizenship im deutschen Sozialstaat. In: Aus Politik und Zeitgeschichte, (14), S. 23–30.

Backhaus-Maul, H (2005) Corporate Citizenship - liberale Gesellschaftspolitik als Unternehmensstrategie in den USA. In: Adloff, Frank/Birsl, Ursula/Schwertmann, Philipp (Hrsg.), Wirtschaft und Zivilgesellschaft. Theoretische und empirische Perspektiven. Jahrbuch für Europa- und Nordamerika-Studien. Wiesbaden: VS-Verlag für Sozialwissenschaften, S. 225-243.

Backhaus-Maul, H. (2006). Gesellschaftliche Verantwortung von Unternehmen. In: Aus Politik und Zeitgeschichte, (12), S. 32-38.

Backhaus-Maul, H. (2008). Traditionspfad mit Entwicklungspotenzial. In: Aus Politik und Zeitgeschichte, (31), S. 14-20.

Backhaus-Maul, H. (2007). Zivilgesellschaft. In: Deutscher Verein für öffentliche und private Fürsroge (Hrsg.), Fachlexikon der sozialen Arbeit, 6. Auflage. Baden-Baden: Nomos, S. 1065-1066

Backhaus-Maul, H. (2009.) Akteure in der Sozialwirtschaft. In: Archiv für Wissenschaft und Praxis der sozialen Arbeit, (3), S.62-84.

Backhaus-Maul, H./Biedermann, C./Nährlich, S./Polterauer, J. (2008). Corporate Citizenship in Deutschland. Die überraschende Konjunktur einer verspäteten Debatte. In: dies. (Hrsg.), Corporate Citizenship in Deutschland. Bilanz und Perspektiven. Wiesbaden: VS-Verlag für Sozialwissenschaften, S. 13–42.

Backhaus-Maul, H./Biedermann, C./Polterauer, J./Nährlich, S. (Hrsg.). (2009). Corporate Citizenship in Deutschland. Gesellschaftliches Engagement von Unternehmen. Bilanz und Perspektiven, 2. Auflage. Wiesbaden: VS-Verlag für Sozialwissenschaften.

Backhaus-Maul, H./Braun, S. (2007). Gesellschaftliches Engagement von Unternehmen in Deutschland. Konzeptionelle Überlegungen und empirische Befunde. In: Stiftung und Sponsoring/ Rote Seiten, 10(5), S. 1–15.

Backhaus-Maul, H./Braun, S. (2009). Gesellschaftliches Engagement von Unternehmen in Deutschland. Konzeptionelle Überlegungen, empirische Befunde und engagementpolitische Perspektiven. Erscheint in: Olk, T./Klein, A./Hartnuß, B. (Hrsg.), Engagementpolitik. Die Entwicklung der Zivilgesellschaft als politische Aufgabe. Wiesbaden: VS Verlag. für Sozialwissenschaften.

Backhaus-Maul, H./Brühl, H. (Hrsg.) (2003). Bürgergesellschaft und Wirtschaft – zur neuen Rolle von Unternehmen. Berlin: Deutsches Institut für Urbanistik.

Backhaus-Maul, H./Friedrich, P. (2010). Gesellschaftliches Engagement von Unternehmen in Deutschland. In: Olk, T./Hartnuss, B. (Hrsg.), Handbuch Bürgerschaftliches Engagement. Weinheim/München: Juventa, S. 303-326.

Backhaus-Maul, H./Friedrich, P. (2010). Intermediäre Organisationen in der Sozialwirtschaft. Erscheint in: Sozialwirtschaft..

Backhaus-Maul, H./Janowicz, C./Mutz, G. (2001). Unternehmen in der Bürgergesellschaft. Die Pflege des Sozialkapitals als Grundbedingung erfolgreichen Wirtschaftens. In: Blätter der Wohlfahrtspflege, 148(11/12), S. 233-237.

Backhaus-Maul, H./Mutz, G. (2005). Die organisationssoziologische Entgrenzung des Dritten Sektors. Zur Handlungskoordination und -logik gemeinnütziger Organisationen. In: Birkhölzer, K. (Hrsg.), Dritter Sektor - drittes System. Theorie, Funktionswandel und zivilgesellschaftliche Perspektiven. Wiesbaden: VS-Verlag für Sozialwissenschaften, S. 93–103.

Backhaus-Maul, H./Olk, T. (1994). Von „Subsidiarität zu „outcontracting". Zum Wandel der Beziehungen zwischen Staat und Wohlfahrtsverbände in der Sozialpolitik. In: Streeck, W. (Hrsg.), Staat und Verbände, Kölner Zeitschrift für Soziologie und Sozialpsychologie, Sonderheft 25. Wiesbaden: Westdeutscher Verlag, S. 100-135.

Backhaus-Maul, H./Schubert, I. (2005). Unternehmen und Konsumenten. Diffuse Verantwortung und schwache Interessen. In: Forschungsjournal Neue Soziale Bewegungen, 18(4), S. 78–88.

Badelt, C. (2007). Handbuch der Nonprofit-Organisation: Strukturen und Management, 4. Auflage. Stuttgart: Schäffer-Poeschel.

Baecker, D. (1999). Die Form des Unternehmens. Frankfurt/M.: Suhrkamp.

Bäcker, G./Naegele, G./Bispinck, R./Hofemann, K./Neubauer, J. (2008). Gesundheit, Familie, Alter und Soziale Dienste, 2. Bd., 4.Auflage.Wiesbaden: VS-Verlag für Sozialwissenschaften.

Bakan, J. (2004). Corporation: The pathological Pursuit of Profit and Power. London: Constable.

Bartsch, G. (2008). Corporate Volunteering – ein Blickwechsel mit Folgen. In: Backhaus-Maul, H./Biedermann, C./Polterauer, J./ Nährlich, S. (Hrsg.), Corporate Citizenship in Deutschland. Bilanz und Perspektiven. Wiesbaden: VS-Verlag für Sozialwissenschaften, S. 323-334.

Beckert, J. (2006). Wer zähmt den Kapitalismus? In: Beckert, J./Streeck, W. (Hrsg.), Transformationen des Kapitalismus. Festschrift für Wolfgang Streeck zum sechzigsten Geburtstag. Frankfurt/New York: Campus, S. 425-442.

Beckert, J./Streeck, W. (Hrsg.) (2006). Transformationen des Kapitalismus: Festschrift für Wolfgang Streeck zum sechzigsten Geburtstag. Frankfurt/New York: Campus.

Beckmann, M. (2008). Corporate Citizenship als Ordnungsverantwortung. In: Backhaus-Maul, H./Biedermann, C./Polterauer, J./Nährlich, S. (Hrsg.), Corporate Citizenship in Deutschland. Bilanz und Perspektiven. Wiesbaden: VS-Verlag für Sozialwissenschaften, S. 101–105.

Bentele, G. (Hrsg.). (2002). Kommunikationsmanagement: Strategien, Wissen, Lösungen. Neuwied: Luchterhand.

Benz, A./Lütz, S./Schimank, U./Simonis, G. (Hrsg.) (2007). Handbuch Governance. Wiesbaden: Verlag für Sozialwissenschaften.

Bertelsmann Stiftung. (2005). Die gesellschaftliche Verantwortung von Unternehmen. Gütersloh: Eigenverlag.

Beschorner, T. (Hrsg.) (2006). Unternehmerische Verantwortung in Zeiten kulturellen Wandels. München/Mehring: Rainer Hampp-Verlag.

Beschorner, T. (2008). Corporate Social Responsibility und Corporate Citizenship: Theoretische Perspektiven für eine aktive Rolle von Unternehmen. In: Backhaus-Maul, H./Biedermann, C./Polterauer, J./Nährlich, S. (Hrsg.), Corporate Citizenship in Deutschland. Bilanz und Perspektiven. Wiesbaden: VS Verlag für Sozialwissenschaften, S. 68–86.

Best, H. (Hrsg.) (1993). Vereine in Deutschland: Vom Geheimbund zur freien gesellschaftlichen Organisation. Bonn: Informationszentrum Sozialwissenschaften.

Bethin, C./Bonfiglioli, E. (2002). Corporate Social Responsibility – Ein umfassendes Konzept in Europa. In: Braun, B. (Hrsg.), Soziale Verantwortung und wirtschaftlicher Nutzen. Konzepte und Instrumente zur Kommunikation und Bewertung von Corporate Citizenship und Corporate Social Responsibility. Hamburg: Bundesinitiative „Unternehmen: Partner der Jugend", S. 18–35.

Beyer, J. (2002). Deutschland AG a. D.: Deutsche Bank, Allianz, und das Verflechtungszentrum großer deutscher Unternehmen, MPIfG Working Paper, (2). Köln: Max-Planck-Institut für Gesellschaftsforschung.

Beyer, J. (2006). Pfadabhängigkeit: Über institutionelle Kontinuität, anfällige Stabilität und fundamentalen Wandel. Frankfurt/New York: Campus.

Beyer, J. (2007). Primat der Finanzmarktorientierung: Zur Logik der Auflösung der Deutschland AG. In: Berliner Debatte Initial, 18(4/5), S. 56–64.

Biedermann, C. 2008: Corporate Citizenship als strategische Unternehmenskommunikation. In: Backhaus-Maul, H./Biedermann, C./Polterauer, J./Nährlich, S. (Hrsg.), Corporate Citizenship in Deutschland. Bilanz und Perspektiven. Wiesbaden: VS-Verlag für Sozialwissenschaften, S. 291-306.

Birkhölzer, K. (Hrsg.). (2005). Dritter Sektor - drittes System: Theorie, Funktionswandel und zivilgesellschaftliche Perspektiven. Wiesbaden: VS-Verlag für Sozialwissenschaften.

Bluhm, K. (2008). Corporate Social Responsibility – Zur Moralisierung von Unternehmen aus soziologischer Perspektive. In: Maurer, A./Schimank, U. (Hrsg.), Die Gesellschaft der Unternehmen – Die Unternehmen der Gesellschaft. Gesellschaftstheoretische Zugänge zum Wirtschaftsgeschehen. Wiesbaden: VS-Verlag für Sozialwissenschaften, S. 144-162.

Boeckh, J./Huster, E.-U./Benz, B. (2004). Sozialpolitik in Deutschland: Eine systematische Einführung. Wiesbaden: VS Verlag. für Sozialwissenschaften.

Böttcher, C. (2008). Unternehmen in der Sozialen Marktwirtschaft: Expertise im Rahmen des Forschungsprojektes „Gesellschaftliches Engagement von Unternehmen in Deutschland. Eine sozialwissenschaftliche Bestandsaufnahme der Potenziale unternehmerischen bürgerschaftlichen Engagements". Berlin: Humboldt-Universität zu Berlin/Forschungszentrum für Bürgerschaftliches Engagement.

Bourdieu, P. (1996). Die feinen Unterschiede. 8. Auflage. Frankfurt/M.: Suhrkamp.

Brandl, S. (2006). „Deutsches Modell" oder globalisiertes Arrangement?: Transformation industrieller Beziehungen und soziale Nachhaltigkeit. Berlin: edition sigma.

Braun, B. (Hrsg.) (2002). Soziale Verantwortung und wirtschaftlicher Nutzen: Konzepte und Instrumente zur Kommunikation und Bewertung von Corporate Citizenship und Corporate Social Responsibility. Hamburg: Bundesinitiative „Unternehmen: Partner der Jugend".

Braun, S. (1999). Elitenrekrutierung in Frankreich und Deutschland: Köln: Buch Strauß.

Braun, S. (2001a). Bürgerschaftliches Engagement – Konjunktur und Ambivalenz einer gesellschaftspolitischen Debatte. In: Leviathan,(29), S. 83-109.

Braun, S. (2001b). Putnam und Bourdieu und das soziale Kapital in Deutschland. Der rhetorische Kurswert einer sozialwissenschaftlichen Kategorie. In: Leviathan, (29), 337-354.

Braun, S. (2001c). Bürgerschaftliches Engagement im politischen Diskurs. In: Aus Politik und Zeitgeschichte, (25-26), S. 3-5.

Braun, S. (2002). Soziales Kapital, sozialer Zusammenhalt und soziale Ungleichheit. Integrationsdiskurse zwischen Hyperindividualismus und der Abdankung des Staates. In: Aus Politik und Zeitgeschichte, (29-30), S. 6-12.

Braun, S. (2003a). Freiwillige Vereinigungen zwischen Staat, Markt und Privatsphäre. Konzepte, Kontroversen und Perspektiven. In: Baur, J./Braun, S. (Hrsg.), Integrationsleistungen von Sportvereinen als Freiwilligenorganisationen. Aachen: Meyer & Meyer, S. 43-87.

Braun, S. (2003b). Freiwillige Vereinigungen als Produzenten von Sozialkapital? In: Verbandsmanagement, 29 (1), S. 28-37.

Braun, S. (2004). Die Wiederentdeckung des Vereinswesens im Windschatten gesellschaftlicher Krisen. In: Forschungsjournal Neue Soziale Bewegungen, 17(1), S. 26–35.

Braun, S. (2006a). Gastbeitrag: Bürgerschaftliches Engagement. In: E.ON Westfalen Weser AG (Hrsg.), Geschäftsbericht 2005. Engagiert aus Überzeugung für unsere Region. Paderborn: E.ON Westfalen Weser AG, S. 10-13.

Braun, S. (2006b). Umbau des Sozialstaates und organisierter Sport. In: Sport und Gesellschaft - Sport and Society, (3), S. 124–129.

Braun, S. (2007a). Corporate Citizenship und Dritter Sektor: Anmerkungen zur Vorstellung: „Alle werden gewinnen...". In: Forschungsjournal Neue Soziale Bewegungen, 20(2), S. 186–190.

Braun, S. (2008). Gesellschaftliches Engagement von Unternehmen in Deutschland. In: Aus Politik und Zeitgeschichte, (31), S. 6–14.

Braun, S. (2009a). Unternehmen in Gesellschaft: „Corporate Citizenship" und das gesellschaftliche Engagement von Unternehmen in Deutschland. In: Forum Wohnen und Stadtentwicklung, (1), S, 59-64.

Braun, S. (2009b). Gesellschaftliches Engagement von Unternehmen im Wohlfahrtspluralismus der Stadtgesellschaft. In: Forum Wohnen und Stadtentwicklung, (4), 196-201.

Braun, S. (2009c). Zwischen nationalen Traditionen und globalen Herausforderungen: Gesellschaftliches Engagement von Unternehmen in der sozialen Marktwirtschaft der Bundesrepublik Deutschland. Erscheint in: Braun, S, (Hrsg.), Gesellschaftliches Engagement von Unternehmen – der deutsche Weg im internationalen Kontext. Wiesbaden: VS-Verlag für Sozialwissenschaften.

Braun, S. (im Druck a). Corporate Citizenship. In: Nohlen, D./Schultze, R.-O. (Hrsg.), Lexikon der Politikwissenschaft, 4. Auflage. München: C. H. Beck.

Braun, S. (im Druck b). Bildung, Zivilgesellschaft und organisierter Sport. Engagementpolitische Reflexionen zu einem bildungspluralistischen Arrangement. In: Neuber, N. (Hrsg.), Informelles Lernen im Sport – Beiträge zur allgemeinen Bildungsdebatte. Wiesbaden: VS-Verlag für Sozialwissenschaften.

Braun, S. (im Druck c). Ideen statt Rotstift: Eine Best-Practice Studie zur Übernahme öffentlicher Aufgaben durch bürgerschaftliches Engagement. In: Lamping, W./Schridde, H. (Hrsg.), Der Konsultative Staat . Opladen: Verlag Barbara Budrich.

Braun, S./Kukuk, M. (2007). Corporate Citizenship: Gesellschaftliches Engagement von Wirtschaftsunternehmen in Deutschland. Kommentierter Datenbericht zum Forschungsprojekt, ForBE Working Paper. Paderborn: Forschungszentrum für Bürgerschaftliches Engagement.

Braun, S./Weiß, C. (2008). Sozialkapital. In: Gosepath, H./Hinsch, W./Rössler, B. (Hrsg.), Handbuch der politischen Philosophie und Sozialphilosophie.. Berlin: Walter de Gruyter, S. 1225-1229.

Brinkmann, J. (2004). Corporate Citizenship und Public-Private Partnerships: Zum Potential der Kooperation zwischen Privatwirtschaft, Entwicklungszusammenarbeit und Zivilgesellschaf. Lutherstadt Wittenberg: Wittenberg-Zentrum für Globale Ethik.

Brinkmann, J./Pies, I. (2005). Corporate Citizenship: Raison d'être korporativer Akteure aus Sicht der ökonomischen Ethik. Lutherstadt Wittenberg: Wittenberg Center for Global Ethics.

Brinkmann, U. (Hrsg.) (2006). Endspiel des Kooperativen Kapitalismus?: Institutioneller Wandel unter den Bedingungen des marktzentrierten Paradigmas. Wiesbaden: VS-Verlag für Sozialwissenschaften.

Browne, J. (2000). Large Companies Cannot Afford to Disappoint. In: McIntosh, M. (Hrsg.), Visions of ethical business. The third in a series of free vision papers from Financial Times Prentice Hall. London: Financial Times/Prentice Hall, S. 23–25.

Brunnengräber, A. (Hrsg.) (2005). NGOs im Prozess der Globalisierung: Mächtige Zwerge - umstrittene Riesen. Wiesbaden: VS-Verlag für Sozialwissenschaften.

Budäus, D. (2005). Umsetzung gesellschaftlicher Verantwortung von Unternehmen durch Kooperationen mit dem öffentlichen Sektor im Zeitalter der Globalisierung. In: Budäus, D. (Hrsg.), Governance von Profit- und Nonprofit-Organisationen in gesellschaftlicher Verantwortung. Wiesbaden: Deutscher Universitäts-Verlag, S. 67–92.

Budäus, D. (Hrsg.). (2005). Governance von Profit- und Nonprofit-Organisationen in gesellschaftlicher Verantwortung. Wiesbaden: Deutscher Universitäts-Verlag.

Bundesministerium für Bildung und Forschung (2005). Die Reform der beruflichen Bildung: Chance und Verlässlichkeit durch Innovation und Qualität. Berlin: Eigenverlag

Bundesministerium für Wirtschaft und Technologie (Hrsg.). (2000). Aktuelle Formen des Korporatismus. Berlin: Eigenverlag.

Bundesverband Deutscher Stiftungen (Hrsg.) (2007). Stiftungsreport 2007. Berlin: Verlag Deutscher Stiftungen.

Center für Corporate Citizenship Deutschland/CCCD 2007: Gesellschaftliches Engagement von Unternehmen in Deutschland und im transatlantischen Vergleich mit den USA. Berlin: Eigenverlag.

CSR Austria (Hrsg.) (2003). Die gesellschaftliche Verantwortung österreichischer Unternehmen. Wien: Eigenverlag.

Curbach, J. (2007). Corporate Social Responsibility – Unternehmen als Adressaten und Aktivisten einer transnationalen Bewegung. In: Rehberg, K.-S. (Hrsg.), Die Natur der Gesellschaft. Verhandlungen des 33. Kongresses der Deutschen Gesellschaft für Soziologie in Kassel 2006. Frankfurt/New York: Campus, S. 65- 74.

Deutschmann, C. (1997). Die Mythenspirale: Eine wissenssoziologische Interpretation industrieller Rationalisierung. In: Soziale Welt, 47(1), S. 55–70.

Deutschmann, C. (2008a). Kapitalistische Dynamik: Eine gesellschaftstheoretische Perspektive. Wiesbaden: VS-Verlag für Sozialwissenschaften.

Deutschmann, C. (2008b): Der Typus des Unternehmers in wirtschaftssoziologischer Sicht. In: Maurer, A./Schimank, U. (Hrsg.), Die Gesellschaft der Unternehmen – Die Unternehmen der Gesellschaft. Gesellschaftstheoretische Zugänge zum Wirtschaftsgeschehen. Wiesbaden: VS-Verlag für Sozialwissenschaften, S. 40-62.

Deutschmann, C./Baecker, D. (2002). Die gesellschaftliche Macht des Geldes. Wiesbaden: Westdeutscher Verlag.

Dierkes, M./Wenkebach, H. H. (Hrsg.) (1987). Macht und Verantwortung: Zur politischen Rolle des Unternehmens. Stuttgart: Poller.

Dietzfelbinger, D. (2001). Corporate Citizenship: Baustein zu einer Next Economy. In: Politische Studien, (52), S. 64–75.

Donner, C. (2004). Theoriegeleitete Analyse aktueller Corporate Citizenship-Maßnahmen ausgewählter deutscher Unternehmen. Universität Hamburg: Eigenverlag.

Ebbinghaus, B. (2003). Die Mitgliederentwicklung deutscher Gewerkschaften im historischen und internationalen Vergleich. In: Schroeder, W./Wessels, B. (Hrsg.), Die Gewerkschaften in Politik und Gesellschaft der Bundesrepublik Deutschland. Ein Handbuch. Wiesbaden: Westdeutscher Verlag, S. 174–203.

Egbringhoff, J./Mutz, G. (2008). Corporate Social Responsibility und Corporate Citizenship: Die Rolle der Arbeitnehmervertretung und Auswirkungen auf die Beschäftigten. In: Backhaus-Maul, H./Biedermann, C./Polterauer, J./ Nährlich, S. (Hrsg.), Corporate Citizenship in Deutschland. Bilanz und Perspektiven. Wiesbaden: VS-Verlag für Sozialwissenschaften, S. 219–236.

Enquete-Kommission „Zukunft des Bürgerschaftlichen Engagements" des Deutschen Bundestages (2002). Bürgerschaftliches Engagement: auf dem Weg in eine zukunftsfähige Bürgergesellschaft, Bericht. Opladen: Leske + Budrich.

Ernst and Young (Hrsg.) (2008). Verantwortung und Entrepreneurship: Nachhaltige Unternehmensführung im Mittelstand. Essen. Eigenverlag.

Esping-Andersen, G. (1990). The Three Worlds of Welfare Capitalism. Cambridge: Cambridge University Press.

Esser, J. (2003). Funktion und Funktionswandel der Gewerkschaften in Deutschland. In: Schroeder, W./B. Weßels (Hrsg.), Die Gewerkschaften in Politik und Gesellschaft der Bundesrepublik Deutschland. Ein Handbuch. Wiesbaden: Westdeutscher Verlag, S. 65–85.

Europäische Kommission/Generaldirektion Beschäftigung und Soziales (Hrsg.) (2001). Europäische Rahmenbedingungen für die soziale Verantwortung der Unternehmen: Grünbuch. Luxemburg: Amt für amtliche Veröffentlichungen der Europäischen Gemeinschaft.

Evers, A./Olk, T. (Hrsg.) (1996). Wohlfahrtspluralismus: Vom Wohlfahrtsstaat zur Wohlfahrtsgesellschaft. Opladen: Westdeutscher Verlag.

Fabisch, N. (2004). Soziales Engagement von Banken: Entwicklung eines adaptiven und innovativen Konzeptansatzes im Sinne des Corporate Citizenship von Banken in Deutschland. München/Mehring: Rainer Hampp-Verlag.

Fischer, R. (2007): Regionales Corporate Citizenship: gesellschaftlich engagierte Unternehmen in der Metropolregion Frankfurt/Rhein-Main. Frankfurt/M.: Universität Frankfurt.

Fley, B. (2008). Wirtschaft und wirtschaftliches Handeln als Ökonomie der Praxis. In Maurer, A. (Hrsg). Handbuch der Wirtschaftssoziologie. Wiesbaden: VS-Verlag für Sozialwissenschaften, S. 161-184.

Fombrun, C. J. (1997). Three Pillars of Corporate Citizenship: Ethics, Social Benefit, Profitability. In: Tichy, N. M. (Hrsg.), Corporate global citizenship. Doing business in the public eye. San Francisco/CA: New Lexington Press, S. 27–42).

Fombrun, C. J./ Gardberg, N. A./Barnett, M. L. (2000). Opportunity Platforms and Safety Nets. Corporate Citizenship and Reputational Risk. In: Business and Society Review, 105(1), S. 85–106.

FORSA/Gesellschaft für Sozialforschung und statistische Analysen (Hrsg.) (2005). Corporate Social Responsibility in Deutschland. Berlin: Eigenverlag.

Frantz, C./Martens, K. (Hrsg.) (2006). Nichtregierungsorganisationen (NGOs). Wiesbaden: VS-Verlag für Sozialwissenschaften.

Friedman, M. (1970). The Social Responsibility of Business is to Increase its Profits. The New York Times Magazine. Zugriff am 30. März 2009 unter http://www.colorado.edu/studentgroups/libertarians/issues/friedman-soc-resp-business.html.

Friedrich, P. (2007). Kooperationen zwischen öffentlichen Schulen und Wirtschaftsunternehmen: Zwischen strategischem Engagement, systemorientierten Einfluss und Zufall. Halle: Martin-Luther-Universität Halle-Wittenberg/Philosophische Fakultät III (Erziehungswissenschaften).

Friedrich, P./Hadasch, H. (2008). Das gesellschaftliche Engagement von Unternehmen: Eine Sekundäranalyse der Positionierungen gesellschaftsrelevanter Akteure in Deutschland. Expertise im Rahmen des Forschungsprojektes „Gesellschaftliches Engagement von Unternehmen in Deutschland. Eine sozialwissenschaftliche Bestandsaufnahme der Potenziale unternehmerischen bürgerschaftlichen Engagements". Halle: Martin-Luther-Universität/Philosophische Fakultät III (Erziehungswissenschaften).

Friedrich-Wilhelm Lehmann (Hrsg.) (2005). Der Arbeitnehmer im 21. Jahrhundert. Tarifverträge im Wandel!? Balance zwischen wirtschaftlicher Vernunft und sozialer Gerechtigkeit, kollektiver Vormundschaft und individueller Freiheit. - Deutschland und Europa. München/Mehring: Rainer Hampp-Verlag.

Friesl, C. (2008). Erfolg und Verantwortung: Die strategische Kraft von Corporate Social Responsibility. Wien: Facultas Verlag und Buchhandlung AG.

Fuchs, P. (1994). Und wer berät die Gesellschaft? Gesellschaftstheorie und Beratungsphänomen in soziologischer Sicht. In: Fuchs, P./Pankoke, E. (Hrsg.), Beratungsgesellschaf. Schwerte: Katholische Akademie Schwerte, S. 67–77.

Fuchs, P. (2004). Die magische Welt der Beratung. In: Schützeichel, R. (Hrsg.), Die beratene Gesellschaft. Zur gesellschaftlichen Bedeutung von Beratung. Wiesbaden: VS-Verlag für Sozialwissenschaften, S. 239–258.

Fuchs, P./Mahler, E. (2000). Form und Funktion von Beratung. In: Soziale Systeme, 6(2), S. 349–368.

Fuchs, P./Pankoke, E. (Hrsg.) (1994). Beratungsgesellschaft. Schwerte: Katholische Akademie: Eigenverlag.

Fundraising-Akademie (Hrsg.) (2001). Fundraising: Handbuch für Grundlagen, Strategien und Instrumente. Wiesbaden: Gabler.

Gazdar, K. (Hrsg.). (2006). Erfolgsfaktor Verantwortung: Corporate social responsibility professionell managen. Berlin: Springer.

Genschel, P./Uhl, S. (2006). Der Steuerstaat und die Globalisierung. In: Leibfried, S./Zürn, M. (Hrsg.), Transformationen des Staates?. Frankfurt/M.: Suhrkamp, S. 92–119.

Gensicke, T./Picot, S./Geiss, S. (2006). Freiwilliges Engagement in Deutschland 1999 – 2004. Ergebnisse der repräsentativen Trenderhebung zu Ehrenamt, Freiwilligenarbeit und bürgerschaftlichem Engagement. Wiesbaden: VS-Verlag für Sozialwissenschaften.

Gläser, J./Laudel, G. (2004). Experteninterviews und qualitative Inhaltsanalyse als Instrumente rekonstruierender Untersuchungen. Wiesbaden: VS-Verlag für Sozialwissenschaften.

Glasgow, M. (Hrsg.). (1984). Gesellschaftssteuerung zwischen Korporatismus und Subsidiarität. Bielefeld: AJZ-Verlag.

Glatzer, W./Ostner, I./Allmendinger, J./Schäfers, B./Glatzer, W./Ostner, I. (1999). Deutschland im Wandel: Sozialstrukturelle Analysen. Opladen: Leske und Budrich.

Görner, R. (1997). Das duale System der Berufsausbildung. In: Der Bürger im Staat, 47(4), S. 235–238.

Granovetter, M. S. (1985). Economic Action and Social Structure. The Problem of Embeddedness. In: Journal of Sociology, 91 (3), S. 481-510.

Greinert, W.-D. (1998). Das „deutsche System" der Berufsausbildung: Tradition, Organisation, Funktion, 3. Auflage. Baden-Baden: Nomos-Verlag.

Habisch, A. (2003). Corporate Citizenship: Gesellschaftliches Engagement von Unternehmen in Deutschland. Berlin: Springer.

Habisch, A./Meister, H.-P./Schmidpeter, R. (Hrsg.). (2001). Corporate citizenship as investing in social capital. Berlin: Logos-Verlag.

Habisch, A./Habisch, A./Schmidpeter, R./Wegner, M. (2005). Overcoming the Heritage of Corporatism. In: Habisch, A./Jonker, J./Wegner, M./Schmidpeter, R. (Hrsg.), Corporate social responsibility across Europe. Berlin: Springer, S. 111–124.

Habisch, A./Schmidperte, A./Neureiter, M (Hrsg.) (2008). Handbuch Corporate Citizenship: Corporate Social Responsibility für Manager. Berlin: Springer.

Halfmann, A. (2007). Unternehmen als Teil der Zivilgesellschaft: Wie das Miteinander von Profit und Non-Profit gelingen kann und woran es manchmal scheitert. In: Schmidt, M./Beschorner, T. (Hrsg.), Corporate social responsibility und corporate citizenship. München/Mehring: Rainer Hampp-Verlag, S. 87–97.

Hanke, T. (2006). Der neue deutsche Kapitalismus: Republik im Wandel. Frankfurt/ M.: Campus.

Hansen, U. (2004). Gesellschaftliche Verantwortung als Business Case. Ansätze, Defizite und Perspektiven der deutschsprachigen Betriebswirtschaftslehre. In Schneider, U. (Hrsg.), Betriebswirtschaftslehre und gesellschaftliche Verantwortung. Mit Corporate Social Responsibility zu mehr Engagement. Wiesbaden: Gabler, S. 59–83.

Hassel, A. (2003). Organisation: Struktur und Entwicklung. In: Schroeder, W./Wessels, B. (Hrsg.), Die Gewerkschaften in Politik und Gesellschaft der Bundesrepublik Deutschland. Ein Handbuch. Wiesbaden: Westdeutscher Verlag, S. 102–121.

Hassel, A./Trampusch, C. (2006). Verbände und Parteien: Die Dynamik von Parteikonflikten und die Erosion des Korporatimsus. In: Beckert, J./Streeck, W. (Hrsg.), Transformationen des Kapitalismus.. Frankfurt/New York.: Campus, S. 111–132.

Hecht, J. (2006). Die Anforderungen des Kapitalmarktes: Transparenz, finanzielle Stärke und Performance. In: Gazdar, K. (Hrsg.), Erfolgsfaktor Verantwortung. Corporate social responsibility professionell managen. Berlin: Springer, S. 111–121.

Heidbrink, L./Hirsch, A. (Hrsg.) (2008). Verantwortung als marktwirtschaftliches Prinzip: Zum Verhältnis von Moral und Ökonomie. Frankfurt/New York: Campus.

Heidenreich, M. (1998). Die duale Berufsausbildung zwischen industrieller Prägung und wissensgesellschaftlichen Herausforderungen. In: Zeitschrift für Soziologie, 27(5), S. 321–340.

Heins, V. (2005). Mächtige Zwerge, umstrittene Riesen.: NGOs als Partner und Gegenspieler transnationaler Unternehmen und internationaler Organisationen. In: Brunnengräber, A. (Hrsg.), NGOs im Prozess der Globalisierung. Mächtige Zwerge - umstrittene Riesen. Wiesbaden: VS-Verlag für Sozialwissenschaften, S. 172–211.

Heinze, R. G./Olk, T. (1984). Sozialpolitische Steuerung. In: Glagow, M. (Hrsg.), Gesellschaftssteuerung zwischen Korporatismus und Subsidiarität. Bielefeld: AJZ-Verlag, S. 162–194.

Henning, C. H./Pappi, F. U. (Hrsg.) (2004). Interdisziplinäre Sozialforschung: Theorie und empirische Anwendungen. Frankfurt/New York: Campus.

Henning-Thurau, T./Langer, M. F./Hansen, U. (2001). Modeling and Managing Student Loyalty: An Approach Based on the Concept of Relationship Quality. In: Journal of Service Research, 3(4), S. 331–344.

Heuberger, F. W. (2008). Vom deutschen Sozialstaatesmodell zum „deutschen Weg" von Corporate Citizenship. In: Habisch, A. (Hrsg.), Handbuch Corporate Citizenship: Corporate Social Responsibility für Manager. Berlin: Springer, S. 465–475.

Heuberger, F./Oppen, M./Reimer, S. 2004. Der deutsche Weg zum bürgerschaftlichen Engagement von Unternehmen. Bonn: Friedrich-Ebert-Stiftung.

Hiß, S. (2006). Warum übernehmen Unternehmen gesellschaftliche Verantwortung? Ein soziologischer Erklärungsversuch. Frankfurt/New York: Campus.

Holzborn, A. (2006). Corporate social responsibility in kleinen und mittleren Unternehmen: Grundlagen - Instrumente - Perspektiven. Saarbrücken: VDM Verlag Dr. Müller.

Homann, K. (2002). Vorteile und Anreize: Zur Grundlegung einer Ethik der Zukunft. Tübingen: Mohr Siebeck.

Homann, K. (2003). Anreize und Moral: Gesellschaftstheorie - Ethik - Anwendungen. In: Lütge, C. (Hrsg.), Philosophie und Ökonomik. Münster: Lit-Verlag.

Homann, K. (2004). Gesellschaftliche Verantwortung der Unternehmen: Philosophische, gesellschaftstheoretische und ökonomische Überlegungen. Lutherstadt Wittenberg: Wittenberg-Zentrum für Globale Ethik.

Homann, K. (2006). Gesellschaftliche Verantwortung von Unternehmen in der globalisierten Welt: Handlungsverantwortung – Ordnungsverantwortung – Diskursverantwortung. Lutherstadt Wittenberg: Wittenberg-Zentrum für Globale Ethik.

Homann, K./Blome-Drees, F. (1992). Wirtschafts- und Unternehmensethik. Göttingen: Vandenhoeck und Ruprecht.

Homann, K./Suchanek, A. (2000). Ökonomik. Tübingen: Mohr Siebeck.

Höpner, M. (2005). Sozialdemokratie, Gewerkschaften und organisierter Kapitalismus, 1880-2002. In: Windolf, P. (Hrsg.), Finanzmarkt-Kapitalismus. Analysen zum Wandel von Produktionsregimen. Kölner Zeitschrift für Soziologie und Sozialpsychologie, Sonderheft..Wiesbaden: VS-Verlag für Sozialwissenschaften, S. 196–221.

Höpner, M./Streeck, W. (2003). Einleitung. In: Streeck, W. (Hrsg.), Alle Macht dem Markt? Fallstudien zur Abwicklung der Deutschland AG. Frankfurt/New York: Campus, S. 11–59.

Höppner, M. (2006). Beiträge der Unternehmen zur Parteienfinanzierung: Wer spendet an wen? Und warum? In: Zeitschrift für Parlamentsfragen, 37(2), S. 293–312.

Hopt, K. J. (Hrsg.) (2005). Nonprofit-Organisationen in Recht, Wirtschaft und Gesellschaft: Theorien - Analysen - Corporate Governance. Tübingen: Mohr Siebeck.

Imbusch, P./Rucht, D. (2007). Profit oder Gemeinwohl?: Fallstudien zur gesellschaftlichen Verantwortung von Wirtschaftseliten. Wiesbaden: VS Verlag für Sozialwissenschaften.

Imug/Institut für Markt-Umwelt-Gesellschaft (Hrsg.) (2003). Themenspot Verbraucher und Corporate Social Responsibility. Ergebnisse einer bundesweiten repräsentativen imug-Mehrthemenumfrage. Hannover: Eigenverlag.

Imug/Institut für Markt-Umwelt-Gesellschaft/Lehrstuhl Markt und Konsum (muk). (2001). Der Markt für sozialökologische Geldanlagen in Deutschland: Ergebnisse einer repräsentativen Privatanlegerbefragung, imug-muk-Arbeitspapier Nr 13/2001. Hannover: Eigenverlag.

Institut für Mittelstandsforschung Bonn (Hrsg.) (2002). Jahrbuch zu Mittelstandsforschung, Bd. 94. Wiesbaden: Deutscher Universitätsverlag.

Institut für Mittelstandsforschung Bonn (Hrsg.). (2005). Jahrbuch zur Mittelstandsforschung, Bd. 108. Wiesbaden: Deutscher Universitätsverlag.

Jachtenfuchs, M. (2006). Das Gewaltmonopol. In: Leibfried, S./Zürn, M. (Hrsg.), Transformationen des Staates?. Frankfurt/M.: Suhrkamp, S. 69–91.

Janning, H./Bartjes, H. (Hrsg.) (1999). Ehrenamt und Wirtschaft: Internationale Beispiele bürgerschaftlichen Engagements der Wirtschaft. Stuttgart: Robert-Bosch-Stiftung.

Joyner, B. E./Payne, D. (2002). Evolution and Implementation: A Study of Values, Business Ethics and Corporate Social Responsibility. In: Journal of Business Ethics, 41(4), S. 297–311.

Kaufmann, F.-X. (1997). Herausforderungen des Sozialstaates. Frankfurt/M.: Suhrkamp.

Kaufmann, F.-X. (2003). Varianten des Wohlfahrtsstaats: Der deutsche Sozialstaat im internationalen Vergleich. Frankfurt/M.: Suhrkamp.

Keim, H./Steffens, H. (Hrsg.) (2000). Wirtschaft Deutschland: Daten, Analysen, Fakten. Köln: Wirtschaftsverlag Bachem.

Kempen, O. E./Zachert, U./Hagemeier, C. (1997). Tarifvertragsgesetz: Kommentar für die Praxis, 3. Auflage. Köln: Bund-Verlag.

King, D./Mackinnon, A. (2001). Who Cares? Community Perceptions in the Marketing of Corporate Citizenship. In: The Journal of Corporate Citizenship, (3), S. 37–53.

Kißler, L. (1992). Die Mitbestimmung in der Bundesrepublik Deutschland: Modell und Wirklichkeit. Marburg: Schüren.

Kleinfeld, R./Schmid, J./Zimmer, A. (1996). Verbändeforschung in Deutschland: Bestandsaufnahme, Kritik und Ausblick. Hagen: Fernuniversität Hagen

Koch, H. (2007). Soziale Kapitalisten. Vorbilder für eine gerechte Wirtschaft. Berlin: Rotbuch-Verlag.

Kocka, J./Frey, M. (1998). Einleitung und einige Ereignisse. In: Kocka, J./Frey, M. (Hrsg.), Bürgerkultur und Mäzenatentum im 19. Jahrhundert. Bd. 1. Berlin: Fannei/Walz, S. 7–17.

Kocka, J./Frey, M. (Hrsg.) (1998). Bürgerkultur und Mäzenatentum im 19. Jahrhundert, Bd. 2. Berlin: Fannei/Walz.

Korfmacher, S./ Mutz, G. (2001). Unternehmerisches bürgerschaftliches Engagement und zivile Arbeitsgesellschaft. In: WSI-Mitteilungen, (3), S. 172–178.

Korfmacher, S./Mutz, G. (2003). Corporate Volunteering in Deutschland - soziales und zivilgesellschaftliches Lernen durch unternehmerisches bürgerschaftliches Engagement. In: Mutz, G. (Hrsg.), Die Gesellschaft umbauen: Perspektiven bürgerschaftlichen Engagements.. München: Sozialpädagogisches Institut im SOS-Kinderdorf S. 100–132.

Kreft, J. (2006). Gewerkschaften und Spitzenverbände der Wirtschaft als bildungspoliti-
sche Akteure: Positionen, Strategien und Allianzen. Wiesbaden: VS-Verlag für Sozialwissenschaften.

Kreysing, M. (2003). Berufsausbildung in Deutschland und den USA: Institutionalisierung des dualen Berufsausbildungssystems in vergleichender Perspektive, Göttingen.
Zugriff am 30. März 2009 unter http://webdoc.sub.gwdg.de/diss/2003/kreysing/
index.html.

Lamla, J. (2008): Varianten konsumzentrierter Kritik. Wie sollen Verbraucher an der
Institutionalisierung einer ökologisch und sozial verantwortungsvollen Wirtschaft
mitwirken. In: Backhaus-Maul, H./Biedermann, C./Polterauer, J./Nährlich, S. (Hrsg.),
Corporate Citizenship in Deutschland. Bilanz und Perspektiven. Wiesbaden: VS-
Verlag für Sozialwissenschaften, S. 201-218.

Lamping, W./Schridde, H. (Hrsg.) (im Druck). Der Konsultative Staat. Opladen: Verlag
Barbara Budrich.

Lang, A./Schneider V. (2007). Wirtschaftsverbände: Verbandspolitik im Spannungsfeld
von divergierenden Interessen und hierarchischer Integration. In: Winter, T.
v./Willems, U. (Hrsg.), Interessenverbände in Deutschland. Wiesbaden: VS-Verlag
für Sozialwissenschaften, S. 221–243.

Lehmann, F.-W. (2005). Anpassung der Tarifverträge an den Wandel der Wirtschaft. In:
Lehmann, F.-W. (Hrsg.), Der Arbeitnehmer im 21. Jahrhundert. Tarifverträge im
Wandel!? Balance zwischen wirtschaftlicher Vernunft und sozialer Gerechtigkeit, kollektiver Vormundschaft und individueller Freiheit. - Deutschland und Europa -. Mün-
chen/Mehring: Rainer Hampp-Verlag, S. 62–72.

Lehmann, F.-W. (Hrsg.) (2005). Der Arbeitnehmer im 21. Jahrhundert: Tarifverträge im
Wandel!? Balance zwischen wirtschaftlicher Vernunft und sozialer Gerechtigkeit, kol-
lektiver Vormundschaft und individueller Freiheit - Deutschland und Europa, Bd. 2.
München/Mehring: Rainer Hampp-Verlag.

Lehmbruch, G./Schmitter, P. (1979). Trends toward corporatist intermediation. Beverly
Hills/London: Sage Publications.

Leibfried, S./Wagschal, U. (2000). Der deutsche Sozialstaat: Bilanzen - Reformen - Perspektiven. Frankfurt/New York: Campus.

Leibfried, S./Zürn, M. (Hrsg.). (2006). Transformationen des Staates?. Frankfurt/M:
Suhrkamp.

Lessenich, S. (2008). Die Neufindung des Sozialen: Der Sozialstaat im flexiblen Kapitalismus. Bielefeld: Transcript-Verlag.

Litzel, S./Brackert, A. (2002). Die Wirkung des Kultursponsoring auf die Mitarbeitermotivation. Stiftung und Sponsoring/Rote Seiten, (4), S. 34–36.

Lohrmann, S. (2007). Corporate Citizenship als strategisches Instrument: Eine Analyse in
Deutschland tätiger Unternehmen. Saarbrücken: VDM Verlag Dr. Müller.

Luhmann, N. (1981). Soziales System, Gesellschaft, Organisation. Opladen: Westdeutscher Verlag.

Lunau, Y./Wettstein, F. (2004). Die soziale Verantwortung der Wirtschaft: Was Bürger von Unternehmen erwarten. Bern: Haupt.

Lütge, C. (Hrsg.) (2003). Philosophie und Ökonomi, Bd. 1. Münster: Lit-Verlag.

Luthe, T. (2007). Nachhaltigkeitskommunikation von Skigebieten: Informationsmöglichkeiten für Schneesportler in Zeiten des Globalen Wandels. In: FdSnow - Fachzeitschrift für den Skisport, 31(2), S. 31- 38.

Maaß, F. (2005). Corporate Citizenship als partnerschaftliche Maßnahme von Unternehmen und Institutionen. In: Institut für Mittelstandsforschung Bonn (Hrsg.), Jahrbuch zur Mittelstandsforschung, (1). Wiesbaden: Deutscher Universitätsverlag, S. 67–129.

Maaß, F. (2008). Kooperative Ansätze im Corporate Citizenship: Erfolgsfaktoren gemeinschaftlichen Bürgerengagements von Unternehmen im deutschen Mittelstand, unveröffentlichte Dissertation. Paderborn: Universität Paderborn.

Maaß, F./Clemens, R. (2002). Corporate Citizenship: Das Unternehmen als 'guter Bürger'. In: Institut für Mittelstandsforschung Bonn (Hrsg.), Jahrbuch zu Mittelstandsforschung, (2). Wiesbaden: Deutscher Universitätsverlag, S. 84f.

Maignan, I./Ferrell, O. C. (2001). Corporate Citizenship as a Marketing Instrument: Concepts, Evidence and Research Directions. In: European Journal of Marketing, 35(3/4), S. 457–484.

Marquardt, J. (2001). Corporate foundation als PR-Instrument: Rahmenbedingungen - Erfolgswirkungen - Management. Wiesbaden: Deutscher Universitätsverlag.

Marsden, C./Andriof, J. (1998). Towards an Understanding of Corporate Citizenship and How to Influence it. In: Citizenship Studies, 2(2), S. 329–352.

Matten, D./Moon, J. (2005). A Conceptual Framework for understanding CSR. In: Habisch, A./Habisch, A./Jonker, J./Wegner, M./Schmidpeter, R. (Hrsg.), Corporate social responsibility across Europe. Berlin: Springer, S. 335–356.

Maurer, A. (Hrsg.) (2008a). Handbuch der Wirtschaftssoziologie. Wiesbaden: VS-Verlag für Sozialwissenschaften.

Maurer, A. (2008b). Perspektiven der Wirtschaftssoziologie. Von versunkenen Schätzen, Entdeckern und neuen Kontinenten. In: dies. (Hrsg.), Handbuch der Wirtschaftssoziologie. Wiesbaden: VS-Verlag für Sozialwissenschaften, S. 11-15.

Maurer, A. (2008c). Institutionalismus und Wirtschaftssoziologie. In: dies. (Hrsg.), Handbuch der Wirtschaftssoziologie. Wiesbaden: VS-Verlag für Sozialwissenschaften, S. 62-84.

Maurer, A./Schimank, U. (Hrsg.). (2008). Die Gesellschaft der Unternehmen – Die Unternehmen der Gesellschaft. Gesellschaftstheoretische Zugänge zum Wirtschaftsgeschehen. Wiesbaden: VS-Verlag für Sozialwissenschaften.

Max-Planck-Institut für Gesellschaftsforschung. (2002). Arbeitsbeziehungen in Deutschland: Wandel durch Internationalisierung. Köln: Eigenverlag.

Mayer, K./Naji, N. (2000). Lobbyingaktivitäten der deutschen Wirtschaft. In: Recht und Politik: Vierteljahreszeitschrift für Recht und Verwaltungspolitik, 36(1), S. 31–43.

Mayntz, R./Scharpf, F. W. (1995). Gesellschaftliche Selbstregelung und politische Steuerung. Frankfurt/New York: Campus.

McIntosh, M. (Hrsg.) (2000). Visions of ethical business. London: Financial Times/Prentice Hall.

McIntosh, M. (Hrsg.) (2003). Living corporate citizenship: Strategic routes to socially responsible business. London: Financial Times/Prentice Hall.

Mecking, C. (2008). Corporate Giving. Unternehmensspende, Sponsoring und insbesondere Unternehmensstiftung. In: Backhaus-Maul, H./Biedermann, C./Polterauer, J./Nährlich, S. (Hrsg.), Corporate Citizenship in Deutschland. Bilanz und Perspektiven. Wiesbaden: VS-Verlag für Sozialwissenschaften, S. 307–322.

Meckling, J. (2005). Netzwerkgovernance. Münster: Lit-Verlag.

Mohr, L. A./Webb, D. J./Harris, K. E. (2001). Do Consumers Expect Companies to be Socially Responsible? The Impact of Corporate Social Responsibility on Buying Behavior. In: Journal of Consumer Affairs, 35(1), S. 45–72.

Moon, J./Crane, A./Matten, D. (2008). Citizenship als Bezugsrahmen für politische Macht und Verantwortung der Unternehmen. In Backhaus-Maul, H./Biedermann, C./Polterauer, J./Nährlich, S. (Hrsg.), Corporate Citizenship in Deutschland. Bilanz und Perspektiven. Wiesbaden: VS-Verlag für Sozialwissenschaften, S. 45–67.

Morgan, R. M./Shelby D. H. (1994). The Commitment-Trust Theory of Relationship Marketing. In: Journal of Marketing, 58(3), S. 20–38.

Müller-Armack, A. (1966). Wirtschaftsordnung und Wirtschaftspolitik: Studien und Konzepte zur sozialen Marktwirtschaft und zur europäischen Integration. Freiburg i. Br.: Rombach.

Müller-Jentsch, W. (2003). Organisationssoziologie. Frankfurt/New York: Campus.

Münkler, H. (Hrsg.) (2006). Deutschlands Eliten im Wandel. Frankfurt/New York: Campus.

Münstermann, M. (2007). Corporate Social Responsibility - Ausgestaltung und Steuerung von CSR-Aktivitäten. Wiesbaden: Gabler.

Mutz, G. (Hrsg.) (2003). Die Gesellschaft umbauen: Perspektiven bürgerschaftlichen Engagements. München: Sozialpädagogisches Institut im SOS-Kinderdorf.

Mutz, G./Korfmacher, S. (2003). Corporate Volunteering in Deutschland – soziales und zivilgesellschaftliches Lernen durch unternehmerisches bürgerschaftliches Engagement. In: Mutz, G. (Hrsg.), Die Gesellschaft umbauen: Perspektiven bürgerschaftlichen Engagements. München: Sozialpädagogisches Institut im SOS-Kinderdorf, S. 100–132.

Mutz, G., Korfmacher, S./Arnold, K. (2002). Corporate Citizenship in Deutschland. Frankfurt/M: Eigenverlag des Deutschen Vereins für öffentliche und private Fürsorge.

Nährlich, S./Strachwitz, R./Hinterhuber, E. M./Müller, K. (Hrsg.) (2005). Bürgerstiftungen in Deutschland: Bilanz und Perspektiven. Wiesbaden: VS-Verlag für Sozialwissenschaften.

Nährlich, S. (2008). Tue Gutes und profitiere davon: Zum Nutzen von Corporate Citizenship-Aktivitäten. In: Backhaus-Maul, H./Biedermann, C./Polterauer, J./Nährlich, S. (Hrsg.), Corporate Citizenship in Deutschland. Bilanz und Perspektiven. Wiesbaden: VS-Verlag für Sozialwissenschaften, S. 183–200.

Nährlich, S. (2008). Euphorie des Aufbruchs und Suche nach gesellschaftlicher Wirkung. In: Aus Politik und Zeitgeschichte, (31), S. 26–31.

Neumann, L. F/Schaper, K. (1998). Die Sozialordnung der Bundesrepublik Deutschland 4. Auflage. Frankfurt/New York: Campus.

Notheis, D. (2001). Die Spendenmotive von Unternehmen. In: Fundraising-Akademie (Hrsg.), Fundraising. Handbuch für Grundlagen, Strategien und Instrumente. Wiesbaden: Gabler, S. 209–231.

Offe, C. (1975). Berufsbildungsreform. Eine Fallstudie über Reformpolitik. Frankfurt/M.: Suhrkamp.

Offe, C. (2003). Herausforderungen der Demokratie. Zur Integrations- und Leistungsfähigkeit politischer Institutionen. Frankfurt/New York: Campus.

Offe, C./Borchert, J./Lessenich, S. (Hrsg.) (2006). Strukturprobleme des kapitalistischen Staates. Frankfurt/New York: Campus.

Oliver, F./Heblich, S. (2006). Corporate Social Responsibility: Einbettung des Unternehmens in das Wirtschaftssystem. Passau: Universität Passau.

Olk, T./Klein, A./Hartnuß, B. (Hrsg.). (2009). Engagementpolitik: Die Entwicklung der Zivilgesellschaft als politische Aufgabe. Wiesbaden: VS-Verlag für Sozialwissenschaften.

Olk, T./Evers, A. (Hrsg.) (1995). Wohlfahrtspluralismus. Opladen: Leske und Budrich.

Olk, T./Otto, H.U./Backhaus-Maul, H. (2003). Soziale Arbeit als Dienstleistung. Zur analytischen und empirischen Leistungsfähigkeit eines Konzepts. In: Olk, T./Otto, H.U. (Hrsg.), Soziale Arbeit als Dienstleistung. Neuwied: Luchterhand, S. VIIII-LXXII..

Peattie, K. (2004). Corporate Social Responsibility and Competitive Advantage: Myth or Reality?. Treforest: University of Glamorgan.

Pies, I. (2001). Ordnungspolitik in der Demokratie. Tübingen: Mohr Siebeck

Pies, I./Sardison, M. (2005). Wirtschaftsethik. Lutherstadt Wittenberg: Wittenberg-Zentrum für Globale Ethik.

Pies, I,/Sass, P. (2006): Korruptionsprävention als Ordnungsproblem. Wirtschaftsethische Perspektiven für Corporate Citizenship als Integritätsmanagement. Lutherstadt Wittenberg: Wittenberg-Zentrum für Globale Ethik.

Pinl, C. (2001). Ehre, Amt und Arbeit. In: Blätter für deutsche und internationale Politik, (46), S. 1370–1378.

Piwinger, M./Zerfaß, A. (Hrsg.) (2007): Handbuch Unternehmenskommunikation. Wiesbaden: Gabler.

Pleon 2006: Sponsoring Trends. Bonn: Pleon Event und Sponsoring.

Polterauer, J. (2005). Corporate Citizenship: Systemfunktionalistische Perspektiven. In: Adloff, F./Birsl, U./Schwertmann, P. (Hrsg.), Wirtschaft und Zivilgesellschaft. Theoretische und empirische Perspektiven. Wiesbaden: VS-Verlag für Sozialwissenschaften. S. 87–126.

Polterauer, J. (2007). Forschungsstand zum gesellschaftlichen Engagement von Unternehmen in Deutschland aus sozialwissenschaftlicher und wirtschaftswissenschaftlicher Perspektive. Expertise im Rahmen des Forschungsprojektes „Gesellschaftliches Engagement von Unternehmen in Deutschland. Eine sozialwissenschaftliche Bestandsaufnahme der Potenziale unternehmerischen bürgerschaftlichen Engagements". Berlin.

Polterauer, J. (2008a). Unternehmensengagement als „Corporate Citizen". Ein langer Weg und ein weites Feld für die empirische Corporate Citizenship-Forschung in Deutschland. In: Backhaus-Maul, H./Biedermann, C./Polterauer, J./Nährlich, S. (Hrsg.), Corporate Citizenship in Deutschland. Bilanz und Perspektiven. Wiesbaden: VS-Verlag für Sozialwissenschaften, S. 149–182.

Polterauer, J. (2008b). Corporate-Citizenship Forschung in Deutschland. In: Aus Politik und Zeitgeschichte, (31), S. 32–38.

Polterauer, J. (2009). „Gesellschaftlicher Problemlösung" auf der Spur. Gegen ein unterkomplexes Verständnis von „Win-win"-Situationen bei Corporate Citizenship. In: Backhaus-Maul, H./Biedermann, C./Polterauer, J./Nährlich, S. (Hrsg.), Corporate Citizenship in Deutschland. Gesellschaftliches Engagement von Unternehmen. Bilanz und Perspektiven, 2. Auflage. Wiesbaden: VS-Verlag für Sozialwissenschaften, S. 612-643.

Polterauer, J./Nährlich, S. (2009). Corporate Citizenship: Funktion und gesellschaftliche Anerkennung von Unternehmensengagement in der Bürgergesellschaft. In: Backhaus-Maul, H./Biedermann, C./Polterauer, J./Nährlich, S. (Hrsg.), Corporate Citizenship in Deutschland. Gesellschaftliches Engagement von Unternehmen. Bilanz und Perspektiven, 2. Auflage. Wiesbaden: VS-Verlag für Sozialwissenschaften, S. 561-587.

Porter, M. E./Kramer, M. R. (2003). Wohltätigkeit als Wettbewerbsvorteil. In: Harvard Business Manager, (3), S. 40–56.

PriceWaterhouseCoopers (Hrsg.) (2007). Unternehmen als Spender: Eine Befragung unter den 500 größten Aktiengesellschaften in Deutschland zu ihrem Spendenverhalten und ihren Kriterien für die Spendenvergabe, Frankfurt am Main: Eigenverlag.

Priller, E./Zimmer, A./Anheier, H. K. (1999). Der Dritte Sektor in Deutschland. Entwicklungen, Potentiale, Erwartungen. In: Aus Politik und Zeitgeschichte, (9), S. 12–21.

Priller, E./Zimmer, A./Priller, E./Zimmer, A. (2001). Der dritte Sektor international: Mehr Markt - weniger Staat? Berlin: edition sigma.

Prinzhorn, J. (2008). Mythos und Realität: Win-win Situationen in Civil-Private Partnerships mit Unternehmen aus der Perspektive von europäischen Nonprofit Organisationen. In: Backhaus-Maul, H./Biedermann, C./Polterauer, J./Nährlich, S. (Hrsg.), Corporate Citizenship in Deutschland. Bilanz und Perspektiven. Wiesbaden: VS-Verlag für Sozialwissenschaften, S. 255–274.

Reichenau, J. (2003). Corporate Volunteering als Geschäftsbereich. Freiwilligenagenturen als innovative Engagementermittler in der Bürgergesellschaft. In: Backhaus-Maul, H./ Brühl, H. (Hrsg.), Bürgergesellschaft und Wirtschaft – zur neuen Rolle von Unternehmen. Berlin: Deutsches Institut für Urbanistik, S. 123–141.

Ringlstetter, M. J./Aschenbach, M./Kirsch, W. (Hrsg.) (2003). Perspektiven der strategischen Unternehmensführung: Theorien, Konzepte, Anwendungen. Wiesbaden: Gabler.

Ringlstetter, M. J/Schuster, M. (2003). Corporate Citizenship: Eine aktuelle Mode der strategischen Unternehmensführung. In: Ringlstetter, M. J./Aschenbach, M./Kirsch, W. (Hrsg.), Perspektiven der strategischen Unternehmensführung. Theorien, Konzepte, Anwendungen. Wiesbaden: Gabler, S. 169–198.

Rudzio, W. (2006). Das politische System der Bundesrepublik Deutschland, 7. Aufl.age.. Wiesbaden: VS-Verlag für Sozialwissenschaften.

Sachße, C./Tennstedt, F. (1988). Fürsorge und Wohlfahrtspflege 1871-1929, Bd. 2. Stuttgart: Kohlhammer.

Sachße, C./Tennstedt, F. (1998). Vom Spätmittelalter bis zum 1. Weltkrieg, Bd. 1, 2. Auflage. Stuttgart: Kohlhammer.

Sahner, H. (1993). Vereine und Verbände in der modernen Gesellschaft. In: Best, H. (Hrsg.), Vereine in Deutschland. Vom Geheimbund zur freien gesellschaftlichen Organisation. Bonn: Informationsdienst Sozialwissenschaften, S. 11–118.

Salomon, L. M./Anheier, H. K. (1998). Der Nonprofit-Sektor: Ein theoretischer Versuch. In: Anheier, H. K./Priller, E./Seibel, W./Zimmer, A. (Hrsg.), Der Dritte Sektor in Deutschland. Organisationen zwischen Staat und Markt im gesellschaftlichen Wandel, 2. Auflage. Berlin: edition sigma, S. 211–246.

Schäfer, H. (2004). Transparenzstudie zur Beschreibung ausgewählter international verbreiteter Rating-Systeme zur Erfassung von Corporate Social Responsibility. Gütersloh: Bertelsmann Stiftung.

Schäfer, H. (2008). Ratings im Dienste des Corporate Citizenship – eine Sichtweise basierend auf geld- und marktwirtschaftlichem Verhalten von Anspruchgruppen. In: Backhaus-Maul, H./Biedermann, C./Polterauer, J./Nährlich, S. (Hrsg.), Corporate Citizenship in Deutschland: Bilanz und Perspektiven. Wiesbaden: VS-Verlag für Sozialwissenschaften, S. 237-254.

Schaller, R./Bachmann, R. (2004). Förderung und Unterstützung der Freiwilligkeit durch Schweizer Unternehmen: Eine qualitative Befragung. In: Ammann, H./Bachmann, R./Schaller, R. (Hrsg.), Unternehmen unterstützen Freiwilligkeit.. Zürich: Seismo, S. 30–69.

Scherer, A. G. (2003). Multinationale Unternehmen und Globalisierung: Zur Neuorientierung der Theorie der multinationalen Unternehmung. Heidelberg: Physica-Verlag.

Schief, S. (2006). Korporatismus unter Druck? Zum Einfluss der Erweiterung der Europäischen Union auf die industriellen Beziehungen der Mitgliedsländer. In: Brinkmann, U. (Hrsg.), Endspiel des Kooperativen Kapitalismus? Institutioneller Wandel unter den Bedingungen des marktzentrierten Paradigmas. Wiesbaden: VS-Verlag für Sozialwissenschaften, S. 181–195.

Schimank, U./Volkmann, U. (2008). Ökonomisierung der Gesellschaft. In: Maurer, A. (Hrsg.), Handbuch der Wirtschaftssoziologie. Wiesbaden: VS-Verlag für Sozialwissenschaften, S. 382–393.

Schmidt, M. G. (1998). Sozialpolitik in Deutschland: Historische Entwicklung und internationaler Vergleich, 2. Auflage,. Opladen: Leske und Budrich.

Schmidt, M. G. (2005). Sozialpolitik in Deutschland: Historische Entwicklung und internationaler Vergleich, 3. Auflage. Wiesbaden: VS-Verlag für Sozialwissenschaften.

Schmidt, M./Beschorner, T. (Hrsg.) (2007). Corporate social responsibility und corporate citizenship. München/Mehring: Rainer Hampp-Verlag.

Schneider, U. (Hrsg.) (2004). Betriebswirtschaftslehre und gesellschaftliche Verantwortung: Mit Corporate Social Responsibility zu mehr Engagement. Wiesbaden: Gabler.

Schneider, V. (2004). Großfirmen in Politiknetzwerken: Zum Bedeutungsgewinn des „Corporate Lobbying" im Kontext von Europäisierung und Internationalisierung. In: Henning, C. H. /Pappi, F. U. (Hrsg.), Interdisziplinäre Sozialforschung. Theorie und empirische Anwendungen. Frankfurt/New York: Campus, S. 225–244.

Schneidewind, U. (1998). Die Unternehmung als strukturpolitischer Akteur. Marburg: Metropolis-Verlag.

Schöffmann, D. (2001). Corporate Volunteering: Gelebte Unternehmensverantwortung. In: ders. (Hrsg.), Wenn alle gewinnen. Bürgerschaftliches Engagement von Unternehmen. Hamburg: Edition Körber-Stiftung, S. 11–22.

Schöffmann, D. (2008). Unternehmensverantwortung und -engagement in der Gesellschaft: Praktische Perspektiven. In: Heidbrink, L./Hirsch, A. (Hrsg.), Verantwortung als marktwirtschaftliches Prinzip. Zum Verhältnis von Moral und Ökonomie. Frankfurt/New York: Campus, S. 351–372.

Schrader, U. (2003). Corporate Citizenship: Die Unternehmung als guter Bürger? Berlin: Logos-Verlag.

Schroeder, W. (2007). Arbeitgeberverbände. In Winter, T. v./Willems, U. (Hrsg.), Interessenverbände in Deutschland. Wiesbaden: VS-Verlag für Sozialwissenschaften, S. 197–220.

Schroeder, W./Weßels, B. (Hrsg.). (2003). Die Gewerkschaften in Politik und Gesellschaft der Bundesrepublik Deutschland. Wiesbaden: Westdeutscher Verlag.

Schubert, R./Littmann-Werli, S./Tingler, P. (2002). Corporate Volunteering. Unternehmen entdecken die Freiwilligenarbeit. Bern/Stuttgart/Wien: Paul Haupt.

Schultheis, J. (2008). CC und CSR – ein schwieriges und unterschätztes Thema in den Medien. In: Backhaus-Maul, H./Biedermann, C./Polterauer, J./Nährlich, S. (Hrsg.), Corporate Citizenship in Deutschland. Bilanz und Perspektiven. Wiesbaden: VS-Verlag für Sozialwissenschaften, S. 399-410.

Schumpeter, J. A. (1947). Kapitalismus, Sozialismus und Demokratie. Tübingen: Mohr Siebeck.

Schützeichel, R. (Hrsg.) (2004). Die beratene Gesellschaft: Zur gesellschaftlichen Bedeutung von Beratung. Wiesbaden: VS-Verlag für Sozialwissenschaften.

Schwaiger, M./Steiner-Kogrina, A. (2003). Wie wirkt Kultursponsoring auf die Kundenbindung? In: Stiftung und Sponsoring/Rote Seiten, (4), S. 31–34.

Schwarz, M. (2008). Wie viel Professionalisierung verträgt Managementberatung? Studie zur Rekonstruktion der spezifischen Handlungslogik bzw. -grammatik von „Managementberatung bzw. Managementconsulting" - unter struktur- und systemtheoretischer Analyse - als Reflexions- und Professionalisierungsbeitrag inkl. Illustration durch Fallporträts, unveröffentlichte Dissertation. Martin-Luther-Universität Halle-Wittenberg.

Schwerk, A. (2008). Strategisches gesellschaftliches Engagement und gute Corporate Governance. In: Backhaus-Maul, H./Biedermann, C./Polterauer, J./Nährlich, S. (Hrsg.), Corporate Citizenship in Deutschland. Bilanz und Perspektiven. Wiesbaden: VS-Verlag für Sozialwissenschaften, S. 121–145.

Schwertmann, P. (2005). Unternehmensstiftungen im Spannungsfeld von Eigennutz und Gemeinwohl. In: Adloff, F./Birsl, U./ders. (Hrsg.), Wirtschaft und Zivilgesellschaft. Theoretische und empirische Perspektiven. Wiesbaden: VS-Verlag für Sozialwissenschaften, S. 199–224.

Schwertmann, P. (2006). Stiftungen als Förderer der Zivilgesellschaft. Baden-Baden: Nomos-Verlag.

Sebaldt, M. (1997). Organisierter Pluralismus: Kräftefeld, Selbstverständnis und politische Arbeit deutscher Interessengruppen. Opladen: Westdeutscher Verlag.

Sebaldt, M./Straßner, A. (2004). Verbände in der Bundesrepublik Deutschland: Eine Einführung. Wiesbaden: VS-Verlag für Sozialwissenschaften.

Seitz, B. (2002). Corporate Citizenship: Zwischen Idee und Geschäft: Auswertungen und Ergebnisse einer bundesweit durchgeführten Studie im internationalen Vergleich. In: Wieland, J. (Hrsg.), Corporate Citizenship. Gesellschaftliches Engagement - unternehmerischer Nutzen. Marburg: Metropolis-Verlag, S. 23–194.

Sen, S./Bhattacharya, C. B. (2001). Does Doing Good Always Lead to Doing Better? Consumer Reactions to Corporate Social Responsibility. In: Journal of Marketing Research, 38(2), S. 225–243.

Simsa, R. (2001). Gesellschaftliche Funktionen und Einflussformen von Nonprofit-Organisationen: Eine systemtheoretische Analyse. Frankfurt/M.: Lang.

Smith, C. (1996). Corporate Citizens and their Critics. In: New York Times vom 8.9.1996, S. 11.

Speth, R. (2006). Lobbyismus als Elitenintegration? Von Interessenvertretung zu Public Affairs-Strategien. In: Münkler, H. (Hrsg.), Deutschlands Eliten im Wandel. Frankfurt/New York: Campus, S. 221–235..

Speth, R. (2008). Corporate Citizenship als strategische Partnerschaften, Lobbying, Regierungsbeziehungen. In: Backhaus-Maul, H./Biedermann, C./Polterauer, J./Nährlich, S. (Hrsg.), Corporate Citizenship in Deutschland. Bilanz und Perspektiven. Wiesbaden: VS-Verlag für Sozialwissenschaften, S. 277–290.

Steinert, A./Klein, A. (2002). Corporate Social Responsibility (CSR). Eine neue Herausforderung an die Unternehmenskommunikation. In: Bentele, G. (Hrsg.), Kommunikationsmanagement. Strategien, Wissen, Lösungen. Neuwied: Luchterhand, Loseblattsammlung, o. S.

Steinmann, H. (2003). Unternehmensethik und Globalisierung - Das politische Element in der Multinationalen Unternehmung. In: Holtbrügge, D./Welge, M. K. (Hrsg.), Management multinationaler Unternehmungen. Heidelberg: Physica-Verlag, S. 377–398.

Streeck, W. (1987). Vielfalt und Interdependenz: Überlegungen zur Rolle von intermediären Organisationen in sich ändernden Umwelten. In: Kölner Zeitschrift für Soziologie und Sozialpsychologie, 39(3), S. 471–495.

Streeck, W. (Hrsg.) (1994). Staat und Verbände. Kölner Zeitschrift für Soziologie und Sozialpsychologie, Sonderheft 25. Wiesbaden: Westdeutscher Verlag.

Streeck, W. (1999). Korporatismus in Deutschland: Zwischen Nationalstaat und Europäischer Union. Frankfurt/New York: Campus.

Streeck, W. (Hrsg.) (2003). Alle Macht dem Markt?: Fallstudien zur Abwicklung der Deutschland AG (Bd. 47). Frankfurt/New York: Campus.

Streeck, W. (2005). Nach dem Korporatismus: Neue Eliten, neue Konflikte, MPIfG Working Paper, (5). Köln: Eigenverlag.

Streeck, W./Hilbert, J./Kevelaer, K.-H. van (1987). Steuerung und Regulierung der beruflichen Bildung: Die Rolle der Sozialpartner in der Ausbildung und beruflichen Weiterbildung in der Bundesrepublik Deutschland. Berlin: edition sigma.

Suchanek, I. (2000). Normative Umweltökonomik. Tübingen: Mohr Siebeck.

Suchanek, A. (2007). Ökonomische Ethik, 2. Auflage. Tübingen: Mohr Siebeck.

Suchanek, A./Lin-Hi, N. (2008). Die gesellschaftliche Verantwortung von Unternehmen in der Marktwirtschaft. In: Heidbrink, L. (Hrsg.), Verantwortung als marktwirtschaftliches Prinzip. Zum Verhältnis von Moral und Ökonomie. Frankfurt/New York: Campus, S. 69–96.

Tennstedt, F. (1981). Sozialgeschichte der Sozialpolitik in Deutschland: Vom 18. Jh. bis zum 1. Weltkrieg. Göttingen:. Vandenhoeck und Ruprecht.

Tichy, N. M. (Hrsg.). (1997). Corporate global citizenship: Doing business in the public eye.. San Francisco/CA: New Lexington Press.

Timmer, K. (2005). Stiften in Deutschland: Die Ergebnisse der Stifter Studie. Gütersloh: Bertelsmann Stiftung.

Ulrich, P. (1997). Integrative Wirtschaftsethik: Grundlagen einer lebensdienlichen Ökonomie. Bern/Stuttgart/Wien: Paul Haupt.

Ulrich, P. (2002). Republikanischer Liberalismus und Corporate Citizenship. Von der ökonomischen Gemeinwohlfiktion zur republikanisch-ethischen Selbstbindung wirtschaftlicher Akteure. In: Münkler, H./Bluhm, H. (Hrsg.), Gemeinwohl und Gemeinsinn. Zwischen Normativität und Faktizität. Berlin: Akademie Verlag, S. 273–291.

Ulrich, P. (2008). Corporate Citizenship oder: Das politische Moment guter Unternehmensführung in der Bürgergesellschaft. In: Backhaus-Maul, H./Biedermann, C./ Nährlich, S./Polterauer, J. (Hrsg.), Corporate Citizenship in Deutschland. Bestandsaufnahmen, Analysen und Perspektiven. Wiesbaden: VS-Verlag für Sozialwissenschaften, S. 94-100.

Vanberg, V. J. (2006). Corporate Social Responsibility and the „Game of Catallaxy": The Perspective of Constitutional Economics. Freiburger Diskussionspapiere zur Ordnungsökonomik 6.

Ven, B. van de/Jeurissen R. (2005). Competing Responsibly. In: Business Ethics Quarterly, 15(2), S. 299–317.

Wächter, H. (1987). Soziale Verantwortung der Unternehmen: Eine Literaturanalyse. In: Dierkes, M./Wenkebach, H. H. (Hrsg.), Macht und Verantwortung. Zur politischen Rolle des Unternehmens. Stuttgart: Poller, S. 141–186.

Weber, M. (1921). Wirtschaft und Gesellschaft. Tübingen: Mohr.

Wehler, H.-U. (1989). Deutsche Gesellschaftsgeschichte. München: C. H. Beck.

Weiser, J./Zadek, S. (2000). Conversations with Disbelievers - Persuading Companies to Address Social Challenges. Branford: Brody-Weiser-Burs.

Weßels, B. (2000). Die Entwicklung des deutschen Korporatismus. In: Aus Politik und Zeitgeschichte, (26-27), S. 10–17.

Westebbe, A./Logan, D. (1995). Corporate Citizenship: Unternehmen im gesellschaftlichen Dialog. Wiesbaden: Gabler.

Wettenmann, T. (2004). Corporate Volunteering aus Sicht des Marketings: Chancen und Risiken eines Planungsprozesses. In: Aktive Bürgerschaft (Hrsg.), Aktuelle Beiträge zu Corporate Citizenship. Berlin: Eigenverlag, S. 19-46.

Wieland, J./Volkert,J./Schramm, M. (2007). Corporate Social Responsibility (CSR) und Netzwerkgovernance. Eine Projektskizze. Konstanz: Universität Konstanz.

Wieland, J. (2002). Corporate Citizenship-Management: Eine Zukunftsaufgabe für Unternehmen!? In: Wieland; J. (Hrsg.), Corporate Citizenship. Gesellschaftliches Engagement - unternehmerischer Nutzen. Marburg: Metropolis-Verlag, S. 9–21.

Wieland, J. (Hrsg.) (2002). Corporate Citizenship: Gesellschaftliches Engagement – unternehmerischer Nutzen. Marburg: Metropolis-Verlag.

Wiesenthal, H. (1987). Strategie und Illusion. Rationalitätsgrenzen kollektiver Akteure am Beispiel der Arbeitszeitpolitik 1980-1985. Frankfurt/New York: Campus.

Windolf, P. (2002). Die Zukunft des Rheinischen Kapitalismus. In: Allmendinger, J./Hinz, T. (Hrsg.), Organisationssoziologie, Kölner Zeitschrift für Soziologie und Sozialpsychologie, Sonderheft 42 . Wiesbaden: Westdeutscher Verlag, S. 414–442.

Windolf, P. (Hrsg.) (2005). Finanzmarkt-Kapitalismus: Analysen zum Wandel von Produktionsregimen. Kölner Zeitschrift für Soziologie und Sozialpsychologie, Sonderheft 45. Wiesbaden: VS-Verlag für Sozialwissenschaften.

Winter, T. von/Willems, U. (2007). Interessenverbände als intermediäre Organisationen: Zum Wandel ihrer Strukturen, Funktionen, Strategien und Effekte in einer veränderten Umwelt. In: Winter, T. v. /Willems, U. (Hrsg.), Interessenverbände in Deutschland. Wiesbaden: VS-Verlag für Sozialwissenschaften, S. 13–50.

Winter, T. v./Willems, U. (Hrsg.). (2007). Interessenverbände in Deutschland. Wiesbaden: VS-Verlag für Sozialwissenschaften.

Wolf, K. D. (2006). Möglichkeiten und Grenzen der Selbststeuerung als gemeinwohlverträglicher politischer Steuerungsform. In: Zeitschrift für Wirtschafts- und Unternehmensethik, 6 (1), S. 51–68.

Wolle, S. (1999). Die heile Welt der Diktatur. Alltag und Herrschaft in der DDR, 2. Auflage. Berlin: Ch. Links Verlag.

Zietan, U. (2003). Flächentarifvertrag ohne Zukunft? Arbeitgeber und Arbeitnehmer schätzen die zuverlässigen Verträge. Köln: Bund-Verlag.

Zimmer, A. (2001). Verbände und Demokratie in Deutschland. Opladen: Leske und Budrich.

Zimmer, A. (2004). Civil Society Organisations in Central and Eastern European Countries: Introduction and Terminology. In: Zimmer, A. (Hrsg.), Future of civil society. Making Central European nonprofit-organizations work. Wiesbaden: VS-Verlag für Sozialwissenschaften, S. 11–27.

Zimmer, A. (Hrsg.) (2004). Future of civil society: Making Central European nonprofit-organizations work. Wiesbaden: VS-Verlag für Sozialwissenschaften.

Zimmer, A./Hallmann, T. (2005). Nonprofit-Sektor, Zivilgesellschaft und Sozialkapital. In: Hopt, K. J. (Hrsg.), Nonprofit-Organisationen in Recht, Wirtschaft und Gesellschaft. Theorien - Analysen - Corporate Governance. Tübingen: Mohr Siebeck, S. 101–126.

Zimmer, S. (2002). Jenseits von Arbeit und Kapital? Unternehmerverbände und Gewerkschaften im Zeitalter der Globalisierung. Opladen: Leske und Budrich.

Quellenverzeichnis des analysierten Materials

3M Deutschland (2006a). *Unternehmerische Verantwortung.* Zugriff am 03. Juli 2008 unter http://solutions.3m.com/wps/portal/3M/de_DE/about3M/information/corporate/responsibility

3M Deutschland (2006b). *Gesellschaftspolitik.* Zugriff am 03. Juli 2008 unter http://solutions.3m.com/wps/portal/3M/de_DE/about3M/information/corporate/responsibility/social

3M Deutschland (2006c). *Wir übernehmen Verantwortung. Die 3M Bildungsinitiative „Unternehmen Schule" - Engagement in der Nachwuchsförderung.* Zugriff am 03. Juli 2008 unter http://solutions.3mdeutschland.de/3MContentRetrievalAPI/BlobServlet?locale=de_DE&univid=1114297543991&fallback=true&assetType=MMM_Image&blobAttribute=ImageFile&placeId=7BC6E48B1800BAE180A88E4927000000&version=current

Auswärtiges Amt (2008). *Offizielle Präsentation im Rahmen der Tagung „Unternehmen in Verantwortung - ein Gewinn für alle"* (10. Juni 2008 in Berlin).

Bayer AG (2004). *Bayer-Geschäftsbericht 2004 - Engagement für Umwelt, Bildung, Sport und Gesundheit.* Zugriff am 03. Juli 2008 unter http://www.archiv.bayer.de/geschaeftsbericht_2004_id0109/include/download/d_corp_social_responsibility.pdf

Bayer AG (2006a). *Nachhaltiges Engagement weltweit/Termine.* Zugriff am 03. Juli 2008 unter http://www.nachhaltigkeit2006.bayer.de/de/Nachhaltiges-Engagement_Termine.aspx

Bayer AG (2006b). *Corporate Social Responsibility: Großes Engagement von Bayer für Gesellschaft und Umwelt - Vorstandsvorsitzender Wenning: „Wir bekennen uns zur Rolle als Good Corporate Citizen".* Zugriff am 03. Juli 2008 unter www.viva.vita.bayerhealthcare.de/uploads/tx_csrbayernews/2006-CSR.rtf

Beratung Schulten/Weyland GBR (2005). *Corporate Citizenship.* Zugriff am 03. Juli 2008 unter http://www.orgberatung.de/index.php?thema=1

Beratung Schulten/Weyland GBR (2007). *Stadtteilentwicklung in der Elberfelder Nordstadt in Wuppertal.* Zugriff am 03. Juli 2008 unter http://www.bmwi.de/-BMWi/Navigation/Mittelstand/corporatecitizenship,did=64466,render=renderPrint.html

Borsch, A. (2005). Ausblick für die weitere Arbeit: Handlungsfelder für den DGB. In: *Dokumentation des Workshops „Corporate Social Responsibility (CSR). Neue Handlungsfelder für Arbeitnehmervertretungen"* Vom 25.01.2005 in Berlin.

Brandhorst, K. (2007). *Die Bundesarbeitsgemeinschaft der Freiwilligenagenturen im Bereich des unternehmerischen bürgerschaftlichen Engagements.* http://bagfa.de/-fileadmin/Materialien/bilder/070716_Artikel_bagfa_Bertelsmann_KB.pdf

Bund für Umwelt und Naturschutz Deutschland (2006). *Hintergrund zur Unternehmensverantwortung, Anreize schaffen, Verbindlichkeit herstellen – eine nationale Strategie für die gesellschaftliche Verantwortung von Unternehmen.* Stand 30. August 2006, Zugriff am 25. September 2007 unter http://www.bund.net/fileadmin/bundnet/pdfs/nachhaltigkeit/20060900_nachhaltigkeit_unternehmensverantwortung.pdf

Bund für Umwelt und Naturschutz Deutschland (2008). *Gesellschaftliche Verantwortung von Unternehmen – Freiwilligkeit und Verpflichtung.* Stand 07. Februar 2008.

Bundeskanzleramt (2008). *Offizielle Präsentation im Rahmen der Tagung „Unternehmen in Verantwortung – ein Gewinn für alle"* Vom 10. Juni .2008 in Berlin.

Bundesministerium für Arbeit und Soziales (2008). *Offizielle Präsentation im Rahmen der Tagung „Unternehmen in Verantwortung - ein Gewinn für alle"* Vom 10.06.2008 in Berlin.

Bundesministerium für Arbeit und Soziales (2006). *Verantwortungsvolles unternehmerisches Handeln.* Zugriff am 22. Februar 2006 unter http://www.bmas.de/coremedia/generator/14354/2006__06__15__bmas__zustaendig__fuer__corporate__social__responsibility.html

Bundesministerium für Ernährung, Landwirtschaft und Verbraucherschutz (2008). *Offizielle Präsentation im Rahmen der Tagung „Unternehmen in Verantwortung - ein Gewinn für alle"* Vom 10.06.2008 in Berlin.

Bundesministerium für Familie, Senioren, Frauen und Jugend (2003). *Unternehmerisches bürgerschaftliches Engagement.* Zugriff am 22. Februar 2008 unter http://www.bmfsfj.de/bmfsfj/generator/BMFSFJ/freiwilligesengagement,did=5862.html

Bundesministerium für Umwelt, Naturschutz und Reaktorsicherheit (2006). *Corporate Social Responsibility Eine Orientierung aus Umweltsicht.* Vom 23. Oktober 2007.

Bundesministerium Wirtschaftliche Zusammenarbeit (2008). *Offizielle Präsentation im Rahmen der Tagung „Unternehmen in Verantwortung - ein Gewinn für alle"* Vom 10. Juni .2008 in Berlin.

Bundesministeriums für Umwelt, Naturschutz und Reaktorsicherheit (2008). *Offizielle Präsentation im Rahmen der Tagung „Unternehmen in Verantwortung – ein Gewinn für alle."* Vom 10. Juni 2008 in Berlin.

Bundesministeriums für Wirtschaft und Technologie (2007). *Corporate Citizenship Engagement mittelständiger Unternehmen.* Zugriff am 14. November 2007 unter http://www.bmwi.de/BMWi/Navigation/mittelstand.html

Bundesministeriums für Wirtschaft und Technologie (Hrsg.) (2008). *Offizielle Präsentation der Tagung „Unternehmen in Verantwortung – ein Gewinn für alle."* 10. Juni 2008 in Berlin.

Bundesrepublik Deutschland (2006). *Stellungnahme der Bundesregierung zur Mitteilung der Kommission „Umsetzung der Partnerschaft für Wachstum und Beschäftigung: Europa soll auf dem Gebiet der sozialen Verantwortung der Unternehmen führend werden".* Zugriff am 05. November 2007 unter http://www.bmas.de/coremedia/generator/2944/property=pdf/stellungnahme_der_bundesregierung_csr.pdf

Bundesrepublik Deutschland (2002). *Stellungnahme der Bundesrepublik Deutschland.* Vom 31. Januar 2002.

Bundesverband der Deutschen Industrie e.V./Bundesvereinigung der Deutschen Arbeitgeberverbände (2002). *10 Kernpunkte zu Corporate Social Responsibility: Stellungnahme. Zum Europäischen CSR Multi Stakeholder Forum.* Zugriff am 23. August 2007 unter www.bdi-online.de/.../2F252102116711D5A9C000902 7D62C80/PDF/10%20Punkte%20zu%20CSR.PDF

Bundesverband der Deutschen Industrie e.V./Bundesvereinigung der Deutschen Arbeitgeberverbände (2001). *Stellungnahme der Bundesvereinigung der Deutschen Arbeitgeberverbände (BDA) und dem Bundesverband der Deutschen Industrie (BDI) zum Grünbuch Europäische Rahmenbedingungen für die Soziale Verantwortung der Unternehmen vorgelegt von der Europäischen Kommission.* Zugriff am 23. August 2007 unter www.bdi-online.de/.../PDF/ BDA-BDI%20ZUM%20GRÜNBUCH%20 SOZIALE%20VERANTWORTUNG.PDF

Bury, H. M. (2001). Rede von Staatsminister Bury anlässlich der Veranstaltung Corporate Citizenship. In: Bundeskanzleramt (Hrsg.). (2001). *Bürgerschaftliches Engagement von Unternehmen.* Zugriff am 12. Oktober 2007 unter http://archiv.bundesregierung. de/bpaexport/rede/58/49058/multi.htm

Caduff, L. (2007). Corporate Social Responsibility zwischen Markt und Staat. In: Ernst and Young (Hrsg.), *CSR – Newsletter. Corporate Social Responsibility Service.* Vom März 2007. S. 14-15. Zugriff am 14. Februar 2007 unter http://int.sitestat.com/ernst-and-young/germany/s?NL_CSR_08_2007.pdf &ns_type=pdf&ns_url=[http://www. ey.com/Global/Assets.nsf/Germany/NL_CSR_08_2007.pdf/$file/CSR_08_2007.pdf]

Daimler AG (2007a). *Executive Message: Interview mit Dr. Dieter Zetsche.* Zugriff am 10 Januar 2009 unter http://www.csrgermany.de/www/csrcms.nsf/id/FBC0BAD2917205 FBC125734000320651/$file/SRM_Magazin_GER.pdf

DaimlerChrysler (2007). *360 Grad – Fakten zur Nachhaltigkeit 2007.* S. 52-53. Zugriff am 10 Januar 2009 unter http://sustainability2008.daimler.com/daimler/annual/2008/nb/German/pdf/1253221_dcx_sustainability_report_2007_facts_g.pdf.

Deutscher Gewerkschaftsbund (2001). *Stellungnahme zum Grünbuch der Europäischen Kommission Europäische Rahmenbedingungen für die soziale Verantwortung der Unternehmen."* Zugriff am 23. August 2007 unter http://ec.europa.eu/employment_social/soc-dial/csr/pdf/082SPTUNAT_DGB_DE_011231_de.pdf

Deutscher Gewerkschaftsbund (2007). *Vorschläge des DGB zur Stärkung der OECD-Leitsätze für Multinationale Unternehmen auf nationaler und internationaler Ebene. Beschluss des Geschäftsführenden DGB-Bundesvorstands vom 22. Januar 2007.* Zugriff am 23. August 2007 unter www.einblick.dgb.de/hintergrund/ 2007/02/e2_ oecd_leitsaetze.doc

Deutscher Industrie- und Handelskammertag/Zentralverband des Deutschen Handwerks (2006). *Anmerkungen zum Dialogentwurf für eine Empfehlung des Rates für Nachhaltige Entwicklung an die Bundesregierung und an die Wirtschaft zum Thema „Corporate Social Responsibility".* Zugriff am 17 September 2007 unter http://www.zdh.de/ fileadmin/user_upload/themen/Sozial-und-Tarifpolitik/Rundschreiben_2006/ZDH-DIHK_Anmerkungen_zu_CSR-Nachhaltigkeitsrat.pdf

Deutscher Industrie- und Handelskammertag/Zentralverband des Deutschen Handwerks (2007). Gemeinsame Stellungnahme DIHK und ZDH zum „Bericht über die soziale Verantwortung von Unternehmen: eine neue Partnerschaft". Vom 20. Dezember 2006. Zugriff am 17. September 2007 unter http://www.zdh.de/fileadmin/user_ upload/themen/Sozial-und-Tarifpolitik/Stellungnahmen/ZDH_DIHK_Stellungnahme_ CSR_Howitt.pdf

Ernst and Young (2008). Beratungsfeld Corporate Citizenship. *CSR – Newsletter. Corporate Social Responsibility Service. Vom 6/2008.* S. 13-15. Zugriff am 14. Februar 2008 unter http://int.sitestat.com/ernst-and-young/germany/s?NL_CSR_02_2008&ns_ type=pdf&ns_url=   [http://www.ey.com/Global/assets.nsf/Germany/NL_CSR_02_ 2008/$file/CSR_02_2008.pdf]

Evangelische Kirche Deutschland (2001). *Stellungnahme der Evangelischen Kirche in Deutschland zum Grünbuch der Europäischen Kommission über sozial verantwortliches unternehmerisches Handeln.* Zugriff am 02. Januar 2008 unter http://www.ekd.de/print.php?file=/bevollmaechtigter/stellungnahmen/011219_st_unte rnehmerisches_handeln.html

Glaubitz, J. (2007). *Corporate Social Responsibility.* Zugriff am 17. September 2007 unter http://www.verdi-bub.de/wirtschafts_abc/archiv/corporate_social_responsibility/

Groll, P. (2004). Globalisierung - über den Tellerrand geschwappt. In: *ver.di PUBLIK.* April 2007.

Grüninger, S. (2007). Corporate Governance: Risikomanagement und Corporate Responsibility. In: Ernst and Young (Hrsg.), *CSR – Newsletter. Corporate Social Responsibility Service. 3/ 2007.* S. 4-5. Zugriff am 14. Februar 2008 unter http://int.sitestat.com/ernst-and-young/germany/s? NL_CSR_08_2007.pdf&ns_type= pdf&ns_url=[http://www.ey.com/Global/Assets.nsf/Germany/NL_CSR_08_2007.pdf/ $file/CSR_08_2007.pdf]

Hauptverband des Deutschen Einzelhandels (2007). *Verantwortlicher Handel. Wahrnehmung der sozialen Verantwortung durch deutsche Einzelhandelsunternehmen Beispiele aus Unternehmen des HDE-Bereichs „Großfläche und Filialbetriebe", Brüssel.*

Huber, W. (2007). *Soziale Verantwortung und unternehmerisches Handeln – eine evangelische Perspektive. Vortrag bei den Niedersächsischen Wirtschaftsgesprächen. Hannover.*

Industriegewerkschaft Metall (2005). Tue Gutes und rede darüber. Das CSR-Fieber hat die deutsche Wirtschaft erreicht. In: IGM, Observatório Social Europa/DGB Bildungswerk e.v. (Hrsg.),*Soziale Verantwortung konkret - Regeln für multinationale Konzerne.*

Jakob, G./Janning, H. (2007). Freiwilligenagenturen als Mittler zwischen Unternehmen und Non-Profitorganisationen. In: *Wirtschaftspsychologie, (1),* S. 14-21.

Kentzler, O. (2006). *Das soziale Engagement der Unternehmen im Handwerk. Vortrag im Rahmen des Arbeitskreises „Bürgergesellschaft und Aktivierender Staat" der Friedrich Ebert Stiftung.* Zugriff am 17. September 2007 unter http://library.fes.de/pdf-files/stabsabteilung/03174.pdf

Koch, S. (2005). 20 Milliarden Kisten Bier? Warum Greenpeace CSR ablehnt. In: *kommunikations manager,* S. 36-40.

Löding, T./Schulze, K. O./Sundermann, J. (2007). Geheimwaffe CSR – wozu braucht's noch Kampagnen? In: Baringhorst, S./Kneip, V./März, A./Niesyto, J. (Hrsg.), *Politik mit dem Einkaufswagen. Unternehmen und Konsumenten als Bürger in der globalen Mediengesellschaf.* Bielefeld.

LR Gebäudereinigung GmbH (2005). *Flutkatastrophe: Patenschaft mit betroffenem Dorf in Sri Lanka.* Zugriff am 03. Juli 2008 unter http://www.lr-gebaeudereinigung.de

Maizière, T. de (2005). *Rede vom Chef des Bundeskanzleramts und Minister für besondere Aufgaben, Thomas de Maizière, vor Spitzenverbänden der deutschen Wirtschaft anlässlich des Preises „Freiheit und Demokratie".* Vom 15. Dezember 2005 in Berlin. Zugriff am 24 Januar 2008 unter http://www.bundesregierung.de/nn_1498/Content/DE/Rede/2002__2005/2005/12/2005-12-15-rede-von-thomas-de-maizi_C3_A8re-bei-der-initiative-freiheit-und-demokratie-.html

Milke, K. (2005). Das Ziel ist Zukunftstauglichkeit – Unternehmen und NGOs in Konflikt, Dialog und Kooperation über Limits, Standards und Freiwilligkeit. In: Bussler, C./Fonari, A. (Hrsg.). (2005), *Sozial- und Umweltstandards bei Unternehmen: Chancen und Grenzen.* München: Welt Netzwerk Bayern, S. 119-130.

Nissen, N. (2007). *Patenschaft für hörgeschädigte Tschernobyl-Kinder - Engagement für hörgeschädigte Kinder ist wichtig! Hilfe für Tschernobyl-Kinder.* Zugriff am 10. Januar 2009 unter http://www.nikonissen.de/Home/Portale/Nissen/Ueber-uns/Hilfe-fuer-Tschernobyl-Kinder

PLEON (2007). *Erfolgreich wirtschaften - verantwortungsvoll Handeln - Zukunft mitgestalten.* Zugriff am 13. August 2008 unter http://www.pleon.de/Erfolgreich-wirtschaften-Verantwortungsvoll-handeln-Zuku.erfolgreich_verantwortungsvoll.0.html

Riess, B./Placke, G. (2008). Arbeitsmarkt. In: Habisch, A./Schmidpeter, R./Neureiter, M. (Hrsg.), *Handbuch Corporate Citizenship. Corporate Social Responsibility für Mananger.* Berlin: Springer, S. 371-378.

Rogowski, M. (1991) *Bürgerschaftliches Engagement der Unternehmen – seit langem gepflegt, nötiger denn je. Vortrag im Rahmen des Arbeitskreises „Bürgergesellschaft und Aktivierender Staat" der Friedrich Ebert Stiftung.* Zugriff am 23. August 2007 unter http://library.fes.de/pdf-files/stabsabteilung/01991.pdf (23.08.2007).

Schlange, J. (2006). *Corporate Responsibility aus Sicht des Kapitalmarkts. Hamburg: Eigenverlag.*

Schlange, J. (2008). Die Rolle des Finanzmarkts als wichtiger Treiber des Themas Corporate Responsibility. In: *CSR- Newsletter.* Zugriff am 14. Februar 2008 unter http://int.sitestat.com/ernst-and-young/germany/s? NL_CSR_02_2008&ns_type=pdf&ns_url=[http://www.ey.com/Global/assets.nsf/Ger many/NL_CSR_02_2008/$file/CSR_02_2008.pdf]

Schöffmann, D. (2000). Corporate Volunteering - Unternehmen engagieren sich mit ihrem Personal für das Gemeinwohl. In: *Stiftung/Sponsoring, (5),* S. 31-33.

Steinbach, A. (2005). Corporate Social Responsibility: Image-Mache und/oder realer Lösungsbeitrag? In: *Webmagazin Cultura21.* Zugriff am 22. Februar 2008 unter http://www.cultura21.de/magazin/oekonomie/oe20050830a1.html

Steinbach, A. (2005). *Entwicklungen im bürgerschaftlichen Engagement der Wirtschaft. Beitrag zur Veranstaltung „Tradition und Perspektiven des bürgerschaftlichen Engagements in Handwerk und Mittelstand. Im Rahmen der Veranstaltung: Handwerk für das Gemeinwohl Tradition und Perspektiven des bürgerschaftlichen Engagements in Handwerk und Mittelstand .* Vom 19.05.2005 in Düsseldorf.

Steinbach, A. (2005). Partner der Wirtschaft. In: *SOZIAwirtschaft, (3), .* S. 29-32.

Thumann, J. R. (2005). Gesellschaftliche Verantwortung – Herausforderung für Unternehmen. In: Bundesverband der Deutschen Industrie e.V. (Hrsg.), *Gesellschaftliche Verantwortung Herausforderung für Unternehmen.* Zugriff am 23. August 2007 unter www.bdi-online.de/Dokumente/Technologie-Innovationspolitik/ Freiheitundverant-wortungbroschuerdez05.pdf

Transparency International (2006). *Unternehmensethik /CSR.* Zugriff am 26. Juni 2007 unter http://www.transparency.de/Unternehmensethik-CSR.913.0.html.

Wirtschaftsjunioren Deutschland (2007). *Pressemitteilung: MITTELSTAND PASST IN KEINE CSR-SCHABLONE Wirtschaftsjunioren gegen Einmischung bei unternehmerischem Engagement – Thema bei G8-Gipfel auf Tagesordnung.*

Wirtschaftsjunioren Deutschland (Hrsg.). (2007b). *Die Wirtschaftsjunioren Deutschland: Spezialisten für gelebtes Engagement.* Zugriff am 18. Dezember 2007 unter http://www.wjd.de/struktur/org_cms/cache/download_get.php?id=2358&WJDSESSI D=578579c98c2151325f72c2495c698ce1

Zentralverband des Deutschen Handwerk (2002). *Stellungnahme zu der Mitteilung der Europäischen Kommission über die soziale Verantwortung der Unternehmen: Ein Beitrag zur nachhaltigen Entwicklung.* Zugriff am 17. September 2007 unter http://www.zdh.de/fileadmin/user_upload/themen/Sozial-und-Tarifpolitik/Rund schreiben_2006/Stellungnahme_2002__soz_Verantwortung.pdf

Angaben zu den Autoren

Prof. Dr. phil. habil. Sebastian Braun, geb. 1971, Universitätsprofessor an der Humboldt-Universität zu Berlin (seit 2009) und zuvor an der Universität Paderborn (2003-2009), Leiter des Forschungszentrum für Bürgerschaftliches Engagement (ForBE) (www.For-BE.de); Habilitation an der Universität Potsdam (2004), Doktor der Philosophie im Rahmen einer Co-tutelle de thése zwischen der FU Berlin und der Universität Nantes (1999), Stipendiat und Leiter einer Nachwuchswissenschaftlergruppe im „Emmy Noether-Programm" der Deutschen Forschungsgemeinschaft (2000-2003), Gastwissenschaftler am Centre for Civil Society an der London School of Economics and Political Science (2001-2002) und am Centre National de la Recherche Scientifique in Paris (2000-2001), zuvor wissenschaftlicher Mitarbeiter in der Enquete-Kommission „Zukunft des Bürgerschaftlichen Engagements" des Deutschen Bundestages sowie an der Universität Potsdam; Auszeichnung mit dem Otto-Wolf-von-Amerogen-Preis (2001).

Arbeits- und Forschungsschwerpunkte: Bürger- bzw. Zivilgesellschaft mit den Schwerpunkten gesellschaftliches Engagement von Unternehmen, bürgerschaftliches, freiwilliges und ehrenamtliches Engagement, Non-Profit-Organisationen, Integration und Migration, Sozialkapital; sozialwissenschaftliche Analysen zum Sport; unter anderem Mitglied und Sprecher in verschiedenen wissenschaftlichen und politikberatenden Beiräten und Beratergremien, Mit-Herausgeber und Gutachter von Fachzeitschriften, gewählter Sondergutachter der DFG.

Ausgewählte Veröffentlichungen: Hrsg: Gesellschaftliches Engagement von Unternehmen. Der deutsche Weg im internationalen Kontext. Wiesbaden: VS-Verlag 2010, Sozialkapital und Bürgerkompetenz - soziale und politische Integrationsleistungen von Vereinen. Wiesbaden: VS-Verlag 2010; Corporate Citizenship, in: Nohlen, D./Schultze, R.-O. (Hrsg.), Lexikon der Politikwissenschaft (4. Aufl.), München: C. H. Beck 2010; Sozialkapital, in: Olk, T./Hartnuß, B. (Hrsg.), Handbuch Bürgerschaftliches Engagement. Weinheim: Juventa Verlag 2009; Assoziative Lebenswelt, bindendes Sozialkapital und Wahlgemeinschaften des Geschmacks, in: Forschungsjournal Neue Soziale Bewegungen 22/2009; Sozialkapital, in Gosepath, S./ Hinsch, W./Rössler, B. (Hrsg.), Handbuch der politischen Philosophie und Sozialphilosophie, Band 2 N–Z , Berlin: Walter de Gruyter 2008; gemeinsam mit M. Höfer und R. Voigt: Deutschland zum Selbermachen. Ideen statt Rotstift – 22 beachtliche Beispiele, wie Bürger Staat machen. München: Pendo Verlag 2007; Die Wiederentdeckung des Vereinswesens im Windschatten gesellschaftlicher Krisen, in: Forschungsjournal Neue Soziale

Bewegungen 17/2004; Integrationsleistungen von Sportvereinen als Freiwilligenorganisationen, hrsg. mit Jürgen Baur; Putnam und Bourdieu und das soziale Kapital in Deutschland. Der rhetorische Kurswert einer sozialwissenschaftlichen Kategorie, in: Leviathan. Zeitschrift für Sozialwissenschaft 29/2001; Bürgerschaftliches Engagement – Konjunktur und Ambivalenz einer gesellschaftspolitischen Debatte, in: Leviathan. Zeitschrift für Sozialwissenschaft 29/2001; Elitenrekrutierung in Frankreich und Deutschland. Sporteliten im Vergleich zu Eliten in Politik, Verwaltung und Wirtschaft. Köln: Strauß 1999.

Holger Backhaus-Maul, geb. 1960, wissenschaftlicher Mitarbeiter an der Martin-Luther-Universität Halle-Wittenberg, Philosophische Fakultät III (Erziehungswissenschaften), Fachgebiet „Recht, Verwaltung und Organisation"; Studium der Soziologie in Bielefeld (1981-1986) und der Verwaltungswissenschaften in Speyer (1987-1988), wissenschaftlicher Mitarbeiter am Zentrum für Sozialpolitik an der Universität Bremen, Abteilung „Theorie und Verfassung des Wohlfahrtsstaates" (1989-1994). Mitglied u.a. im Vorstand der „Aktiven Bürgerschaft – Kompetenzzentrum für Bürgerengagement der Volksbanken und Raiffeisenbanken im genossenschaftlichen FinanzVerbund" (Berlin; www.aktive-buergerschaft.de) sowie Juror im transatlantischen Ideenwettbewerb „USable" der Körber-Stiftung (Hamburg; www.usable.de); lebt in Potsdam.

Arbeits- und Forschungsschwerpunkte: Organisationssoziologie (Unternehmen und Non-Profit-Organisationen), Sozialrecht und Sozialpolitik, Staat und Verbände sowie Engagement und Gesellschaft.

Ausgewählte Veröffentlichungen: Corporate Citizenship in Deutschland. Bilanz und Perspektiven, 2. Auflage. Wiesbaden: VS-Verlag für Sozialwissenschaften 2009, hrsg. mit Christiane Biedermann, Judith Polterauer und Stefan Nährlich; Sozialpolitische Entwicklungslinien in Deutschland, in: Arnold, Ulli/Maelicke, Bernd (Hrsg.), Lehrbuch der Sozialwirtschaft, 3. Auflage. Baden-Baden: Nomos-Verlag 2009, S. 96-116; Akteure in der Sozialwirtschaft. Institutionalisierte Routinen und neue Gestaltungsspielräume, in: Archiv für Wissenschaft und Praxis der sozialen Arbeit, (3/2009), S.62-84; Corporate Citizenship - liberale Gesellschaftspolitik als Unternehmensstrategie in den USA. In: Adloff, Frank/Birsl, Ursula/Schwertmann, Philipp (Hrsg.): Wirtschaft und Zivilgesellschaft. Theoretische und empirische Perspektiven. Jahrbuch für Europa- und Nordamerika-Studien. Wiesbaden: VS-Verlag für Sozialwissenschaften 2005, S. 225-243; Unternehmen und Konsumenten: Diffuse Verantwortung und schwache Interessen? In: Forschungsjournal Neue Soziale Bewegungen, 18. Jg., Heft 4 (2005), S.

78-88, zs. mit Ingolf Schubert; Eine Partei ist eine Partei. Über den Sinn von Unterscheidungen, in: Dettling, Daniel (Hrsg.): Parteien in der Bürgergesellschaft. Konkurrenz oder Kooperation? Zum künftigen Verhältnis von Macht und Beteiligung. Wiesbaden: VS-Verlag für Sozialwissenschaften 2005, S. 81-89; Bürgergesellschaft und Wirtschaft – zur neuen Rolle von Unternehmen. Berlin: Deutsches Institut für Urbanistik 2003, hrsg. mit Hasso Brühl; Engagementförderung durch Unternehmen in den USA. Über die produktive Balance zwischen Erwerbsarbeit, Familienleben und bürgerschaftlichem Engagement, in: Enquete-Kommission „Zukunft des Bürgerschaftlichen Engagements" des Deutschen Bundestages (Hrsg.): Bürgerschaftliches Engagement und Unternehmen. Opladen: Leske und Budrich 2003, S. 85-147; Bürgerschaftliches Engagement in Ostdeutschland. Opladen: Leske und Budrich 2003, hrsg. mit Olaf Ebert, Gisela Jakob und Thomas Olk; Kommunale Sozialpolitik. Sozialstaatliche Garantien und die Angelegenheiten der örtlichen Gemeinschaft, in: Roth, Roland/Wollmann, Hellmut (Hrsg.): Kommunalpolitik, 2. Auflage. Opladen: Leske und Budrich 1999, S. 689-702; Überholen ohne einzuholen. Die freie Wohlfahrtspflege in Ostdeutschland. Opladen: Westdeutscher Verlag, 1998 (zs. mit Susanne Angerhausen, Claus Offe, Thomas Olk und Martina Schiebel); Von Subsidiarität zu 'outcontracting'. Zum Wandel der Beziehungen zwischen Staat und Wohlfahrtsverbänden in der Sozialpolitik, in: Streeck, Wolfgang (Hrsg.): Staat und Verbände, Sonderheft 25 der Politischen Vierteljahresschrift, Opladen: Westdeutscher Verlag 1994, S. 99-134, zs. mit Thomas Olk; Regionalisierte Wirtschaftspolitik. Das Beispiel „Zukunftsinitiative Montanregionen". Baden-Baden: Nomos-Verlag 1991, zs. mit Joachim Jens Hesse, Arthur Benz und Angelika Benz.

Neu im Programm Politikwissenschaft

MIX
Papier aus verantwortungsvollen Quellen
Paper from responsible sources
FSC® C105338

If you have any concerns about our products,
you can contact us on
ProductSafety@springernature.com

In case Publisher is established outside the EU,
the EU authorized representative is:
**Springer Nature Customer Service Center GmbH
Europaplatz 3, 69115 Heidelberg, Germany**

Printed by Libri Plureos GmbH
in Hamburg, Germany